KB220549

한국 기독교사 인식

지은이 | 박 정 신

숭실대와 고려대대학원을 거쳐 미국 University of Washington에서
역사학 박사학위를 받았다. 그 후 남오레곤주립대학교에서 조교수로,
그리고 오클라호마주립대학교 역사학과와
국제대학원에서 종신교수로 미국학생들을 가르쳤다.
2000년 서울의 숭실대학교로 옮겨 기독교와 역사변동, 한국기독교사,
기독교 사회사상사 과목 교수로 있으며 연세대 국제대학원,
고려대대학원 그리고 이화여대에서 한국근현대사, 한국기독교사,
한국근대사특강 과목을 가르치고 있다.
그의 저서로는『근대한국과 기독교』(1997), Protestantism and Politics in Korea(2003),
『한국기독교 읽기』(2004)가 있고, 옮긴 것으로는『근대일본의 사회사』(박영신과 함께)와
『국역 윤치호일기 II』가 있으며, 「1920년대 개신교지도층과 민족주의운동」과
"Protestantism in Late Confucian Korea : Its Growth and Historical Meaning"을
비롯한 수많은 논문이 있다.

한국 기독교사 인식
박 정 신

2004년 4월 19일 초판 1쇄 인쇄
2004년 4월 28일 초판 1쇄 발행

펴낸이·오일주
펴낸곳·도서출판 혜안
등록번호·제22-471호
등록일자·1993년 7월 30일

☏ 121-836 서울시 마포구 서교동 326-26번지 102호
전화·3141-3711~2 / 팩시밀리·3141-3710
E-Mail hyeanpub@hanmail.net

ISBN 89 - 8494 - 214 - 6 93910
값 15,000 원

한국 기독교사 인식

박 정 신

혜안

큰 머리글
─바람직한 한국 기독교사 연구를 위하여

한국 기독교사의 이해 없이는 한국현대사의 입체적 인식은 불가능하다. 남쪽만 따져도 전체 인구의 4분의 1을 그 구성원으로 하는 기독교 공동체를 빼고 민족 공동체를 아무리 토의해도 그것은 전체의 4분의 1에 해당하는 부분을 뺀 나머지 4분의 3에 관한 논의일 뿐이라는 통계적 상식을 내세울 수 있다. 그러나 무엇보다도 우리 현대사의 굽이굽이마다 긍정적이든 부정적이든 기독교 공동체가 꿈틀거린 뚜렷한 흔적을 감출 수 없다.

이를테면 새 교육과 문화운동, 독립협회, 3·1운동, 신사참배 거부와 같은 종교·사회·정치운동을 빼놓고는 우리의 현대사를 총체적으로 이해할 수 없는 것이다. 이 밖에도 요즈음 학계에서 주된 관심으로 떠오르고 있는 좌우의 여러 움직임, 이를테면 신한청년당, 1920년대의 사회주의운동, 신간회, 공산당운동, 건국준비위원회 등 숱한 정치·이념 운동이 기독교 공동체와 맞물려 있는 것이다. 이동휘, 여운형, 박희도, 김규식, 조만식, 최문식, 이승만 등 이념의 좌우편에서 우리 현대사를 이끈 인물들이 기독교계 인물이었다. 그럼에도 불구하고 우리의 역사학계는 기독교 공동체가 마땅히 할애 받아야 할 양질의 몫을 주지 않고 있다. 한마디로 한국사에서 기독교사의 온당한 '자리 매김'이 이루어지지 않았다는 말이다.

이는 우리 역사 연구자들이 잠재적으로 갖고 있는 '반(反)기독교적 편견'이 나타난 것은 아닌가 하는 생각을 갖게 한다. 기독교와 우리 역사와의 이음새, 이음의 꼴과 결을 이해하지 않는다면 우리 현대사의 총체적인 인식은 불가능하다는 점을 우리 역사학계는 깨닫고 한국 기독교 공동체의 역사에 눈을 돌려야 할 것이다.

그러나 이렇게 된 데에는 한국 기독교계도 책임을 져야 한다. 넓게는 기독교계의 풍토, 좁게는 우리의 기독교사 연구자들에게도 문제가 있다. 올바른 '한국 기독교사 연구'가 교회만이 아니라, 우리의 근·현대사에서 기독교사가 올바른 자리 매김을 받고, 그래서 한국 근·현대사의 총체적 인식의 관건이라는 문제의 중요성을 기독교계는 깨닫지 못하고 있는 듯하며 또한 이를 깨달았다 해도 기독교사와 일반사의 이음새를 밝히는 작업 환경을 마련해 주지 못하고 있다.

요즈음 우리 사회는 역사에 지대한 관심을 가지고 있다. 홍수처럼 쏟아져 나온 역사책들로 책방이 비좁은 형편이다. 일반 사회의 이러한 흐름을 반영이라도 하듯이 기독교계도 기독교사에 뜨거운 관심을 보이고 있다. 원래 역사에 대한 관심은 오늘 그리고 내일의 삶에 대한 관심이 높으면 높을수록 비례하여 높아지는 것이다. 그렇다면 한국사에 대한 관심은 우리 민족의 장래, 기독교사에 대한 관심은 한국 기독교의 내일에 대한 관심이 높아져 나온 것이기 때문에 두 손을 높이 들고 환영할 일이다.

그러나 문제는 이 '높아지는 관심'이 아니다. 이에 부응해야 할 역사를 쓰는 이들과 그들의 글이 문제이다. 기독교계에서 쏟아져 나오는 신문과 잡지를 보면 연재되는 몇몇 글을 제외하고는 역사학에 대한 기본적인 지식도 없는, 훈련받지 않는 이들이 써 대는 역사 이야기들이 대부분이다. 3·1절과 같은 때가 되면 녹음기를 켜놓은 것처럼 해마다 똑같은 이야기를 읊어 대곤 한다. 이것은 역사 '이야기'지 '역사학적 역사'가 아니다.

이런 글을 써 대는 이들은 누구인가. 한마디로 교회를 지극히 사랑하는 목회자들이다. 그렇기 때문에 이들은 교회의 역사에 대하여 남달리 흥미를 가지고 있다. 누구보다도 더 많은 관심을 가진 이들은 교회 역사에 대한 이 이야기 저 이야기, 이 글 저 글, 이 자료 저 자료를 모으는 데 남다른 열정을 가지고 있으며, 그래서 많은 자료를 가지고 있는 이들이다. 이에 더해 이들은 교회 안팎에서 일어난 '일들'을 몸소 겪은 한국 기독교사의 산 증인들이다. 그러므로 이들은 교회 역사를 '많이 알고 있다'는 생각을 가지게 되고, 그래서 교회 역사에 대하여 한번 써 보고픈 욕망이 누구보다도 크다.

그럼에도 불구하고 이들은 아마추어 역사가들이다. 이들은 뚜렷한 사관을 가지고 기독교 역사에 나타난 여러 역사 현상을 분석하거나 설명하는 것이 아니라 체험, 구전, 역사 자료를 이야기 식으로 서술하고 있다. 교회를 진실로 아끼고 사랑하는 이들의 의도와는 달리 몇 가지 면에서 '역사학적' 한국 기독교사 연구를 '방해'하고 있다고 생각된다.

첫째, 이 아마추어 역사가들은 한국 기독교사에 관한 글을 실을 귀중한 지면을 '허비'하고 있다. 개방화, 자유화의 물결을 타고 홍수처럼 쏟아져 나온 교계 신문 잡지들은 구색(?)을 갖추기 위함인지 기독교사에 대한 관심이 있어서인지 저마다 기독교사에 대한 글들을 자주 싣고 있다. 거의가 아마추어 역사가들의 글이다. 본격적으로 역사학 훈련을 받은 이들의 '글 마당'을 아마추어 역사가들이 누빔으로 참된 기독교사 연구를 막고 있다는 말이다.

둘째, 이들의 글이 분석이나 설명이 아니라 구전 또는 근거가 밝혀지지 않은 이야기들, 에피소드 따위를 서술한 것이다. 이를 읽는 이들은 기독교사란 어려운 것이 아니고 또한 별달리 훈련받은 이가 하는 것이 아니라 누구나 할 수 있는 것으로 가볍게 인식하게 된다. 교회의 역사 현장에 조금 연루되었거나 교회 역사의 뒷 이야기를 조금이라도 아는 이들이면 저마다 '역사'를 써 댄다. 아마추어 역사가들이 양산되고 이들이 역사학자인 체 한다. 훈련받은 역사학자들은 이런 풍토에서 함께 취급당하기를 꺼리게 된다. 본격적인 기독교사 연구를 저해하는 셈이다.

셋째, 기독교 공동체의 역사와 우리 민족사를 잇게 하여 한국사에서 기독교사의 온당한 자리 매김을 받아 일반 역사가들이 기독교사 연구의 중요성을 인식하고 본격적으로 이 분야에 뛰어들게 하여야 한다. 그러나 아마추어 교회사가들의 '업적'(?)은 학문적 무시 또는 경시를 받고 있다. 이들이 한국사에서 기독교사의 온당한 자리를 찾아 주려고 기독교사에 대한 업적을 찾아도 아마추어 교회사가들의 글만 읽을 뿐 '역사학적' 기독교사 연구 논문은 거의 찾지 못한다. 교회를 지극히 아끼고 사랑하는 이 아마추어 교회사가들의 글이 의도치는 않았으나 바람직한 기독교사 연구, 나아가서는 우리 민족사에 기독교가 마땅히 크게 자리 매김을 받도록 하는 일을 막는 결과를 낳은 것이다.

한국 기독교사 연구에 또 하나의 걸림돌은 파당적 또는 역사를 일로 삼아 써 대는 이들이다. 각 교파나 교단마다 대학이나 신학교가 있고, 거기에는 '교회사'를 가르치는 이들이 있다. 몇몇을 제외하고는 이들 역시 아마추어 역사가들이다. 그러나 이 가운데는 순진한 아마추어 역사가와는 달리 역사를 왜곡하는 음흉한 파당적 역사가들이 있다.

자기가 속한 교파나 교단의 역사를, 전체 교회사 또는 한국사와 이어서 이해하고 가르치는 것이 아니라 자기 교파나 교단 중심으로, 또

는 자기 교파나 교단의 역사가 전체 교회사인 양 한국 기독교사를 꾸
민다. 한 걸음 더 나아가 자기 교단과 교파의 잘못은 정당화·합리화
하고 잘한 것은 과장해서 '찬송'하는가 하면, 다른 교파나 교단의 잘
못은 크게 드러내 보이고 잘한 것은 묻어 두는 소승적 태도로 기독교
사를 다루고 있다. 학문이라는 이름을 빈 교파적·파당적 역사가들의
'난동'이라 하겠다. 이들은 순진한 아마추어 역사가들보다 더 한국 기
독교사 연구를 방해하는 암적 존재이다.

　　이러한 파당적 역사학은 비단 우리 기독교사 분야에만 있는 것이
아니다. 역사학의 역사를 조금이라도 아는 이들이면 이러한 역사학이
항상 역사학의 주변에 있어 왔음을 익히 안다. 일본의 역사교과서 왜
곡이 최근의 한 보기이다. 우리가 아는 바와 같이 일본은 이웃 나라
를 침략, 야만적 식민지배를 한 적이 있다. 일본은 이를 합리화, 정당
화시키거나 그들의 야만적 행위를 은폐하려 한다. 전쟁의 폐허를 딛
고 다시 세계 강국으로 올라선 일본은 '새 세대'에게 그들의 '야만적
어제'를 가르쳐 세계 시민으로 활동하는 데 심리적 부담을 줄 필요가
없고, 오히려 '부끄러운 어제'를 '자랑스런 어제'로 꾸미어 새 세대로
하여금 어깨 펴고 세계를 누비게 해야 한다고 역사의 은폐와 왜곡을
정당화시킨다. 역사는 은폐할 수도, 왜곡할 수도 없다는 역사학의 제
1계명을 일본 사람들은 내동댕이친 것이다. 진정으로 나라와 민족을
사랑한다면 야만적이었던, 그래서 부끄러운 어제를 새 세대에게 샅샅
이 가르쳐 올바른 역사관을 가지고 도덕적 삶을 이끌도록 하여야 한
다고 우리들은 흥분했고 또한 이를 비판하였다.

　　그러나 한국 기독교의 교파적, 파당적 역사가들은 어떤가. 우리는
교파적 역사가들을 같은 이유로 비판해야 하지 않는가. 남(일본)이
하면 비판하고 내가 하면 괜찮다는 의식이 바로 교파적, 파당적 역사
학이 싹트는 밭이다. 자유주의파 교회사가들이나 신학자들은 자기네

들만이 옳고 정당하다는 독선으로 역사를 써 댄다. 이를테면 1970, 80년대 군사독재와 맞서 민주와 정의를 외쳐 대고 고난 받은 이들은 보수주의파 그리스도인들이 아무 것도 하지 않았다고 몰아세운다. 짧은 역사적 안목으로 파당적 역사인식을 하는 것이다. 이들이 이렇게 역사를 서술할 때 구한말, 일제 초기 또는 신사참배 때 근본주의적 그리스도인들이 유교세력과 일제 식민세력과 전투적으로 맞서 정의를 외치다 고난 받은 역사를 연출했다고 말하고, 그들의 선배인 당시의 자유주의적 그리스도인들이 얼마나 식민세력과 짝했고 또한 굴종했는가 하는 고백이 있어야 한다. 보수적인 역사학자나 신학자들도 마찬가지다. 3·1운동이나 신사참배 때 선배 보수주의 그리스도인들이 펼친 '정치행동'은 잊어버리고 1970, 80년대 자신들의 '비참여의 정치참여'를 정당화시키다 보니 형제를 매도하고 박해하는 세력을 비호한 적은 없었는가를 자성하여야 한다.

이러한 교파적, 파당적 경쟁의식과 견제 태도 때문에 교파적, 탈교파적인 그래서 체계적인 한국 기독교 역사가 한 권도 나오지 못했다. 바로 교회 안 역사학자들과 신학자들은 어느 교파의 성직자이거나, 어느 교단의 이권이나 이해가 얽혀 있기 때문이다.

한국 교회는 우리 현대사의 굽이굽이마다 큰 흔적을 남기었다. 그렇기에 우리 현대사에서 온당한 자리 매김을 받아야 한다. 이는 기독교사 연구가 이루어질 때에 가능한 것이다. 이를 위해서 본격적인 한국 기독교사 연구를 위한 환경 조성이 필요한 것이다. 진실로 교회와 교회의 역사를 아끼고 사랑한다면 아마추어가 가지는 '쓰고픈 욕망'에서 해방되어야 한다. 오히려 훈련받은 역사가들이 할 수 없는, 진실로 이들만이 할 수 있는, 기독교사 연구보다 더 귀하고 값진 목회에 전념하면서 교회 안팎에서 체험한 일들을 '회고록'으로 남겨 둠으로써 한국 기독교사 연구에 크게 이바지할 수 있는 것이다. 귀중한 체험을 담은, 이들만이 할 수 있는 회고록들은 역사학자들에게 둘도 없는 값진 자료가 되기 때문이다.

또한 파당적인 이들이 즐기는 교파의 담벼락 높이 쌓기를 포기해야 한다. 이렇게 말한다 해서 엇갈리는 신학, 교리 그리고 생각들을 인정치 말자는 것이 아니다. 여러 생각들이 서로 엇물리고 부대끼면 소란한 듯해도 그 가운데 역사는 발전하는 것이다. 대승적 파당의식이나 경쟁은 오히려 학파를 낳아 기독교사 연구에 도움이 된다. 다만, 내 것이기에 무조건 옳고 네 것이기에 무조건 그르다는 식의 소승적 파당의식을 버리고 기독교사를 연구하자는 말이다. 한 민족의 역사가 그 민족의 홍보를 위한 것이 아니고 한 교파의 역사가 그 교파의 선전을 위한 것이 아닌 것이다.

여기 몇 편의 논문을 엮어낸다. 이 논문들은 따로 쓰인 것이다. 한국 근·현대사를 보는 나의 퍼스펙티브와 논지를 담기 위해 쓴 것이어서 서로 겹치고 반복되는 부분도 있다. 그럼에도 불구하고 그대로 엮어낸다. 이 글들이 앞서 말한 한국 근·현대사와 한국 기독교사의 이음새를 보는 나의 시각과 논지를 더욱 밝혀 주리라 믿으면서 말이다.

학문의 길에 들어서면서 나는 많은 이들의 가르침과 도움을 받았다. 숭실대에서 김양선 교수님, 고려대에서 강만길 교수님, 워싱턴대에서 팔레 교수님의 가르침을 받았다. 오래 미국에 있던 나를 연세대 유영익 교수님은 지극히 사랑해 주셨고 충남대 차상철 교수님은 깊은 우정을 나누어 주었다. 큰형님 되는 연세대 박영신 교수님은 어릴 적부터 내가 우러러보는 학인이자 내가 넘어보고 싶은 학인이었다. 나의 아내 임정원은 나의 글을 꼼꼼히 읽고 비판을 거침없이 내쏟는 무서운 동역자이다. 이 분들에 대한 고마움과 함께 어려운 가운데서도 역사학을 비롯한 인문학 사랑으로 이 논문집을 내준 혜안의 오 사장님에 대한 고마움을 여기에 적어두고자 한다.

그러나 여기에 있을 수 있는 잘못은 모두 내 학문의 좁음과 옅음 까닭이다.

2004년 봄

ㅂ.ㅈ.ㅅ.

차례

14

Kenneth Wells의 한국 '기독교민족주의' 개념
−그의 『새 하나님, 새 민족:한국 기독교도와 자기개조 민족주의, 1896~1937』에 담긴 논지와 시각을 중심으로

머리글

한 세기 전 유교적 조선에 들어온 기독교(개신교)는 짧은 기간에 세계 선교사상 비할 데 없는 급성장의 역사를 연출하였다.1) 남쪽만 따져도 인구의 25퍼센트가 넘는 이들이 이 종교공동체에 몸담고 있다. 교회는 도시만이 아니라 거의 모든 마을에 들어서 있다. YMCA, YWCA, CCC 등 여러 선교사회단체, 그리고 여러 교육기관들(배재, 이화, 숭실, 경신, 연세, 계성, 계명을 비롯한 중·고등학교와 대학들)을 함께 묶어 생각할 때 개신교가 한 세기만에 우리 사회에서 무시하

---

1) 한국 개신교의 놀라운 성장과 그 역사적 의미에 대해서는 나의 영문저서 *Protestantism and Politics in Korea*, Seattle and London : University of Washington Press, 2003, 1장 ; 박정신, 「한국개신교 성장에 대한 역사학적 설명」, 『基督敎思想』 33-4(1998. 4), 102~120쪽 ; 박정신, 『근대 한국과 기독교』, 민영사, 1997, 7~31쪽 ; Chung-shin Park, "Protestantism in Late Confucian Korea : Its Growth and Historical Meaning," *Journal of Korea Studies* 8, 1992, 139~163쪽을 볼 것.

18

지 못할 사회세력으로 떠올라 있음을 쉽게 인지할 수 있다. 세계 10대 대형 개신교회 가운데 가장 큰 교회를 비롯한 다섯 교회가 백년 전 우리에게 기독교를 전해 준 미국, 캐나다, 호주, 영국이 아니라 한국에 있다는 사실도 눈여겨보아야 한다.[2] 한 건물에 두 개 또는 세 개의 교회가 들어선 진풍경도 우리 근·현대의 역사·사회변동에 관심 있는 이들에게는 단순한 흥밋거리로 다가오지 않을 것이고, 자고 나면 여섯 개의 교회가 생겨난다는 이야기가 우스갯소리로 여겨지지 않을 것이다. 그래서 교회들이 즐비하게 들어선 서울을 "교회당들의 도시"(a city of churches)라고 일컫는 이도 있고,[3] 한국을 비서구 국가 가운데 "가장 기독교화된 나라"(the most Christianized country) 가운데 하나로 보는 이도 있다.[4]

유교적 사회에서 한 세기라는 짧은 기간을 거치면서 벌어진 이와 같은 기독교의 놀라운 성장은 분명 두드러진 역사·사회현상이고, 그래서 우리의 근·현대사에 관심 있는 학인이라면 그냥 지나칠 수가 없는 역사현상이라고 우리는 보고 있는 것이다. 다시 말해서, 100여 년 전 유교적 조선에 들어와 이처럼 깊이 뿌리를 내리고 재빨리 가지를 뻗은 기독교의 성장, 그것은 유교적 질서의 몰락과 붕괴, 일제 식민통치와 조선인의 민족주의 운동, 해방·분단·전쟁, 그리고 산업화와 도시화라는 우리 근·현대사의 전개와 깊이 이어져 있다. 그런데

2) 여의도 순복음교회가 세계에서 제일 큰 교회다. 그리고 안양 소재 은혜와 진리교회(이전에는 남부 순복음교회)가 두 번째, 금란 감리교회가 일곱 번째, 숭의 감리교회가 아홉 번째, 주안장로회가 열 번째의 큰 교회로 보고되었다.(*The Almanac Christian World*, 1993~1994를 볼 것)
3) Sammuel H. Moffet, "Korea," Donald E. Hoke ed., *The Church in Asia*, Chicago : Moody Press, 1975, 369~383쪽을 볼 것.
4) Martin E. Marty, "Forward," Everett N. Hunt Jr., *Protestant Pioneers in Korea*, Maryknoll, New York : Orbis Books, 1980, ix~xi쪽을 볼 것.

도 지금까지 우리의 국학계는 기독교 역사연구에 등한하였다. 그래서
나는 "한국 근·현대의 굽이굽이마다 긍정적이든 부정적이든 기독교
공동체의 흔적이 뚜렷이 남아 있다.······[그런데도] 한국 역사서술에
서는 기독교의 온당한 자리 매김이 이루어지지 않고 있다."고 우리
역사학계를 비판한 적이 있다.5) 한국의 기독교사는 우리 근·현대사
의 총체적 그리고 입체적 인식을 위해서 피할 수 없고, 피해질 수도
없는 중요한 분야라고 믿고 있기 때문이다.

나는 이 글에서 우리의 한국 기독교 역사연구의 현황을 짧게 살피
고 난 후, 케네스 웰즈의 『새 하나님, 새 민족:한국 개신교도들과 자
기개조 민족주의, 1896~1937』의 내용을 소개하고, 한국 기독교사 연
구, 나아가 한국 근·현대사 연구에 이 저서가 어떠한 기여를 했는가
를 논의할 것이다.6) 물론 나의 비판이 있겠지만, 좁다란 퍼스펙티브
와 감정적이고 그래서 파당적인 논의와 재판으로 우리 근·현대사의

<hr>

5) 박정신, 「기독교와 한국역사-그 만남, 물림 그리고 엇물림의 사회사-」,
   유동식 외, 『기독교와 한국역사』, 연세대출판부, 1997, 161~214쪽, 특히
   164~165쪽을 볼 것. 이 글은 이 논문집에도 실려 있다.
6) 웰즈는 뉴질랜드에서 태어나 University of Christchurch대학에서 동아시
   아 사회사 연구로 학사와 석사를 받았고, Australian National University
   에서 한국사 전공으로 역사학 박사학위를 받았다. 7년 동안 미국 인디애나
   대학에서 한국사를 가르치다가 현재 호주의 모교에서 한국학 프로그램 책
   임자로 있다. 그는 "Yun Ch'i-ho and the Quest for National Integrity,"
   Korea Journal 22-1(1982. 1) ; "The Rationale of Korean Economic
   Nationalism under Japanese Colonial Rule, 1922-1932 : The Case of Cho
   Man-sik's Products Promotion Society," *Modern Asian Studies*
   19-4(1985. 11) ; "Civic Morality in the Nationalist Thought of Yun
   Ch'i-ho, 1881-1911," *Papers on Far Eatern History* 28, September 1983
   를 비롯한 여러 논문을 발표했고, *South Korea's Minjung Theology
   Movement : The Culture and Politics of Dissidence,* Honolulu :
   University of Hawaii Press, 1995를 엮어 낸 출중한 역사학자다.

연구자들이 역사의 복잡성을 간과하고 있다는 우리 학계에 대한 웰즈의 숨은 비판에 귀기울일 필요가 있음을 강조할 것이다.

1. 한국 기독교사 연구─그 역사와 현황

한국 기독교사 연구의 발단은 『貞洞敎會三十年史』가 나온 1915년에서 찾을 수 있겠지만, 보다 본격적인 연구는 1920년대에 시작되었다. 우리가 익히 아는 바와 같이 1928년에 이능화의 『朝鮮基督敎及外交史』가 나왔고, 백낙준의 영문저서 *The History of Protestant Mission in Korea, 1832-1910*이 1929년에 출간되었다.[7]

그러나 한국 기독교사 연구가 활발히 전개된 것은 해방 이후 들어서다. 1955년 김양선이 『韓國基督敎 解放十年史』를 세상에 내놓았고, 1966년에는 백낙준, 김양선, 한태동, 마삼락(Samuel H. Moffett)을 중심으로 하여 한국 최초의 교회역사학회인 '한국교회사학회'가 창립되었던 것이다. 이 학회는 교회사 관계 자료를 수집, 영인하는 작업을 시행하였다. 이러한 학문적 열기를 배경으로 해서 앞서 말한 백낙준의 영문저서가 1973년 연세대출판부에 의해 복간되어 널리 보급되었다. 그만큼 기독교사 연구의 중요성이 인정되어 간 것이다.

1950년대와 60년대에 한국 기독교사 연구에 쌍벽을 이룬 백낙준과 김양선을 한번 눈여겨볼 필요가 있다.[8] 백낙준은 선교사의 도움으로

---

7) 한국 기독교 역사연구의 역사를 보기 위해서는 홍치모·유준기 편, 『한국 교회사 논저목록』, 형성사, 1993을 볼 것.

8) 백낙준에 대해서는 여러 글이 있으나, 민경배, 「백낙준의 '역사'이해」, 유동식 외, 『기독교와 한국역사』, 125~160쪽을 볼 것. 김양선에 대해서는 이호열, 「매산 김양선의 한국기독교사적 업적」, 『한국교회사논총』, 솔내민경배 교수화갑기념논문집 간행위원회, 1994, 193~212쪽 ; 박정신, 「교회사학자,

미국으로 건너가 예일대학교에서 세계적인 역사학자 라토레트 (Kenneth S. Latourette) 교수의 지도 아래 방대한 선교부의 기록을 이용하여 앞서 말한 제목으로 박사학위 논문을 써서 한국 기독교사 연구의 수준을 한 차원 끌어올렸다. 그러나 그는 선교사적 시각 위에서 서양문명의 조선전파, 기독교의 조선선교 과정을 연구하였다. 이용한 자료도 선교부 기록이 대부분이어서 서양 또는 선교사들의 문화적 우월감이 스며있는가 하면, 선교 대상인 조선과 조선사람들에 대한 논의가 부족하였다. 다시 말하면, 기독교와 조선 사회와의 '만남'을 특수한 역사 상황하에서의 상호교섭이라는 시각에서 인식한 것이 아니라 선교사의 시각, 즉 기독교의 입장에서 보았던 것이다.

김양선은 백낙준의 선교사관을 넘어 세계 문화교류의 맥락에서 천주교와 기독교의 조선전파를 수용사적 시각에서 다루었다. 서양선교사들이 조선에 들어오기 전에 기독교인이 된 이들의 후손답게 이응찬, 백홍준, 서상륜 등의 만주 나들이와 그 곳에 온 서양선교사들과의 만남, 그들에게 우리말 교육을 시키고 그들의 성서 번역 작업에 참가한 점, 그리고 서양선교사들이 조선에 오기 전에 우리 손으로 세운 소래(松川)교회 창립을 눈여겨본 「Ross Version과 한국 Protestantism」이라는 그의 논문은 그의 주체적 수용사관이 낳은 값진 업적이었다. 짧게 말하면, 김양선은 기독교와 조선사람들과의 만남을 상호교섭의 시각에서, 그리고 조선사람들의 시각에서 인식했다는 말이다. 김양선은 이러한 주체적 수용사관에서 한 걸음 더 나아가 오늘의 한국 기독교사 연구자들이 몰두하고 있는 기독교와 한국 근·현대의 고리를 밝히는 작업을 시작하였다. 기독교와 한국 근·현대의 새 교육, 새 문화, 그리고 민족주의 운동과의 고리를 중점적으로 다룬 『한

김양선은 어디 있는가」, 『한국기독교역사연구소 소식』 31(1998. 4), 3~7쪽을 볼 것. 김양선과 백낙준에 대한 논의는 나의 발표문에 터 하였다.

국기독교사(2)』와 『3·1운동과 기독교』는 오늘의 한국 기독교사 연구자들에게 소중한 지침서가 되고 있다.

1970~90년대에는 민경배와 이만열이 한국 기독교사 연구의 중심에 서 있다. 민경배는 『한국 기독교사』와 그의 기념비적 업적이라 내세우는 『한국민족교회형성사론』을 1968년과 1974년에 각각 출간하여 학계의 주목을 받게 되었다. 그는 '한국교회사학회'를 중심으로 신학계통에서 교회사에 관심을 갖고 있는 이들을 모아 기독교 역사연구를 이끌고 있다. 그리고 1980년대 들어 기독교사에 관해 본격적인 글을 발표하기 시작한 이만열은 '한국기독교역사연구소(회)'를 창립, 역사학을 비롯, 인접 학문을 전공하는 이들을 중심으로 기독교사 연구를 주도하고 있다. 이만열은 1980년에 『한국기독교와 역사의식』과 『한국기독교와 민족의식』을 출간, 주목받는 기독교역사 연구가로 등장하였다.9)

민경배와 이만열이 주도하고 있는 우리의 기독교 역사연구는 기독교와 우리 근·현대사와의 관계를 밝히는 작업을 주로 하고 있다. 따라서 우리의 일반사 연구가 그러하듯 기독교와 민족운동과의 관계에 대한 연구가 그 주류를 이루고 있다.

그러나 이들의 연구는 새로운 자료의 발굴과 실증적 업적에도 불구하고 김양선의 시각과 수준을 넘어서지 못하고 있다. 우리 근·현대사의 역사·사회변동 연구에서 왜 기독교 또는 기독교인들을 연구하여야 하는가 하는 우리의 초보적 의문조차도 이들은 풀어 주지 못하고 있다. 이를테면, 기독교인인 이승만, 안창호 또는 이승훈의 민족독립운동을 연구할 때 단순히 조선사람 이승만, 안창호 또는 이승훈이 아니고, 왜 기독교인인 이승만, 안창호, 이승훈으로 연구되어야 하

---

9) 앞의 책은 1981년, 뒤의 책은 1991년 지식산업사에서 출간되었다.

는가를 질문하지 않거나 또는 질문을 해도 명쾌한 대답을 내놓지 못하고 있다. 조선사람의 민족운동과 조선 기독교인의 민족운동, 조선사람의 민족의식이나 역사의식과 조선 기독교인의 민족의식이나 역사의식은 같은 것일까. 왜 기독교, 기독교인을 따로 연구해야 하는가. 같지 않다면 기독교, 기독교인의 역사의식과 민족의식이란 무엇인가. 조선의 다른 민족주의자들과는 다른 이들의 역사의식은 이들로 하여금 어떠한 행동 또는 활동을 하게 하였는가. 도대체 보편적 가치를 추구하는 기독교와 특수주의적 의식과 운동인 민족주의가 합쳐진 '기독교민족주의'라는 개념은 성립될 수 있는 것인가. 우리의 기독교역사 연구자들의 글에서는 이러한 질문이 제기되지 않고 있으며, 제기되었다고 해도 밝히 대답을 하지 못하고 있다.

2. 웰즈의 『새 하나님, 새 민족』

한국의 역사학자들이 해결치 못한 문제들 가운데 하나가 보편적 종교인 기독교와 특수주의적 개념인 민족주의와의 관계, 다시 말하면 개신교라는 보편주의와 민족주의라는 특수주의가 조선이라는 특수한 역사적 마당에서 어떻게 만나 엉키어 있는가 하는 문제다.10) 웰즈는, 나치 독일에서 본훼퍼(Dietrich Bonhoeffer) 중심의 기독교가 인종에 바탕을 둔 독일 민족주의를 극복하려는 가치와 운동으로 나타나고 중동에서는 이슬람과 특수주의적 아랍 민족주의가 만나 이슬람 민족주의를 잉태한 여러 다른 역사현상을 보면서 보편주의적 종교와 특수주의적 민족주의간의 관계는 간단하게 치부할 문제가 아니라고 지적하고 있다.11)

---

10) 자세한 논의는 닮음 5)에 있는 나의 글을 볼 것.

이 둘 사이를 비교사적 또는 이론적으로 두루 살핀 다음, 웰즈는 "민족주의는 사람들(민족들) 사이에 울타리를 세우고 또 그 울타리를 정당화하지만, 기독교는 이와 반대되는 일을 해야 한다. 민족주의에서 덕목이 되는 것이 기독교에서는 악덕이 되는" 여러 경우를 보면서도[12] 한국 근·현대사에 있어서 기독교와 민족주의가 깊게 이어져 있다고 단언하고 있다. 웰즈는 조선 민족주의와 기독교가 "결연"(alliance)되거나 "용해"(fusion)된 모습을 윤치호, 이승만, 안창호, 조만식 등과 같은 민족운동에 큰 업적을 남긴 지도자들의 사상과 의식, 또한 이들이 주도한 독립협회, 신민회, 3·1운동, 물산장려운동, 동우회, 흥업구락부 등의 운동 방향에서 뚜렷이 볼 수 있다고 주장하고 있다.

이처럼 민족주의와 보편적 종교가 "결연" 또는 "용해"되었을 때, 다시 말해서 식민시대의 착취나 야만적 통치에 반대해야 할 때, 이 둘(기독교와 민족주의)은 비판의 목적은 같아도 수단에서는 서로 다를 수 있으며 또한 이 둘은 목적과 수단 모두에서 다를 수 있다고 웰즈는 설파한다.[13] "결국 누가 음악을 연주하고 누가 그 장단에 맞춰 춤을 추는가" 하는 것이 문제다.[14] 그러므로 이 둘 사이에는 항상 긴장이 존재하는데, 한편으로 일제의 식민통치구조와 긴장 관계에 있는 조선사람들의 종교 공동체로서 조선 개신교는 다른 한편으로는 다른 여러 줄기의 조선 민족주의와 긴장 관계에 있었고, 기독교 민족주의, 이를테면 "자기개조 민족주의"(self-reconstruction nationalism), "윤리적 민족주의"(ethical nationalism)는 조선의 다른 민족주의 운동의

---

11) Wells, *New God, New Nations*, 1~8쪽.
12) 윗글, 4쪽.
13) 윗글, 5~6쪽.
14) 윗글, 5쪽.

정서, 목적, 수단과 차이가 있었다고 웰즈는 보는 것이다.15)

앞선 서구문명을 낳은 것이 기독교라고 믿는 이 "윤리적 민족주의
의 사도(使徒)들"은 "기독교는 조선의 유일한 구원이고 희망이다"라
고 선포하였다.16) 조선이 안팎의 도전에 힘없이 무너지게 된 것은 영
적인 힘이 없는 유교, 다시 말해서 가족의 울타리 밖에는 관심을 갖
지 않는 조선적 유교사회의 공공도덕(civil morality 또는 public
morality)의 결핍 때문이라고 진단하고 기독교 신앙에 바탕하여 유교
적 사회를 비판하였다. 이것은 당연히 윤리적·정신적 비판
(ethico-spiritual critique)이었다. 웰즈에 의하면, 서재필, 윤치호, 이
승만 등은 독립협회운동을 통해 기독교적 비전을 가지고 이타적 공
공도덕을 널리 전파하여 윤리적, 정신적으로 건강한 사회와 문화를
구축하려 노력하였다. 바로 윤리적·정신적 개조와 갱생을 통해서만
이 정치적·사회적·물질적 건강을 되찾을 수 있다고 믿었던 것이
다.17)

바로 여기에서 윤리적 민족주의자들과 다른 민족주의자들 간의 차
이가 확연히 드러난다. 이를테면, 윤치호는 독립국가와 "인민의 삶과
질"(the quality of life of the people), 이 두 가지를 따로 떼어 생각지
않았다. 오히려 인민의 삶의 질의 향상을 저해하거나 방해하는 독립
국가에 대해서 비판적이었다. 미국사람들은 원래 식민세력이었지만
영국이 물러나기 전에 이미 독립되었다고 본 윤치호는, 인민이 먼저

---

15) 윗글, 7~9, 19~20쪽을 볼 것.
16) 『윤치호 일기』 1893년 2월 9일자. 비슷한 내용을 『윤치호 일기』 1893년 4
월 8일자와 19일자에서도 볼 수 있다. 연세대 현대한국학연구소는 윤치호
의 영문일기를 우리 글로 옮기는 작업을 하고 있다. 영문일기 첫 부분이 최
근 나의 번역으로 나왔다(『국역 윤치호일기 II』, 서울 : 연세대학교 출판부,
2003).
17) Wells, *New God, New Nation*, 3장.

독립 정신을 발전시키면 외세가 들어올 수도 없고 또 들어와도 곧 물러날 것이지만, 그렇지 않으면 독립국가를 지니고 있어도 일시적일 뿐 항상 외세의 간섭을 받게 될 것이라고 주장하였다. 윤리적 민족주의 사도들과 국가적(정치적) 민족주의자들과는 목적과 수단에서 이처럼 차이가 있었던 것이다.[18]

일제의 식민 상황에 대한 인식에서도 이러한 차이를 분명히 볼 수 있다. "윤리적 민족주의의 사도들"은 식민세력 일본이 악의 세력이고 그래서 조선민족이 이를 마땅히 극복해야 할 것이라고 인식하고 있었다.[19] 그러나 이들은 일제의 식민 상황이라는 것은 조선의 민족문제의 한 부분에 지나지 않는다고 보았다. 조선민족의 공공도덕 결핍과, 평화 때건 위기 때건 가리지 않고 항상 더 강한 나라에 의존하려 했던 습성이 식민 상황을 불러왔다고 스스로 고백하고 또 자책하였다. 그렇기 때문에 이러한 상태에서 일본이 물러난다 해도 또 다른 외세가 들어올 것이라고 주장했으며, 따라서 조선민족이 정신적·윤리적으로 자기개조를 통해 공공도덕을 함양하고 독립정신을 갖지 않는 한 어떠한 정치적 독립도 이룰 수 없고, 영속적으로 외세의 보호에 의존할 것이라고 주장하였다.[20]

이러한 인식을 가진 기독교 민족주의자들의 활동은 당연히 전투적인 정치운동이기보다 교육·문화, 윤리운동이 될 수밖에 없었다. 그러므로 그들은 기독교적 보편주의 또는 기독교적 가치와 윤리 기준에 따라 민족운동을 펼치었다. 윤리적으로 건강한 사회와 문화에 뿌리를 내린 독립된 나라는, 단순히 정치적으로 독립을 쟁취한다고 해서 자연스럽게 얻을 수 있는 것이 아니고, 공공도덕과 독립정신이 뿌

18) 윗글, 69쪽.
19) 윗글, 10쪽.
20) 윗글, 10쪽과 69쪽을 눈여겨볼 것, 또한 120~127쪽도 볼 것.

리내린 조선사람들의 공동체 형성이 선행되어야 가질 수 있다고 믿었기 때문이다. 그렇기에 일제 식민통치세력과 정치적으로 맞대응하기보다는 교육·종교 활동이라는 열려진 길을 통해 그들의 이상을 실현하고자 노력하였다. 성급한 정치적 선동은 오히려 민족 전체의 목적을 달성하는 데 필요한 민족단합을 깨뜨리거나 상처를 입힐 것이라 보고, 끓어오르는 독립에의 열망을 성급히 감정적으로 폭발시키는 것은 힘의 낭비라고 주장하였다. 이보다는 차분히 의식과 교육, 그리고 종교 활동을 통해 자기개조를 이루고, 산업육성을 통해 힘을 축적해 나아가는 것이 보다 합리적이라고 믿고 그렇게 행동하였다.21)

그렇기 때문에 이들이 따른 점진주의는 단순히 전술적이거나 일시적인 방편이 아니었다. 웰즈는 이들의 점진주의를 인간의 삶, 그 자체의 다이내믹을 현실적으로 인식한 것으로 이해해야 한다고 주장하고 있다. 독립의 그 날을 마냥 기다리며 식민세력과 더불어 살아가자는 것이 아니었다.22) 그 식민세력과의 정치적 맞대응으로 감정을 분출함으로써 아무 것도 이루지 못한 채 일시적으로 만족할 것이 아니라, 교육과 종교활동을 통해 참 독립국가의 전제가 되는 공공윤리와 독립정신을 길러 가자는 것이었다. 실제로 이 윤리적 민족주의자들은 신민회, 3·1운동, 또한 그 이후에도 제한적이나마 열려진 마당을 한껏 선용하여 교육·종교·경제활동을 서서히, 그러나 더 근본적인 운동이라고 확신하며 펼쳐 나갔다고 웰즈는 주장하고 있다.23)

---

21) 윗글, 3~4장, 특히 89~97쪽을 볼 것.
22) 윗글, 92쪽.
23) 윗글, 14~16, 164~171쪽.

3. 윤리적 민족주의자들을 보는 눈들

윤리적 민족주의자들의 교육, 종교, 문화, 그리고 경제활동을 통한
윤리적 자기개조, 점진적 실력양성운동은 다른 민족주의 세력, 특히
투쟁적·정치적 민족주의자들로부터 비판을 받았다. 식민 상황에서
의 민족주의자라는 것은 즉각적인 정치적 독립을 목표로 삼는 것이
당연한데도 이를 무시하거나 저버린 윤리적 민족주의자들은 민족주
의자라고 할 수 없다고 이들을 몰아세웠다. 특히 3·1운동 이후 조선
민족이 이념적·지적·정치적 갈등과 위기를 맞았을 때 문화적(윤리
적) 민족주의자들은 전투적·정치적·사회주의적 민족주의자들로부
터 호된 비판을 받아 수세의 입장에 놓이게 되었던 것이다.24)

오늘의 역사학자들도 이 윤리적 민족주의자들을 부정적으로 보고
있다. 참 민족주의를 민중운동으로 파악한 진덕규는 윤리적 민족주의
자들이 사회적 엘리트거나 친일 협력자들이었기에 이들의 운동은 민
중에게 외면당해 실패하였다고 보면서 그들이 참 민족주의자들이 아
닌 듯이 다루고 있는가 하면,25) 송건호는 기독교와 민족주의는 근본
적으로 양립할 수 없으므로 이들은 민족주의자가 될 수 없다고 보았
다.26)

특히 우리에게 잘 알려진 에커트(Carter J. Eckert)는 문화적 민족
주의 그룹의 경제활동은 아예 민족주의자들의 것이 아니라고 평가한
다. '민족자본형성'이라는 이름 아래 펼쳐진 경제운동이라는 것이 일
제 식민통치세력이 만든 구조 속에서 참여와 협력을 통해 이루어졌

---

24) 윗글, 14~16, 164~171쪽.
25) 윗글, 164~165쪽. 웰즈는 진덕규, 「1920년대 국내 민족운동」, 『한국민족주
　　의론』, 창작과비평사, 1982, 140~159쪽을 논의하고 있다.
26) 윗글, 175쪽. 웰즈는 특히 강만길의 「한국민족주의론의 이해」, 『한국민족주
　　의운동과 민중』, 두레, 1987에서 논의된 송건호의 주장을 이야기하고 있다.

다는 점, 특히 김성수와 김연수의 경성방직은 1920년대 3·1운동에서
나타난 무서운 조선민족의 단합을 깨뜨리려는, 그러기 위해 조선민족
내부에 계급적 분열을 조장하려는 저의에서 일제가 치밀한 계산 아
래 조선사람들에게 열어 놓은 여러 재정 절차와 경제정책을 이용해
서 설립되었다는 점, 그리고 이를 경영하는 과정에서 일제 당국의 힘
을 빌려 조선노동자들을 탄압한 점 등을 고려할 때 이들은 진정한 민
족주의자가 아니었다고 에커트는 주장하고 있다.27)

그러나 웰즈는 위의 세 시각과 주장을 다음과 같이 논박하면서 윤
리적·문화적·경제적 민족주의자들을 변론하고 있다.28) 되풀이되는
것 같지만 웰즈의 논의를 자세히 살펴보자.

첫째, 문화적·윤리적 민족주의자들이 엘리트고 또 일제 협력자들
이기 때문에 민중의 지지를 받지 못했다는 진덕규식 주장은 논리적
이 아니라고 웰즈는 설파한다. 역사학의 원리로서 이 논리 자체에 문
제가 있기 때문이다. 1920년대와 30년대의 민족주의운동은 어떠한 종
류의 것이든 성공했다고 볼 수 없는데, 그 이유는 바로 민중이 지지
하지 않았기 때문이다. 그렇게 본다면 당시에는 민족주의자가 없었다
는 결론이 나오게 된다. 민족주의운동이 실패했든 성공했든, 민중의
지지를 받았든 못 받았든 간에, 그 시대에 여러 갈래의 민족주의운동
이 있었다는 사실은 아무도 부인하지 못한다. 웰즈에 의하면 진덕규
같은 학자의 주장과는 달리, 기독교의 자기개조 민족주의자는 우리
역사에 뚜렷한 족적을 남기고 있다.

27) 윗글, 164~165쪽. 웰즈는 Carter J. Eckert의 *Offspring of the Empire*의
모태가 된 그의 박사학위논문, "The Colonial Origins of Korean
Capitalism : The Koch'ang Kims and the Kyŏngsŏng Spinning and
Weaving Company, 1876~1945", University of Washington, 1986를 논의
하고 있다.
28) 자세한 것은 윗글 164~167쪽.

둘째, 보편주의적 기독교와 특수주의적 민족주의는 결코 양립할 수 없으므로 기독교 민족주의는 민족주의가 아니라는 송건호류의 시각은 역사 현상과 동떨어진 관념적인 것이라고 반박한다. 앞에서도 짧게 살펴보았듯이, 인류역사에는 한 종류의 민족주의만 있었던 것이 아니라 민족주의와 다른 이념이나 가치와 서로 용해 또는 결연된 경우가 흔히 있었다. 한국 근·현대사에서 기독교와 민족주의가 결합된 '기독교 민족주의'가 그 경우라고 웰즈는 주장한다. 웰즈는 조선의 기독교 민족주의자들이 기독교 보편주의를 토대로 하여 좁은 의미, 이를테면 극단적 인종주의나 단순한 감정적 반외세주의에 바탕을 둔 특수주의적 민족주의를 극복하려 했다고 보았다. 이러한 일련의 과정 속에서 기독교와 넓은 의미의 민족주의가 강력하게 용해·결연 되었다고 웰즈는 주장한다.

셋째, 자본주의와 제국주의는 분리할 수 없다는 가정 아래 경제적 민족주의자들의 '민족자본 형성' 노력은 일본제국의 식민경제 운용 틀 안에서 식민세력과 협력 또는 협조 하에 이루어졌고, 이 과정에서 조선 부르주아들은 고통을 받지 않았을 뿐만 아니라 오히려 식민세력의 힘을 빌려 조선 노동자들의 파업을 막고 그들에게 고통을 주었으니 이들은 민족주의자라고 볼 수 없다는 에커트식의 주장은, 당시의 식민 상황을 하나의 '흑백상황'으로 인식하고 이에 맞아떨어지는 역사적 사실과 당시의 주장들을 선택적으로 인용한 결과라고 웰즈는 비판한다.

웰즈는 이념적·정치적 흑백논리의 함정에 빠져 이 복잡한 문제를 바라다볼 것이 아니라 여기에서 벗어나 제3의 시각을 가져야 한다고 제안한다. 그가 말하는 제3의 시각이란, 두 가지의 엄연한 역사현실을 인정함으로써 가능하다. 첫째, 일본의 조선 식민지화는 자본주의적 침략이라는 엄연한 역사적 현실이고, 둘째, 이러한 식민경제구조 아래에서나마 조선사람들이 민족경제를 찾아 장악하려고 했던 숨은 노력, 이 두 가지 사실을 인정하여야 한다는 것이다.29) 조선의 경제적 민족주의자들, 자기개조 민족주의자들은 이를 위해 일제의 식민경제구조를 현실적으로 받아들이고 경제운용을 하던 식민 당국과 때때로 타협 내지 협력한 것이라고 웰즈는 설명한다. 웰즈는 망명을 선택하지 않고 국내에서 활동한 이들을 타협 · 비타협의 등식으로 함부로 매도하지 말 것을 우리에게 주문하고 있다.『조선일보』와『동아일보』의 변화, 그리고 이념적으로 좌우를 가릴 것 없이 우리의 민족주의자들은 일제에 단순히 따라간 것이 아니라 타협 · 비타협 노선을 상황에 따라 주체적으로 선용하고 있었기 때문이다.30) 웰즈가 조선민족의 이해에 반하여 자발적으로 그리고 노골적으로 나서서 일제의 앞잡이 역할을 한 이들을 변호하는 것은 아니다.31) 그가 논의 대상으로 삼은 인물은 해방후 반민족주의자, 일제와 타협한 자 또는 일제의 꼭두각시라는 지탄을 받은 윤치호, 안창호, 이광수, 주요한, 조만식, 신흥우, 김성수와 같은 윤리적, 문화적, 경제적 자기개조 민족주의자들이다.32) 웰즈에 의하면 적어도 1937년까지 이들은 민족주의자들이었다.

웰즈는 특히 에커트식 주장과 시각에 대해 비판적이다.33)

첫째, 식민세력의 경제구조에 참여하는 것과 민족주의자가 되는 것은 양립할 수 없다는 것이 에커트의 역사인식이다. 그렇지만 우리 역사인식에서 누가 이런 식으로 민족주의를 규정할 수 있겠는가. 망

---

29) 윗글, 140~142, 164~165쪽.
30) 윗글, 165쪽.
31) 윗글, 169쪽.
32) 윗글, 14~15, 166쪽.
33) 아래의 세 비판은 윗글, 156~167쪽에 터 했음.

명을 택하지 않았다면(또는 자살을 선택하지 않았다면 – 나의 생각이
다) 어느 누구든 식민세력의 정치·경제구조에 참여하지 않을 수 없
었다. 웰즈는 그런 일은 불가능했다고 단언한다. 모든 조선민족주의
자들이 드러내 놓고 일제 식민세력을 거부했어야 한다는 주장도 상
식적이 아닐 뿐만 아니라 장기적 전략이라는 선택의 여지를 남기지
못한 선택이라는 것이다. 인도의 민족주의자들이 영국 식민세력의 정
치·경제·교육 구조에 참여하여 민족의 목표를 추구한 것처럼, 희망
없는 상황에서 좌절치 않고 일제 식민세력이 부과한 체계를 민족의
이익이나 민족주의적 목표를 달성하기 위해 이용한 국내 민족주의자
들, 특히 윤리적 자기개조 민족주의자들에게서 어떠한 윤리적 모순도
찾을 수 없다고 웰즈는 갈파하고 있다.

둘째, 웰즈는 고통 받는 이들만이 참 민족주의자라거나 또는 고통
을 덜 받는 이들의 민족주의적 신용도는 약할 수밖에 없다는 시각을
받아들이지 않는다. 문제는 얼마나 고통을 받았고 탄압을 받았는가가
아니라, 그들이 얼마나 민족주의적 목표 달성을 위해 노력했고 또 스
스로 그렇게 한다고 생각하였는가 하는 점이다. 적어도 윤리적 민족
주의자들은, 아니 당시 많은 조선사람들은 '민족자본'의 형성 노력을
애국적 행위로 여기고 있었다.

셋째, 경제적 민족주의자들이 식민세력에 의존하여 동족인 파업노
동자들을 정치적·경제적으로 견제하였기 때문에 반민족주의적이라
는 주장을 웰즈는 반박한다. 그에 따르면, 예컨대 경성방직 경영자들
은 공장파업 문제를 민족주의 문제로 인식하지 않고 단순한 노사문
제로 보았다. 즉 그들의 경제활동이 노동자를 위한 사회주의 활동이
아니었기 때문에 파업시 경찰을 불러 통제한 것은 경영인으로서 정
당한 행위였다. 웰즈로서는 노동자를 위하는 사회주의자가 아니었다
해서 그들이 민족주의자가 될 수 없다고 하는 논리에는 찬동할 수 없

다는 것이다. 자기개조 민족주의자들의 목표는 노동자들의 해방이 아니었기 때문이다.

좁게는 한국 민족주의, 넓게는 한국 근·현대사에 관심 있는 이들에게 웰즈는 흥미 있는, 그러나 매우 중요한 이야기를 들려주고 있다.[34] 웰즈가 논의한 프랑스 식민시대 베트남 남부 코친차이나 (Cochin-China) 지방의 입헌파 민족주의자들 이야기를 보자. 이들은 프랑스가 선진적인 나라이기 때문에 프랑스 것을 배워야 한다고 생각했고, 또한 프랑스가 낙후된 베트남을 근대국가로 발전시킬 것이라고 믿고 식민세력에 협력하였다. 그러나 베트남사람들이 무장투쟁을 개시하고, 프랑스 식민세력이 무력으로 진압에 나서자 이른바 이 "이상주의적 협력자들"(idealistic collaborators)은 비록 실패로 끝나긴 했지만 양쪽 모두를 설득하려 했다. 바로 이 때문에 프랑스 식민세력은 무장투쟁을 거부하는 이들 입헌파 민족주의자들을 '적'으로 간주하였다. 웰즈는 또한 네덜란드의 식민지로 있던 인도네시아에도 시의회와 지방의회에 진출하여 식민세력과의 협조·협력을 통해 인도네시아 민족의 목표를 달성하려 했던 "협력 민족주의"(co-operation nationalism)가 있었고, 영국 지배 아래 있던 인도에서도 협조적 민족주의 세력이 의회에 참여하여 식민세력과 협력·협상하면서 권력의 점진적 이동을 성사시켰다는 이야기를 우리와 나누고자 한다.

그 이유는 무엇일까. 웰즈는 우리의 민족주의 담론이 "드러내 놓고 벌이는 정치적 저항"을 표준으로 삼아 판단하고 비판함으로써 우리 민족사에 나타난 다양한 민족주의 흐름을 좁게 인식하고 있다고 꼬집고 있다.[35] 우리 학계에 대한 불만을 우회적으로 나타낸 셈이다. 웰즈는 이러한 한국학계의 경향이, 해방후 남북한 모두에서 국내에

---

34) 윗글, 167~169쪽.
35) 윗글, 15쪽.

있지 않았던 망명세력이 집권한 다음 이들의 민족주의가 "공인된 민족주의"(official nationalism) 또는 "정통 민족주의"(orthodox nationalism)로 자리 잡았기 때문이라고 보았다.[36] 그 결과 국내에서 식민세력이 부과한 정치·경제·사회 구조 아래 살아야 했던, 그러나 민족주의적 목표를 저버리지 않고 그것을 달성하고자 여러 가지 전술과 전략을 구사했던 자기개조 민족주의세력을 비롯한 여러 다른 민족주의 흐름은 우리 역사에서 온당한 자리 매김을 받지 못하고 있다고 웰즈는 판단하고 있다.[37]

4. 웰즈의 저서에 대한 나의 생각

웰즈는 분명 출중한 역사학자다. 그의 글들은 우리나라 역사학자들이 흔히 학문으로 여겨 온 실증사학이라는 자료의 단순한 짜깁기가 아니다. 그는 방대한 자료 수집에 더하여 역사학·사회학·철학·정치학·신학을 넘나들며 여러 가지의 다른 시각과 이론을 널리 섭렵·소화하였다. 논리도 뚜렷하다. 그래서 그의 주장은 설득력이 있다.

웰즈는 해방후 남북에서 집권파가 집권하여 그들의 민족주의가 공인된 정통 민족주의가 됨으로써 파당적 또는 감정적으로 매도당하게 된 다른 여러 민족주의 흐름, 특히 기독교 민족주의의 흐름을 자세히 논구하여 우리 민족주의 담론의 눈을 크게 뜨게 하고 닫혀진 마음을

---

36) 윗글, 163쪽.
37) 웰즈는 자기개조 민족주의자들의 약점을 훌륭히 지적하고 있다. 웰즈는 그들의 약점으로서 순진한 식민 상황 인식 및 정세를 오판한 이상주의적 비전과 전략을 들고 있다. 윗글, 16, 169~170쪽을 볼 것.

활짝 열어 주었다. 또한 1980년대에 들어 '민중사학'이라는 깃발이 드 높이 올라 펄럭거리기 시작하면서 민중주의가 민족주의이고 또는 민 중주의가 민족주의의 기준인 듯이 민족주의를 논의해 온 우리 학계 를 향해 편협한 흑백논리의 감옥으로부터 해방되라고 웰즈는 조용히 그러나 강력히 요구하고 있다.

또한 그는 우리의 역사를 외세의 움직임에 이끌려 가는 역사로 보 는 해외 한국학계 일각의 시각과 그들의 냉소적 태도에 일격을 가하 고 있다. 이를테면 한국자본주의의 기원을 일제 식민세력의 경제구조 에서 식민세력의 경제정책과 운용을 따르고 그 세력과 협조·협력한 세력, 또한 그 과정에서 조선 노동자를 착취하고 억눌러 온 세력에서 찾고, 이 땅의 자본주의를 일본 제국주의가 낳은 서자처럼 인식하는 시각을 뜯어고칠 것을 주장하고 있다. 식민구조 아래서나마 벌려진 틈을 활용해 '민족자본'의 형성을 위해, 또는 좁게나마 열려진 마당을 선용하여 민족 구성원의 정신적·윤리적 개조를 통해 실력양성을 도 모한 경제적 민족주의자, 윤리적 민족주의자 또는 문화적 민족주의자 들의 주체적 노력을 함께 볼 것을 타이르고 있다. 이에 더하여 한국 을 연구하는 서양 역사학자들에게는 한국사와 한국민족을 더 이상 냉소적인 시각으로 바라보지 말 것을 주문하고 있다. 웰즈의 이러한 충고와 주문은 상당한 설득력을 지니고 있다.

그러나 한두 가지 웰즈에게 묻지 않을 수 없다.38)

첫째, 웰즈는 친일협력자 또는 타협자로 지목된 지도자들이 무엇 을, 어떻게 그리고 왜 친일을 하였는가에 대한 그들 스스로의 주장에 주로 귀를 기울였다. 물론 그 동안 무시되어 온 그들의 생각과 주장 에 주목하여 글을 쓰면 자연히 다른 역사해석이 나오고 친일 협력·

---

38) 앞서 말한 *Korean Studies*에 실린 나의 서평을 함께 볼 것.

타협 등에 대한 새로운 시각이 나오기 마련이다. 그러나 역사학자는 친일협력자로 지목된 이들의 이야기와 함께 그들 주변에서 함께 살 았던 다른 조선사람들과 일본사람들의 생각 및 주장에도 귀를 기울 이고 동시에 냉혹한 머리로 그들의 생각과 주장을 분석하는 책무를 가져야 하지 않는가.[39]

둘째, 위의 지적과 이어지는 것이지만 왜 웰즈는 1896년부터 1937 년까지만 다루었는가 하는 점이다. 자기개조 민족주의자들의 1937년 이후의 생각과 삶 그리고 행동은 어떠하였을까. 우리가 아는 바와 같 이, 웰즈가 내세우는 윤리적·문화적·경제적 민족주의자들 가운데 다수가 1937년 이후 일제의 전쟁동원정책에 드러내 놓고 협조·협력 하였다. 그렇기 때문에 웰즈가 이들의 생각, 삶 그리고 행동을 19세기 말부터 1937년까지만 다루고 그 이후에는 왜 다루지 않았는가에 대 해 궁금하지 않을 수 없다. 바로 이 궁금증 때문에 그의 『새 하나님, 새 민족』이 당연히 인정받아야 할 출중한 시각과 논리, 그리고 설득 력까지 잃게 되어 자기개조 민족주의자를 위한 하나의 변론으로 받 아들여질까 염려된다.

꼬리글

머리글에서 말했듯이, 1950년대와 60년대에 이미 김양선은 주체적 수용사관에 터한 한국 기독교사 연구를 시작했고, 또한 한국사 서술

---

39) 웰즈는 "What the alleged collaborators claimed they were doing"에 주로 관심을 가진다고 하면서, "What other Korean and Japanese believed they were doing" 또는 "What the historian with hindsight interprets them as having done"에는 별로 관심이 없다고 서론에서 고백하고 있다. 윗글, 15 쪽을 볼 것.

에서 기독교의 온당한 자리 매김을 위해 기독교와 한국 근·현대 민
족운동과의 관계를 연구하기 시작했다. 그러나 그 후 오늘에 이르기
까지 우리의 기독교사 연구는 그의 시각과 방법을 뛰어넘지 못하고
있다. 우리나라의 일반 역사학계와 마찬가지로 기독교사학계도 학제
적 접근을 통해 폭넓은 시각을 갖고 논의를 깊이 더해 가려는 노력이
부족하다. 연구자의 업적은 수적으로 증가하였으나 질적으로는 아직
김양선의 주체적 수용사의 시각과 전통적 역사방법(실증사학)에 매
달려 새롭고 다양한 시각에 터한 업적을 내놓지 못하고 학문의 새 지
평을 열어 보이지 못하고 있는 실정이다.

　이러한 우리 기독교 역사학계에 웰즈의『새 하나님, 새 민족』은 큰
자극제로 다가올 것이다. 웰즈는 기독교와 한국민족주의의 고리를 지
성사적 차원에서 훌륭히 밝혀 내고 있다.40) 단순히 조선사람 조만식
이 아니고 왜 조선기독교인 조만식으로 연구되어야 하는지, 우리의
민족주의 연구에서, 우리의 근·현대사 연구에서 왜 기독교를 눈여겨
보아야 하는지, 우리 학계가 40~50여 년 동안 시도했으나 이루지 못
한 일을 웰즈는 깔끔히 해내고 있다.

　우리 것은 우리가 더 잘 안다는 좁은 학문적 국수주의를 버리고 가
슴을 열어 웰즈의 시각과 논의 방법을 눈여겨보아야 할 것이다. 학문
은 나라의 경계, 인종의 다름을 넘어서는 것이다. 이러한 태도를 가질
때 우리 학계는 웰즈의『새 하나님, 새 민족』을 넘어서는 학문의 마
당으로 발전할 것이다.

---

40) 나는 사회사적으로 이 관계를 밝힌 바 있다. 앞서 제시한 박정신,『근대한
　　국과 기독교-그 만남, 물림 그리고 엇물림의 사회사-』와 Chung-shin
　　Park, *Protestantism and politics in Korea*, London and Seattle :
　　University of Washington Press, 2003를 볼 것.

James Huntley Grayson의
한국종교와 문화를 보는 눈
—그의 *Korea:A Religious History*를 중심으로1)

머리글

우리의 종교학자들이 한국의 종교사로 간단하게 취급하는 그레이
슨의 *Korea:A Religious History*는 단순히 한국의 종교사가 아니
다.2) 지은이가 분명히 밝히고 있듯이 이 책은 한국역사의 주된 흐름
과 이의 굽이굽이마다 뚜렷이 나타난 여러 종교들과의 관계를 따져
보고 개관하려 한 한국의 "종교사이자 문화사"(a cultural history as
much as a religious history)이다.3)

---

1) 이 책은 종교학자 강돈구가 우리말로 옮겼다. 『韓國宗敎史』, 민족사, 1995.
   이를 뒤늦게 알게 되어 번역판을 읽지 못하였다.
2) 그레이슨은 역사학, 인류학, 종교학, 신학 등 인문사회과학의 여러 분야를
   넘나들면서 폭넓은 학문적 훈련을 쌓은 출중한 학자이다. 영국 에딘버러대
   에서 박사학위를 하고 쉐필드대학에서 한국과 동아시아의 종교와 문화를
   가르치고 있다. 특히 그는 1971년 감리교 선교사로 한국에 와 경북대, 계명
   대, 감신대 등에서 종교학, 신학 그리고 인류학을 가르치기도 하여 우리 학
   계에도 널리 알려져 있는 학자이다.
3) J.H. Grayson, *Korea:A Religious History*, 머리글, vii쪽.

40

이를테면, 그레이슨은 구석기시대의 한국역사의 태동과 샤머니즘
에 터를 둔 원시종교, 삼국시대의 불교, 유교 및 도교의 수용과 당시
의 사회, 정치적 상황과 변동을 이어 보는가 하면, 고려시대 불교 및
조선시대의 유교와 그 시대의 사회, 정치와의 물림의 꼴과 결을 살피
고 있다. 밖에서 온 천주교와 개신교 그리고 안에서 잉태된 동학이
조선시대 말의 급격한 역사변동과 어떠한 관계가 있었는지를 따져
보기도 했고, 오늘의 한국 역사현장에서 여러 종교들이 어떠한 자리
에 앉아 있고 또한 어떠한 기능을 하고 있는지를 정리하고자 했다.

　이러한 책을 바깥 학자가 썼다는 사실이 우리의 관심을 끈다. 그들
이 우리(의 역사, 사회, 경제, 문화와 종교 등)를 어떻게 바라다보고
어떻게 연구하는가를 살필 수 있기 때문이다. 우리 학계에서 이념의
왼쪽이나 오른쪽을 가릴 것 없이 한쪽 깊은 구석에 강하게 자리잡고
있는 '우리의 것은 우리가 더 잘 안다'는 좁은 국수주의적 학문 태도
를 못마땅하게 여기고, 자기네들은 민족적 감정이나 울분 없이 더 넓
고 객관적으로 한국을 연구하고 있다는 바깥 학자들의 주장이 있는
터이다. 이런 때에 나온 그레이슨의 한국 종교와 문화사의 개설서를
통해 우리 학계는 그들의 시각과 연구방법을 살필 수 있게 된다.

　최근에 지역연구의 태동으로 작은 변화를 보여주고 있지만 아직까
지 우리 학계는 역사학, 사회학, 정치학, 심리학 등이 서로 학문적 교
류를 거부하며 높이 쌓아올린 담벼락 안에서 각기 쳐다본 '우리 인식'
을 숱하게 내어놓았다. 그레이슨이 보여주고 있듯이 바깥, 특히 서양
학자들은 역사변동과 종교를, 정치·경제 변혁과 종교를, 사회구조
및 변동과 종교를 이어서 인식하고 설명하려는 작업에 이웃하는 여
러 학문의 시각과 방법을 적극적으로 수용하고 있다. 그레이슨의 책
을 읽으며 복잡한 역사구조와 변동을 여러 시각과 수준에서 총체적
으로 살피려는 이른바 '학제적 연구태도'(interdisciplinary research)

가 우리의 '우리 연구'에 절실히 필요하다는 마음을 지울 수가 없다.

1. 한국종교와 역사를 보는 그레이슨의 시각과 논지

이 책4)에서 우리는 한국(역사)을 바라다보는 바깥 학계의 태도가 변하고 있음을 읽는다. 지금까지 바깥 학자들은 동아시아 세 나라(중국, 한국 그리고 일본) 가운데 중국과 일본 연구에만 좁게 파묻혀 동아시아 문명권에서의 한국(역사)의 자리나 역할을 지나치거나 가볍게 취급해온 감이 있었다. 이를테면, 한국이 중국문명을 받아 일본에 전해준 정도로만 언급할 따름이었다. 최근 들어 바깥 학계는 한국을 동아시아 문명권에서 "수동적 전달자"(passive conduit)로 단순하게 취급해 온 것을 잘못된 것이라 스스로 반성하고, 동아시아 문명사에 있어서 한국이 마땅히 차지하여야 할 "자리와 역할"을 눈여겨보자고 나서고 있다. 서양사람들이 기이하게 여기는 '젠'불교(禪佛敎) 연구도 한국의 '선'불교(禪佛敎)와의 관계를 무시한 채 이루어져 마치 '젠'불교가 일본 특유의 것으로 이해한 잘못을 인정하고 나선 것이 그 좋은 보기이다. 또한 중국에서 유교가 들어왔지만 "전체 사회가 철저하게 유교적인 나라"는 동아시아 세 나라 가운데 오직 한국밖에 없다고 말하면서 한국유교 연구의 중요성을 주장하는 것도 또 하나의 좋은 보기이다.5) 동아시아 문화와 종교를 논의하기 위해서도 한국의 문화와

---

4) 몸글에서는 J.H. Grayson, *Korea:A Religious History*의 차례를 소개하지 않는다. 이 책은 우리의 석기시대, 삼국시대 그리고 통일신라와 발해시대의 종교와 문화를 논의한 "고대한국"(Early Korea), 고려시대의 종교와 문화를 살핀 "고려시대"(The Koryo Dynasty), 조선시대의 종교와 문화를 다룬 "조선시대"(The Choson Dynasty) 그리고 근현대의 종교문화를 토의한 "근대한국"(Korea in the Modern Era), 이 네 마당으로 짜여 있다.

종교의 이해 없이는 불가능하다고 그레이슨은 한국 연구의 중요성을 강조하고 있다.6) 바깥 학계의 이러한 흐름 맨 앞에 그레이슨이 서 있는 것이다.

그레이슨의 한국종교와 문화에 대한 논의에 앞서 그가 우리의 역사학계에 던지는 과제 하나를 소개하고자 한다. 거의 모든 역사 개설서는 삼국시대 다음에 항상 통일신라시대가 따르기 마련인데 그레이슨은 삼국시대의 종교와 문화를 논의한 후 다음 가름을 "신라와 발해 —동북아시아의 두 강국"(Silla and Parhae-Two Powers in North-east Asia)이라고 이름 붙이고 "첫 남북분단"(The First North-South Division)이라는 작은 가름을 두고 있다. 이는 그레이슨에 의해서 처음으로 제기된 것은 물론 아니다. 우리에게 널리 알려진 것처럼, 이미 1970년대에 이우성이 주장하여 온 것이지만, 차제에 한국역사와 문화의 개설서를 쓰는 이들이 이 점을 여러 시각과 수준에서 다시 한번 따져 보는 것도 의미 있는 작업일 것이다.7)

이제 한국종교와 문화에 대한 그레이슨의 시각과 논지를 보자. 이를 위해서 그레이슨의 이 책은 개설서이지 모노그래프가 아니라는 점, 그리고 앞서 언급했지만 이 책은 단순히 한국종교사 연구서가 아니라는 점을 마음에 두고 읽어야 한다. 그렇지 않으면 어떤 시대의 종교논의가 너무 간략하게 처리되어 무엇무엇이 빠졌다, 이러저러한 종교현상을 논의하지 못했다는 비평이 아니라 불평을 하게 된다. 또한 종교학적 시각의 종교사를 그리워하는 이들은 한국역사, 종교현상

---

5) 그의 글귀를 보면 다음과 같다. "Although Confucianism is a Chinese philosophico-religious system, it is only in Korea that an entire society became thoroughly Confucian". 윗글 2쪽에서 따옴. 관계되는 논의는 윗글, 1~2쪽과 272~277쪽을 볼 것.

6) 윗글 1~3쪽, 272~277쪽을 볼 것.

7) 그레이슨은 이우성의 연구를 달음이나 참고문헌에도 언급치 않고 있다.

과의 문화의 물림을 역사적으로 개관하고자 한 그레이슨의 이 책을
단순히 종교학적 종교사로 다루려는 생각을 버려야 한다.[8] 다시 말
하지만 그레이슨의 이 책은 우리의 역사 흐름의 큰 구비마다 나타난
종교 · 문화 현상을 체계적으로 개관하고자 했다는 그의 의도를 생각
하며 읽어야 할 것이다.

첫째, 그레이슨은 한국역사의 큰 마디마다 어떤 한 종교가 두드러
지게 위세를 부렸다고 지적하고 있다. 중국문명이 오기 전에는 샤머
니즘으로 나타나는 원시종교, 삼국시대에 들어와 통일신라와 고려시
대에는 불교, 조선시대에는 유교, 그 이후에는 여러 종교가 혼재해 있
으나 기독교가 가장 다이내믹한 종교로 위세를 부리었다고 그는 말
한다.[9] 이러한 견해는 국내외의 학자들이 일반적으로 받아들이고 있
는 것을 정리하고 있는 셈이다. 그렇다고 하여 특정 종교가 위세를
부리던 시대에 원시의 샤머니즘을 비롯한 여러 다른 종교들이 사라
진 것이 아니고 사회와 문화의 밑바닥에 끈질기게 자리하고 있었던
사실을 그는 놓치지 않았다.

둘째, 그레이슨은 한국의 샤머니즘이라는 원시종교가 시대를 거쳐
내려 오면서 사라진 것이 아니라 불교, 유교, 천도교, 기독교와 같은
이후에 나타난 모든 종교에 스며들어 밑바탕에 강하게 깔려 있다고
주장한다.[10] 이를테면, 한국 기독교 목사들이 카리스마적이고 그들의

---

8) 위의 책에 대한 우리 종교학계의 대표적 서평을 보기 위해서는 다음 글을
  읽을 것. 신광철, 「James H. Grayson」, 강돈구 역, 『한국종교사』, 민족사,
  1995, 421쪽 ; 서울대 종교문제연구소(편), 『종교와 문화』 창간호, 1995, 253
  ~266쪽.
9) 전체를 읽어야 하나 특히 270~271쪽을 볼 것.
10) 그레이슨의 다음 글귀를 주목하자. "The primal religion of the ancient
   period did not disappear with the advent of Buddhism in the fourth
   century. Rather, it became the substream of all Korean religious

44

가르침이 기복적이라고 그는 관찰하였다. 그리고 범람하고 있는 부흥
회나 기도원에서 이러한 현세적 기복신앙, 그 가운데 돋보이는 "믿음
으로 병 고친다"(faith-healing practices)는 가르침과 행위를 그레이
슨은 부각시키고 있다. 특히 우리 민속학자 최길성을 앞세우고 가 본
어떤 부흥회에서 최면술을 사용하고 안수기도하는 것을 한국 기독교
에 깊게 자리하고 있는 전통의 "샤머니즘적 관행"(shamanistic
practices)의 보기로 내세우고 있다.11)

셋째, 한국의 종교들은 전체적으로 보수적이라고 그레이슨은 성격
규정을 하고 있다. 그러면서 그는 한국사람들은 새 사상이나 새 종교
를 받아들이는데 긴 시간을 필요로 하지만 한번 받아들이기만 하면
받은 그대로 계속 간직한다고 보고 있다. 이 관찰도 한국종교를 바라
보는 학자들의 일반적 견해를 정리하고 있다고 여겨진다. 바로 여기
에서 한국종교들이 보수적 경향을 띄게 되고, 다른 종교들과 혼합되
지 않으려는 경향을 지니게 된다고 그레이슨은 지적하고 있다. 한국
의 진보적이라는 기독교인들이 서양의 진보적 기독교인들과 비교할
때 더욱 보수적이라는 사실을 그는 보기로 들고 있다.12)

넷째, 나의 관심과 이어진 것이지만, 그레이슨은 일제시대에 기독
교와 조선의 민족주의가 이어져 갔다고 말한다.13) 그리고 난 다음 그

experience and has shaped the development of all religious and
philosophies which have been transmitted to Korea, including Buddhism,
Confucianism, and Roman Catholic and Protestant Christianity," 윗글,
270쪽.
11) 윗글, 105쪽.
12) 윗글, 194~207쪽과 특히 271~272쪽을 볼 것.
13) 윗글, 198~202쪽을 볼 것. 이에 대한 깊은 논의는 다음과 같은 모노그래프
에서 살필 수 있다. Kenneth M. Wells, *New God, New Nation :
Protestants and Self-Reconstruction Nationalism in Korea, 1896-1937*,
Honolulu : University of Hawaii Press, 1990 ; Wi Jo Kang, *Christ and*

는 1920년대부터 한국 기독교 안에는 교회 일에만 전념하는 신학적 보수를 표방하는 교회와 사회, 정치적 문제에 관심을 가지는 신학적 진보를 표방하는 교회로 나누어졌고, 비정치적 보수파 교회는 줄곧 교회성장에만 몰두하였고 진보적 신학을 표방한 교회는 사회, 정치적 문제에 앞장서 고난의 길을 걸었다고 주장한다. 박정희, 전두환, 노태우 시대의 기독교의 모습을 보기로 내세우고 있다.14) 개설서이기 때문인지 기독교를 바라다보는 거의 모든 학자들의 견해를 비판 없이 따르고 있고, 그리고 몰(沒)역사적이다.

2. 그레이슨의 저서에 대한 나의 생각

모든 학문적 논의에서 그러하듯, 우리도 그레이슨의 이 책에 관하여 몇 가지 질문을 던져 학문적 토의를 유인할 수 있을 것이다.

첫째, 한국 기독교의 목사들이 카리스마적이고, 기도원이 범람하고 부흥회가 횡행하는 현상과, 믿음으로 병 고친다는 등의 기복적 신앙 따위를 오로지 한국 전통의 "샤머니즘적 관행"이 지속되는 현상으로만 볼 수 있을까 하는 의문이다. 종교학계에서 일반적으로 받아들이고 있는 듯한 이러한 견해를 우리는 전적으로 부정할 생각이 없다. 그러나 한국에 기독교를 전해 주고 계속적으로 연관을 가지면서 막대한 영향력을 행사하는(정치, 경제, 문화, 사회 등 다른 분야도 그러하지만) 미국의 기독교계의 일각에서 "믿음으로 병 고친다"고 떠들썩

Caesar in Modern Korea : A History of Christianity and Politics, Albany : State University of New York Press, 1997 ; 그리고 Chung-shin Park, *Protestantism and Politics in Korea*, Seattle and New York : University of Washington Press, 2003.

14) 특히 204쪽과 206쪽을 볼 것.

거리는 카리스마적 텔레비전 부흥사들(televangelists)의 행태와는 전혀 무관한 것인가 한번 물을 수도 있을 것이다. 수많은 이들이 따르는 미국의 텔레반젤리스트들도 안수기도도 하고 최면술도 사용하며 기복신앙을 설파하고 있다. 한국의 많은 목사들과 부흥사들이 미국을 빈번히 방문하고 있음도 지적해 두고 싶다.15) 한국 기독교에 널리 퍼진 최면술, 안수기도를 통한 기복신앙의 흐름을 오로지 전통 샤머니즘과 이어서 보려는 것은 너무나 좁고 단선적인 인식태도가 아닌가 생각된다. 한 종교사학자의 최근 연구에 의하면, 위로와 생존을 도울 현세적 기복신앙의 요소는 기독교를 비롯한 모든 종교의 가르침 안에 스며 있는데 이것이 삶의 현장을 파괴하고 생존문제에 매달리어야 하는 상황이 전개되면 "기복적 신앙"이 표면에 나타나게 된다고 한다. 식민지 체험과 전쟁체험을 가진 우리의 근·현대 역사가 그러한 환경을 낳았다고 그는 주장하고 있다.16)

둘째, 한국종교들이 일반적으로 보수적 색깔이 짙다는 주장에는 동의할 수 있지만, 한국종교들이 "다른 종교들과 혼합되는 것을 피하는 경향"(a tendency to avoid a significant degree of syncretism)이 있다는 그의 주장에는 두손들고 따라갈 수 없다.17) 우리가 익히 알고 또 그레이슨 스스로가 열 다섯째 가름을 아예 「신흥종교 : 한국 혼합종교들」(Sinhung chonggyo : Korean Syncretic Religions)라 이름 붙여 천도교, 박태선의 전도관, 문선명의 통일교 따위를 논의하고 있듯

---

15) 제일 유명한 이가 아마도 남부에서 활동하는 Benny Hine목사일 것이다. 병 잘 고친다는 어떤 한국의 카리스마적 부흥사를 "한국의 베니 힌"이라고 소개하는 것을 한국기독교인들은 아마도 친숙해 있을 것이다. 어떤 정치가가 "한국의 케네디"라고 하는 것처럼 말이다.

16) 김흥수, 『한국전쟁과 기복신앙 확산연구』, 서울 : 한국기독교역사연구소, 1999, 특히 9~10쪽을 볼 것.

17) 윗글, 272쪽.

이, 한국의 종교들이 혼합을 기피하는 것이 아니라 실제 혼합하고 있는 것이다. 동학(천도교)은 샤머니즘과 같은 전통 민간신앙, 유교, 불교, 도교, 심지어는 서양종교의 가르침이 뒤섞인 대표적 혼합종교이다. 그의 이 주장은 그가 강력히 내세우고 있는 한국 기독교의 카리스마적 목사들과 그들의 종교행위들이 전통의 샤머니즘이 깊숙이 스며들어 기독교와 혼합된 증거라고 주장한 것과는 너무나 거리가 멀다. 한국종교들이 다른 종교와 혼합되기를 꺼린다는 그의 주장과 실제 혼합하고 있다는 그의 서술 사이에 우리는 혼란을 느낀다.

셋째, 보수파 기독교인들이 비정치적이고 신학적으로 진보적 경향을 지니는 이들이 정치적이라는 그레이슨의 주장을 따져 봄이 없이 마냥 따라갈 수 없다. '비정치적'이라는 것은 또 하나의 '정치적' 입장이기 때문이다. 그러므로 진보파 교회의 정치적 입장과 신학을 논의할 때 보수파 교회의 '비정치적'이라는 정치적 입장과 신학을 견주며 정리했어야 했다. 이에 이어지는 것이지만, 진보파라고 해서 항상 사회, 정치적 문제에 관심을 가지고 참여한 것은 아니고 보수파라고 해서 사회, 정치적 문제에 항상 무관심하고 참여하지 않은 것은 아니다. 식민지시대의 기독교 역사를 들여다보면, 신학적으로 보수적이고 신비주의적 교회지도자로 손꼽히는 길선주 목사가 3·1운동에 앞장서는 '정치목사'가 되었고 보수파인 한상동 목사, 주기철 목사 등이 신사참배 거부를 하여 옥살이를 하였다. 그때 한국 기독교계의 대표적 진보주의자 가운데 한사람인 송창근은 교회의 사회, 정치적 관심과 활동을 비판하고 있었다.[18] 보수파 학교인 숭실대학이 일제신사참배에 자진폐교로 맞섰고 진보파 학교인 연희, 이화학교는 신사참배를 하고 학교 문을 여는 순응적 입장을 취하였다.

---

18) 보다 상세한 논의는 박정신, *Protestantism and Politics in Korea*의 둘째 가름과 『근대한국과 기독교』, 서울 : 민영사, 1997, 33~60쪽을 볼 것.

48

넷째, 기술적인 점을 하나 지적하자. 종교학자 신광철은 "고대종교", "고려시대의 종교", "조선시대의 종교" 그리고 "근대이후의 종교"로 나눈 그레이슨의 가름 제목이 혼란을 야기한다고 비판하고 있다. 첫째와 넷째 가름은 서구적 시대구분을 따르고 둘째와 셋째는 우리의 왕조 변천을 따랐기 때문이다. 그레이슨은 그의 결론에서 "원시종교시대"(the era of primal religion), "불교지배시대"(the era of Buddhist dominance), "유교지배시대"(the era of Confucian dominance) 그리고 "후기 유교지배시대"(the post-Confucian era)로 구분하여 한국의 종교와 문화의 역사를 개관하였다고 하였다.[19] 그레이슨이 이를 가름의 제목으로 삼았다면 읽는 이들에게 그의 시각과 의도를 더욱 분명히 각인시켰을 것이다.

다섯째, 그레이슨은 한국의 종교 및 문화현상을 너무 상세히 논의하고자 하였다. 이를테면 이슬람도 다루었을 정도다.[20] 한국, 한국역사에서 이슬람의 종교사적 그리고 문화사적 의미가 그렇게도 중요한가. 이슬람이 한국 역사변동에서 그렇게도 중요한 역할을 하였는가. 바깥 학자로서 한국의 이런 저런 종교현상에 흥미를 가지다 보니 모두가 중요하게 보였을 것이다. 그러나 이런 저런 종교현상을 모두 다루기 보다 개설서, 그것도 한국역사를 관통하는 종교적, 문화적 큰 흐름을 체계적으로 논의하는데 그는 집중했어야 했다.

꼬리글

개설서를 쓴다는 것은 쉬운 듯하면서도 어려운 일이다. 어느 학문

19) 그레이슨, 윗글, 271쪽을 볼 것.
20) 그레이슨, 윗글, 232~233쪽.

분야에서든 꼭 필요한 개설서를 많은 학자들이 쓰고 싶어하면서도 피하는 작업이다. 각 시대, 각 분야에 관해 나온 수많은 연구 성과를 섭렵해야 하고, 또한 제한된 쪽수에 이를 체계적으로 정리하여 입문하는 이들과 일반 사람들에게 관련 분야를 친절히 소개하는 것이란 중요하지만 매우 어려운 작업이다. 그렇기에 개설서란 쉽게 비판의 표적이 되기도 한다.

그레이슨은 한국의 종교와 문화연구에 들어서려는 이들에게 꼭 필요하나 어려운 작업인 개설서, *Korea:A Religious History*를 내어놓았다. 그는 상세하면서도 체계적으로 한국의 역사를 종교, 문화사적으로 개관하는 데 성공하였다. 바깥 학자이면서도 그들의 편견을 스스로 고쳐 잡고 동아시아 문명사에서 한국(역사)의 자리와 역할을 뚜렷이 밝히려 한 값진 작업을 하였다. "한국 종교학자의 손으로 쓰여진 한국종교사가 아직 존재하지 않는" 터에 나온 그레이슨의 이 책은 젊은 종교학자 신광철의 표현대로 그래서 "행운"이자 "부끄러움"으로 우리에게 다가오는 것이다.21)

위에서 우리가 비판적으로 질문을 제기한 것도 이 책이 있기에 가능한 것이다. 무엇보다도 우리는 그레이슨으로부터 자기가 속한 학계의 시각과 방법을 비판적으로 극복하면서 진실을 찾으려는 열린 마음을 배운다.22)

---

21) 신광철, 윗글, 265쪽.
22) 동아시아와 한국의 종교와 문화현상을 비교종교, 비교사학적으로 다룬 그레이슨의 책이 최근 출판되었다. 나를 포함한 많은 이들이 기다린 책이다. 그의 *Korea:A Religious History*가 한국종교와 문화의 역사에 대한 훌륭한 개설서로 받아들여졌고, 그래서 그가 한국학계와 종교·문화학계에 폭넓은 관심을 가진 출중한 학자로 자리잡고 있기 때문이다.

백낙준과 김양선의 한국 기독교사 인식
─이른바 '선교사관'과 '수용사관'의 꼴과 결

머리글

나는 최근 "한국의 근·현대사의 굽이굽이마다 긍정적이든 부정적이든 기독교 공동체의 흔적이 뚜렷이 남아있다.……[그런데도] 한국 역사서술에서 기독교의 온당한 자리 매김은 이루어지지 않고 있다"고 안타까워한 적이 있다.[1] 한국 기독교의 역사는 우리 근·현대사의 총체적 인식을 위해서 피할 수 없는, 피해질 수 없는 분야라고 믿고 있기 때문이다.

이처럼 중요한 한국 기독교 역사연구는 멀리는 1915년에 나온『정동교회 30년사』로 올라 갈 수 있겠지만,[2] 1920년대 후반부터 본격적인 연구가 이루어졌다고 보여진다. 우리가 아는 바와 같이, 1928년에 이능화의『朝鮮基督敎及外交史』가 세상에 나왔고,[3] 1929년에 백낙

1) 박정신,「기독교와 한국역사─그 만남, 물림 그리고 엇물림의 사회사」, 유동식 등,『기독교와 한국역사』, 서울 : 연세대학교 출판부, 1996, 161~214쪽. 이 글은 이 논문집에도 실려 있다.
2) 더 자세한 것은 장영학,「한국 개신교회사 편찬에 관한 연구」,『교회사연구』6, 1988과 홍치모 편,『한국교회사 논저목록』, 서울 : 현성사, 1993을 볼 것.

준의 영문저서 *The History of Protestant Missions in Korea, 1832-1910*이 출간되었다.[4]

그러나 한국 기독교 역사연구는 해방 이후 활발하게 전개된다. 1956년에 김양선의 『韓國基督敎 解放十年史』의 출간이 있었는가 하면,[5] 1966년 백낙준, 김양선, 한태동, 마삼락(Samuel H. Moffett)이 중심이 되어 한국 최초의 교회역사학회인 '한국교회사학회'가 창립되었고, 앞서 말한 백낙준의 영문저서가 1970년에 연세대학교 출판부에 의해 다시 간행되었다. 이러한 학문적 바람이 불 때 민경배의 『한국기독교회사』가 1972년에, 『한국민족교회형성사론』이 1974년에 각각 출판되었다.[6] 1980년대에 들어서서 이만열을 중심으로 한 '한국기독교역사연구회(소)'와 민경배의 '한국교회사학회'가 두 축을 이루며 한국 기독교사학계를 주도하게 된다.

이와 같은 연구 성과의 축적 과정에서 한국 기독교 역사연구 동향에 관심을 가진 이들은 백낙준이 한국 기독교사를 본격적으로 시작한 역사학자라고 흔히 이야기한다. 그는 선진 역사학을 누구보다도 먼저 습득한 역사학자로서, 그리고 한국 기독교사를 개척한 교회사학자로 높이 평가받아야 한다고 언급된다.[7] 그렇지만 민경배의 지적처럼, 그의 한국 기독교사 인식은 "순전히 기독교 선교의 확장 역사이

---

3) 이 책은 1969년에 학문각에서 다시 펴냈다.

4) 평양 숭실대학(Union Christian College) 출판부에서 출판하였음.

5) 1956년 대한예수교장로회총회 종교교육부에서 펴냄.

6) 앞의 책은 기독교서회에서, 뒤의 책은 연세대학교 출판부에서 간행하였다.

7) 백낙준은 해방 이후 새 국가건설이라는 시대적 요구에 부응, 교육행정가로, 정치가로 활동하였다. 정인보, 최현배, 홍이섭으로 이어지는 국학연구의 산실인 연세대학교에서 백낙준이 국학자로 또는 교회사학자로서 큰 족적을 남겼기를 바라는 이들이 있지만, 그가 산 시대가 그를 학인으로 남겨두지 않았다는 점, 그리고 교육행정가로서 학문을 할 수 있는 '터'를 만드는 큰 일을 하였다는 점을 후학들은 지나치지 말아야 한다.

며, 따라서 관심의 테두리나 사료의 대부분이 선교사를 파송한 나라
의 교회와 인사들에게서 수집되었다고 하는 일방성을 가지며, 한국교
회 쪽의 고백과 증언이 전혀 고려되지 못했다."8)는 지적을 받아 왔
다.

이런 한계를 극복하는 과정 속에서 한국 기독교의 태동이 선교사
들에 의한 것이 아니고 조선사람들에 의한 것으로 인식하려는 역사
학자들이 나오는가 하면, 한국교회가 민족의 문제에 어떻게 대응했
고, 그 문제를 어떻게 풀어나갔느냐 하는 연구시각을 가진 '민족교회
론'이 대두되었다.9) 이와 더불어 한국 기독교사의 사실에 대한 과학
적이고 객관적인 분석·정리 작업이 당연히 따라 나타나게 되었다.10)

그러나 이러한 한국 기독교 역사연구의 역사를 논의할 때 마땅히
우리가 주목해야 할 인물이 빠져 있다.11) 그가 바로 이 글이 논의하
려는 김양선이다.12) 그는 한국 기독교 역사연구의 개척기에 우리가
눈여겨보아야 할 역사학자이다. 초대 기독교 집안의 후손인 김양선은
평양신학교와 숭실전문학교를 졸업한 후 장로교 목사가 되었다. 학창

---

8) 민경배, 『한국기독교회사』, 서울 : 대한기독교출판사, 1982, 20쪽.
9) 민경배, 「第二世紀 韓國敎會史學」, 『基督敎思想』 330호, 1986. 6, 50쪽.
10) 한국기독교사연구회, 『한국의 기독교 역사』, 서울 : 기독교문사, 1989, 8~9
쪽.
11) 몇 해전 나는 이러한 시각을 가지고 한국 기독교사학사에서 김양선은 어
떠한 자리에 있는지 살펴본 적이 있다. 나의 발표문, 「교회사학자 김양선은
어디 있는가?」는 『한국기독교역사연구소소식지』 31호(1998년 1월호)에 실
려 있다.
12) 김양선의 삶과 학문적 활동에 관해서는 여러 글이 있으나 이호열, 「梅山
金良善의 한국기독교사적 업적」, 솔내 민경배교수화갑기념논문집 간행위
원회, 『韓國敎會史論叢』, 1994, 193~212쪽과 숭실대학교100년사 편찬위원
회, 『숭실대학교100년사』 1~3권, 서울 : 숭실대학교출판부, 1997의 여러 곳
을 볼 것.

54

시절부터 '청구회'(靑丘會) 등에 가담, 반일독립운동을 펼치는 한편, 한국 기독교에 관계되는 귀중한 자료를 수집, 보관하는 등 한국교회 역사연구에 대한 학문적 열정을 보이기 시작하였다. 이런 학문에의 열정은 해방 후 한국교회사, 고고학 그리고 실학 연구에 큰 족적을 남기게 한다. 그러나 한국 기독교 역사연구의 기틀을 마련하고 본격적인 연구 활동을 펼치던 그는 1970년 63세로 세상을 떠났다.

학창시절부터 세상을 떠나기까지 김양선의 삶은 교수로서, 학인으로서 오로지 교육과 학문에 대한 열정으로 가득 찬 것이었다. 그는 1920년대부터 수집하기 시작한 한국 기독교 관계 자료를 고고학과 실학관계 자료와 함께 1967년 숭실대학교에 설립된 '한국기독교 박물관'에 기증하였다. '신라시대 석제 십자가'와 같은 경교 관계, 이승훈의 『蔓川遺稿』와 같은 천주교 관계, 언더우드(Horace G. Underwood)가 1894년에 우리말로 옮긴 『성교촬리』(聖敎撮理)를 비롯한 기독교에 관한 수많은 자료들은 그 가족들의 생명까지 희생하며 수집하고 보관해 온, "김양선에게 생명보다 더 귀한" 귀중한 자료다.13) '한국기독교 박물관'과 더불어 한국 대학사에서는 최초로 기독교관계 연구기관인 '한국기독교문화연구소'를 설립하여 한국 기독교 역사와 문화 연구의 기틀을 마련하였다. 그가 주동이 되어 한국 최초의 교회역사 연구회인 '한국교회사학회'가 창립된 것도 바로 이즈음이다.

김양선은 1956년에 『韓國基督敎解放十年史』를 출판하여 한국 기독교사학계에서 주목받았고, 1968년 숭실대의 '한국기독교문화연구소'의 첫 사업으로 『大韓예수교長老會 女傳道會小史』를 출판하였으며, 기독교계 신문 색인작업을 완성하였다. 이후 연구소의 두 번째 사

---

13) 더 상세한 것은 숭실대학교100년사 편찬위원회, 위의 책 2권(서울 숭실편), 76~82쪽을 볼 것.

업인 한석진(韓錫晉) 목사의 전기를 집필하다가 세상을 떠났다. 그가 세상을 떠난 후 여러 학술지와 잡지에 남긴 값진 그의 글들이 『韓國基督敎史硏究』(1971), 『韓國基督敎受難史』(1978), 『한국기독교백년사』(1981)라는 이름들로 엮어 출판되었다.

그러나 한국 기독교사학계는 김양선을 단순히 한국교회 '안쪽'에서 자료를 찾아 그것을 바탕으로 기독교사를 서술하고자 했으며, 단순히 오늘의 한국 기독교사 연구의 기초 자료를 축적한 연구자 정도로 평가했다.[14] 나는 이 글에서 김양선 이전의 한국 기독교사 인식을 살피고 그의 주체적 수용사관을 논의할 것이다. 이러한 한국교회사 인식의 중요성은 마땅히 나의 두 번째 관심인 그의 '민족교회론'과 이어져야 할 것이다. 그러나 이 글에서는 백낙준의 선교사관과 김양선의 수용사관의 꼴과 결을 비교하고 글을 달리하여 김양선의 민족교회론을 논의하고자 한다.

1. 백낙준의 '선교사관'

서양 선교사들이 한국 기독교 역사를 서술하기도 했지만, 그들의 글들은 대부분 파송 교회로 하여금 그들이 펼치는 선교 활동의 적극 지원을 유도하기 위한 의도에서 쓰여진 것이지 역사학적 연구가 아니었다. 역사학자 이만열이 지적했듯이 한국 기독교 역사에 대한 학문적 연구는 1920년대에 이루어진 백낙준의 『韓國改新敎史』에서 시작되었다.[15]

---

14) 한국기독교역사연구회, 『한국의 기독교역사』, 1989, 4쪽.
15) 이만열, 「한국기독교사 연구의 어제와 오늘」, 『한국기독교와 역사』 12호, 2000. 3, 7~42쪽, 특히 16쪽을 볼 것.

우리가 익히 아는 바와 같이 백낙준은 1918년에 미국으로 건너가 1927년 미국의 명문 예일대학교에서 박사학위를 받았다. 그 대학의 저명한 선교사학자 라토레트(Kenneth S. Latourette) 교수의 지도 아래 *The History of Protestant Missions in Korea, 1832-1910*이라는 제목의 학위논문을 썼다. 이 학위논문이 같은 제목으로 1929년 숭실대학 출판부에 의해서 출간되었는데, 영문으로 된 이 책은 1973년에 우리말로 번역되어 『韓國改新敎史』라고 이름 붙여 연세대학교 출판부에서 간행되어 학계에 널리 알려지게 되었다. 40여 년이 지나서 우리말로 옮겨 출간된 것은, 늦었지만 당시 우리 학계에서 한국 기독교 역사연구에 새로운 관심이 일어나고 있었기 때문일 것이다.

우리 학계에서 백낙준의 『韓國改新敎史』는 이른바 '선교사관'으로 한국 개신교사를 서술하였다고 널리 알려져 있다. 그것은 바로 1973년 그의 영문판 서적을 우리 글로 옮겨 출간할 때 그가 쓴 "自序"가운데 한 귀절 때문이다. 그것을 여기에 따와 보자.16)

基督敎史는 그 本質에서 宣敎史이다. 또한 반드시 宣敎史가 되어야 한다. 敎會는 基督敎史上의 한 中間的 存在이다. 우리 主님이 죽으심으로부터 다시 오실 때까지만 存在하게 되어 있다(고전 11 : 26). 이 中間的 存在體인 敎會의 徹頭徹尾한 使命은 福音宣布이다. 基督敎史는 自初至今에 宣敎史로 一貫되어 왔다. 이러한 立場에서 볼 때에 우리 韓國改新敎史도 宣敎史가 되어야 한다. 宣敎史를 外人宣敎師에 의한 被宣敎의 過程으로 解釋하여서 만은 아니된다. 基督敎二千年史에서 敎會의 興衰는 敎會에서 行한 傳道活動의 消長에 있었고, 傳道活動의 消長은 師徒들의 信仰虛實에 左右되어 왔다. 傳道는 敎會의 地上使命이다.

---

16) 백낙준, 『韓國改新敎史』, "自序," v~vi쪽.

기독교사는 "그 本質에서 宣敎史"이며 "自初至今에 宣敎史로 一貫"되어 왔으니 한국개신교사도 "宣敎史가 되어야 한다"는 대목에 주목한 학자들이 백낙준의 한국 기독교사 연구시각은 선교사관이었다고 주장하게 되었다. 이를테면, 민경배는 "이 (백낙준의) 宣敎史는……순전히 기독교 선교의 역사이며 따라서 관점과 사료의 대부분이 선교사를 파송한 교회와 인사들에게서 수집되었다고 하는 일방성을 가진다. 한국교회 쪽의 고백과 증언이 전혀 고려되고 있지 않는 것"이라고 비판하였다.17)

그러나 백낙준의 이 글귀는 번역판을 위한 그의 "自序"에만 있을 뿐 영문판에는 보이지 않는다. 이만열이 지적했듯이 아마도 민경배의 비판에 대한 응답으로 "基督敎史는 그 本質에서 宣敎史"라고 선포한 듯하다.18) 백낙준이 민경배의 비판에 서슴없이 기독교사는 그 본질에서 선교사이어야 한다고 대응한 것은 그의 선교사적 한국 기독교사 인식을 민경배가 왜곡하고 있다는 확신 때문일 것이다. 선교사관에 입각해서 한국개신교의 역사를 연구하였다고 장황하게 백낙준을 비판하는 이들이 지나쳐 온 다음 글귀를 한번 보자.19)

韓國改新敎는 本來 外來宗敎이다. 外來宗敎의 傳播에는 傳授와 傳受의 두가지 作用이 있다.……韓國改新敎가 外來宗敎로서 土着化하는 過程과 結果를 敍述하는 歷史는 傳授者側이 主動이 되는 宣敎史도 될 수 있고 傳受者가 主體가 되는 傳來史도 될 수 있다. 韓國改新敎傳來期에 宣敎者側에서 能動的으로 宣敎를 先行한 史實에 置重하여 此篇에서 다루는 初期 傳來史를 宣敎史로 서술하기로 한다.

---

17) 민경배, 『한국기독교회사』, 서울 : 대한기독교서회, 1972, 18쪽.
18) 이만열, 윗글, 17~18쪽을 볼 것.
19) 백낙준, 『韓國改新敎史』, 1~2쪽.

이 글귀에서 비판자들이 흔히 이야기하는 것처럼 백낙준이 선교사들의 주장과 이야기를 일방적으로 엮으려 하거나 기독교가 조선사회에 끼친 긍정적 영향을 일방적으로 서술하는 선교의 역사를 저술하려 하지는 않았다. 그의 역사관은 기독교와 조선사회와의 만남을 "傳授와 傳受"의 입장에서 바라 볼 수 있으며, 그래서 "傳授者側"과 "傳受者側"의 입장에 따라 선교사도 될 수 있고 수용사도 될 수 있다는, '일방성'이 아니라 '쌍방성'을 그는 보고 있었다. 이 글귀의 영문판을 보면 그의 사관이 민경배가 간단히 이해하는 그런 선교사관과는 크게 다름을 알 수 있다. 이에 해당하는 영문 글귀를 우리 글로 옮겨 보자.[20]

개신교 선교란……기독교의 본질적 특성을 비(非)기독교인들에게 지적으로 파고 들어가게끔 하는 것만이 아니라, 기독교 메시지를 받아들인 이들을 스스로 서고, 스스로 전하며, 스스로 다스리며

---

[20] L. George Paik, *The History of Protestant Missions in Korea*, 3~4쪽. 본문은 다음과 같다. "Protestant missions……aim not only at the penetration of the essential character of the Christian religion to the non-Christian peoples, but also have the purpose of organizing those who accept their message into self-supporting, self-propagating, self-governing and self-expressing churches. The study of the history of missions, therefore, inquires into the nature of the Christianity that has been propagated ; the processes, the agents, and the methods by which Christianity was introduced ; political, commercial, and other movements connected with missionary enterprise ; the effect of Christianity upon the people to who it has been sent ; the extent of the alteration of Christianity by the new environment ; and the influence upon the changes both in the people and in Christianity thus effected, of the conditions under which Christianity has spread, particularly the missionary methods which has been employed".

그리고 스스로 표현하는 교회로 조직화하는 목적도 지니고 있다. 그러므로, 선교의 역사연구는 전파되는 기독교의 본질, 전해지는 과정, 전달자 그리고 방법에 대한 연구이어야 하며, 선교사업과 이어진 정치운동, 통상행위 그리고 기타 여러 운동에 대한 논의이며, 이 종교를 전해 받은 인민들에게 끼친 기독교의 영향을 살피는 것이고, 새로운 환경 때문에 일어난 기독교의 변화 정도도 논의하고, 그리고 기독교가 퍼져나가는 환경에서 인민과 기독교의 변화에 끼친 영향, 특히 채용된 선교방법에 대한 연구이다.

이 글귀를 읽고 누가 백낙준을 파송교회의 관점에서 일방적으로 한국교회사를 쓴 선교사학자라고 하겠는가. 조선에 전파된 기독교의 본질, 선교과정, 선교사들과 선교방법, 선교와 이어진 정치, 경제, 사회 등 여러 운동을 살필 뿐만 아니라, 조선 선교과정에서 나타나기 마련인 기독교 그 자체의 변화도 보려는, 다시 말하지만, '일방성'이 아니라 '쌍방성'을 지닌 백낙준의 한국 기독교사 인식을 "순전히 기독교의 선교의 역사"만을 서술했다고 주장할 수 있는가.

백낙준은 기독교가 "주위 환경을 변화시키기도 하지만, 그 환경에 영향을 받아 자체가 變化"되기도 한다는 폭넓은 역사인식을 가진 학자이다. 희랍이나 로마의 영향을 받아 "희랍化"되기도 "로마化"되기도 하며, 종교개혁시대에는 "민족화"한 "민족적 교회"로 변하였다고 백낙준은 말한다.[21] 그는 한국 기독교사 인식도 이에 터하여 기독교가, 또는 서양 선교사들이 일방적으로 한국 기독교를 만들고 성격 지우지 않았음을 인식하고 "傳受"와 "傳授"를 보고 기독교의 영향과 더불어 기독교의 변화 또는 '조선화'도 보려 하였다.[22] 간단히 말해,

---

21) 백낙준, 『韓國改新敎史』, 70~71쪽을 볼 것.
22) 윗글, "總結論" 부분을 볼 것.

기독교와 조선 사회와의 만남, 물림 그리고 엇물림을 보려 한 백낙준
을 후학들은 함부로 다루지 말아야 한다.

백낙준의 『韓國改新敎史』는 선교사와 이들을 파송한 교회 쪽의
자료를 활용하여 서술되었다. 그러나 백낙준의 이 연구는 선교사들의
편견이나 주장을 고스란히 옮겨 놓은 "일방성"을 지니고 있지 않다.
그는 이 "풍부한 資料"와 "經驗記錄들"은 "現地에서 宣敎事業에 몰
두하고 있는 선교사들이 그 사업의 發展相 중에서 派送敎會의 관심
을 끌 수 있는 斷面을 추려서 自己本國地盤으로 연락하기 위하여 만
든 글월이므로 制限되고 潤色한 점"이 있다는 사실을 익히 알고 이
들을 비판적으로 이용하였다.23) 선진 역사학을 터득한 그가 철저한
사료비판을 하였다는 사실을 회의적으로 볼 필요가 없다. 또한 "한국
교회 쪽의 고백과 증언이 전혀 고려되고 있지 못한 것"으로 매도하지
도 말아야 한다. 일제 식민시대에 미국에서 공부하던 백낙준의 연구
환경과 처지를 이해할 필요가 있다. 요즘과 같이 자료 수집을 위해
쉽사리 여행을 할 수 있었던 것도 아니었을 터이고, 1920년대에는
1970년대 학자들이 쉽게 접할 수 있는 자료가 발굴되어 있지도 않았
다. 백낙준도 그의 연구가 진행되던 "때와 곳"에서는 "한국문헌 입수
는 불가능한 실정"이었다고 고백했고, 심지어 이만열은 백낙준을 비
판하는 이들이 이용한 "사료의 양이나 질을 놓고 볼 때" 과연 그를
비판할 자격이 있는가 라고 질타하였다.24)

다시 말하지만, 그의 업적을 세밀히 살피지 않고 한 문구에 집착한
그의 비판자들이 보는 것처럼 백낙준은 선교사들과 그들을 파송한
서양교회의 자료를 무비판적으로 이용하여 기독교와 조선 사회와의
만남을 한쪽에 기울어져 일방적으로 쓰려 하거나 쓴 역사학자가 아

---

23) 윗글, 3~4쪽을 볼 것.
24) 이만열, 윗글, 28쪽, 특히 달음 39)를 볼 것.

니다. 선진 역사학을 터득한 그는 서양 선교사들의 기록에는 문화적
편견도 있고, 그들의 활동을 부풀린 과장도 있으며, 윤색한 것도 있다
고 보고 있다.

이에 더하여, 백낙준은 서양의 종교와 동양사회가 만날 때 필연적
으로 있을 수밖에 없는 정치, 경제, 사회, 문화, 가치의 갈등을 보면
서, 한쪽의 일방적 영향만을 보려한 것이 아니라 서로가 엉키고 설키
면서 영향을 주고받는 쌍방의 역사를 보려고 하였다. 다만, 그가 이
책을 쓸 "때와 곳"이 제한하고 있는 제한된 상황에서 그는 제한된,
그러나 개척적인 연구를 하게 된 것이다. 이만열이 치켜세우듯이 그
의 *The History of Protestant Missions in Korea*는 한국 기독교 역
사연구의 "입문서"이고 "수준 높은 연구"로 "한국사학사에서도 손꼽
혀야 할 고전"인 것이다.25)

2. 김양선의 '수용사관'

이 글의 관심은 백낙준이 *The History of Protestant Missions in
Korea*를 쓸 "때와 곳"의 연구 환경과 처지에서 불가능했다는 한국교
회 쪽의 증언과 고백이 담긴 우리의 주체적 수용사관에 입각한 한국
기독교사 연구의 태동을 살피는 일이다. 여기에서 우리는 김양선과
그의 한국 기독교사 연구시각을 주목하고자 한다.

우리가 익히 알고 있듯이, 개신교는 1876년 개항 이후, 정확하게는
1882년 조미수호조약 이후 1884년부터 서양 선교사들이 줄지어 조선
에 들어와 본격적으로 선교활동을 펼치기 전에 이미 조선사람들에게

---

25) 山口正之,「『朝鮮新敎史』書評」,『靑丘學叢』7호, 144~146쪽 볼 것. 이러
한 시각을 이만열의 글에서 접하였다, 이만열, 윗글, 18쪽을 볼 것.

전하여 졌고 그 가운데 개종자가 생겨나고 이들에 의해서 '교회'가 설립되었다. 일본에 가 있던 이수정(李樹廷)이 그곳에서 선교 활동을 하고 있던 서양 선교사들과 교류하면서 세례를 받고 그들의 성서번역사업을 도왔는가 하면, 그는 서양 선교사들과 미국교회에 대해 조선에 선교사업을 해달라고 진정하기도 하였다. 앞서 말한 이응찬, 백홍준, 이성하, 김진기 등은 만주에서 선교활동을 하던 서양 선교사들을 만나 그들에게 한글을 가르치다 세례를 받게 되었다. 이들은 서양 선교사들의 성서번역사업을 도왔을 뿐만 아니라 이 번역된 '쪽 복음'을 그곳 교포들에게 팔기도 하였다. 무엇보다도 이 서북청년들은 이 '쪽 복음'을 몰래 고향으로 가지고 와 기독교를 고향사람들에게 전하기 시작한 것이다.26) 만주 한인촌에 교회를 세우고 황해도 소래(솔내, 松川)에 교회를 세운 것은 서양 선교사들이 아니라 바로 이 서북청년들이다.27)

이에 대한 백낙준과 김양선의 시각과 서술이 대조적이다. 백낙준은 이에 주목하고 있기는 하지만 이들의 기독교 접촉을 일본이나 만주에 활동하던 서양 선교사들과의 특별한 교류에 의한 개종 정도로 기술하고 있다. 이와는 달리 김양선은 이수정이나 서북청년들의 개종과 전도 활동에 각별한 의미를 부여하고 있다. 이에 대한 그의 서술 가운데 한 글귀를 따와 보자.28)

---

26) 김양선에 의하면, 1882년에 김청송(金靑松)은 즙안현 한인마을로, 1883년에 서상륜(徐相崙)은 서울로, 1884년에 이성하와 백홍준은 의주로, 1885년에 서경조(徐景祚)는 소래(松川)으로 가 전도 활동을 하였다고 한다. 김양선, 「韓國基督敎史(下) : 改新敎史」, 『韓國文化史大系』 XI(宗敎·哲學史), 서울 : 고려대학교 민족문화연구소, 1965, 569~701쪽, 특히 573쪽을 볼 것.

27) 윗글과 김양선, 『韓國基督敎史硏究』, 서울 : 기독교문사, 1971, 48~59쪽을 볼 것.

宣教師들이 들어오기 전에 우리나라 사람들이 國外로 나아가 基督敎를 받아들인 일은 世界宣敎史上 類例가 없는 일로서 韓國新敎의 特徵이기도 하며 자랑이기도 하다.

이처럼 김양선은 서양 선교사들이 들어와 본격적으로 활동하기 이전에 일본과 만주 등지에서 있었던 이수정과 서북청년들의 개종과 그들이 펼친 전도 활동을 "세계 선교사상에 유례가 없는 일"로 기록하고, 이것이 한국 기독교의 "특징", 이를테면 단순히 서양 선교사들의 선교나 전래에 의하여 생성된 종교가 아니라 우리가 주체적으로 앞서 접근하고 받아들인 종교라는 점을 강조하고자 하였다.

구체적인 보기를 하나 더 보자. 1872년 만주 우장(牛莊)으로 가 선교 활동을 펼치던 스코틀랜드 출신 선교사 로쓰(John Ross)와 서북청년들과의 교류에 대한 서술이다. 백낙준은 이들의 접촉과 교류를 4쪽 넘게 다루고 있지만, 이를테면 최초의 개신교인 가운데 한 사람인 이응찬과 선교사 로쓰와의 만남을 사업에 실패하여 만주에서 "無一錢의 신세"가 되어 떠돌던 조선청년이 우연히 조선 선교에 관심을 가진 서양 선교사의 한국어를 가르치게 되었고, 이 만남이 그와 그의 친구들의 개종으로 이어진 것으로 서술하고 있다.29)

이에 대한 김양선의 인식과 서술은 전혀 다르다. 이들의 만남이 우연히 이루어진 것이 아니라 새 지식, 새 문명을 갈망하는 당시 조선 젊은이들의 주체적이고 적극적인 행동의 산물로 김양선은 인식하고 있다. 그의 글귀를 따와 보자.30)

---

28) 김양선, 「韓國基督敎史(下)」, 574쪽.
29) 백낙준, 『韓國改新敎史』, 50쪽.
30) 김양선, 『韓國基督敎史硏究』, 49쪽..

"로쓰 목사는 고려문에서 많은 한국사람들을 만나 보았다. 그들은 떼를 지어 로쓰 목사의 여관을 찾아가서 서양에 관한 새 지식을 얻으려고 하루 종일 필담을 나누었다. 대원군의 가혹한 쇄국정책에도 불구하고 지식을 세계에 구하려는 강렬한 욕망은 서민들의 가슴 속에 불타고 있었다. 로쓰 목사가 한국인의 '가난과 무지'에 크게 실망하면서도 그 이듬해 봄에 다시 고려문을 찾아간 것은 그들의 신지식에 대한 강렬한 욕망과 대담한 행동에 깊은 인상을 받은 때문이다".

이 따옴에서 보듯 김양선은 서북청년들의 선교사 접촉은 암울하고 가혹한 쇄국의 벽을 뚫고 나온 새 문명과 새 지식에 대한 조선사람들의 "강렬한 욕망과 대담한 행동"의 결과로 인식하고 있다. 이러한 조선사람들이 "떼를 지어" 서양 선교사들을 접촉하였고, 바로 이러한 조선사람들이 새 지식, 새 문명, 새 종교에 대하여 "하루 종일 필담"을 나눈 것이다. 서북청년들의 개종은 새 종교를 주체적으로 수용한 것으로 김양선은 인식하고 기술하고 있다.

이와 이어진 것이지만, 최초의 개신교 신자에 대한 시각도 백낙준과 김양선은 다르다. 백낙준은 1886년 선교사 언더우드에게 비밀리 세례를 받은 '노도사'를 "한국인 최초의 신봉자"로 지목하면서 어려운 정치적, 사회적 여건에서도 선교사들의 "꾸준한 노력의 열매"라고 기술하고 있다.[31] 같은 책 다른 곳에서는 앞에서 언급한 이응찬을 "韓人으로서는 맨 처음 改新敎人"이라고 한 것을 보면,[32] 아마도 백낙준은 '노도사'를 조선 안에서 개신교 세례를 받은 최초의 인물로 본 듯하다.[33] 하여튼 백낙준이 서양 선교사들의 활동과 노력을 강조한

---

31) 백낙준, 『韓國改新敎史』, 144쪽.
32) 윗글, 50쪽.
33) 김양선, 『한국기독교사연구』, 68쪽. 여기서 김양선은 '노도사'는 의료선교사

것과는 달리 김양선은 1876년 만주에서 스코틀랜드 선교사 맥킨타이
어(John MacIntyre)에게 세례받은 이응찬, 백홍준, 이성하, 김진기를
"韓國最初의 Protestant信者"라고 하여 이 서북청년들의 적극적이고
주체적 개종을 강조하고자 하였다.34)

　바로 이러한 김양선의 주체적 수용사관은 1876년 개항 후 들어온
초기 서양 선교사들인 알렌(Horace N. Allen), 아펜젤러(Horace G.
Appenzeller), 그리고 언더우드의 활동을 서술하는 데서도 나타나 있
다. 김양선은 다음과 같이 글머리를 시작한다.35)

　1885년 언더우드 목사와 아펜설라 목사가 서울에 들어왔을 때에
는 스코틀랜드 및 영국 성서공회 매서인(賣書人) 겸 전도사(傳道
師) 백홍준, 이성하, 서상륜 등의 수년간의 전도로 의주, 소래, 서울
에 수백 명의 세례지원자가 있었다. 1886년 늦은 가을에 서상륜이
로쓰 목사의 편지를 가지고 언더우드 목사를 찾았을 때 비로소
1883년 이래 한국 전토에 수만 권의 복음서가 전파되었고 의주, 소

　헤론(John W. Heron)의 한국어 교사 노춘경(盧春京)임을 밝히고 있다.
34) 김양선, 「韓國基督敎史(下)」, 573쪽. 교회사학자 이덕주는 백홍준이 최초
　의 세례교인이 아니라 두 번째이고 이응찬이 세 번째라고 밝힌 글을 발표
　하였다. 이덕주, 「'한국초대교회사도' 백홍준」, 『초기 한국기독교사 연구』,
　서울 : 한국기독교사연구소, 1995, 460~470쪽, 특히 460~464쪽을 볼 것.
　사실 김양선이 실학과 서학에 관심을 가지면서 발표한 「仁孝兩朝 蘭人의
　漂流와 韓中日 三國의 外交關係」, 『鄕土서울』 30, 1966 ; 「壬辰倭亂 從軍
　神父 Cespedes의 來韓活動과 그 影響」, 『史學硏究』 18, 1964 ; 「英人 바실
　홀 일행의 來航과 그 宗敎 및 文化史的 意義」, 『基督敎思想』, 1967~1968
　등도 천주교도 세계문화 교류사의 맥락에서 수용사로 인식하고자 한 시도
　의 산물이다.
35) 김양선, 『韓國基督敎史硏究』, 68쪽. 그는 또 의주, 소래, 서울 등지에 "약
　300名"의 세례지원자가 있었다고 구체적인 숫자까지 언급하고 있다(김양
　선, 「韓國基督敎史(下)」, 581쪽).

래, 서울 등지에 수백 명의 세례지원자가 목자(牧者)의 손을 기다
리고 있음이 알려져 언더우드 목사는 저들의 선교지구가 이미 한만
(韓滿) 국경지대에까지 널리 포석되어 있음을 보고 크게 기뻐하였
다.

1876년 개항 후 1882년 미국과 수교한 뒤 1884년 의료선교사 알렌
이 들어오고 1885년 아펜젤러와 언더우드 같은 서양 선교사들이 조
선으로 줄지어 들어와 '조선기독교'가 태생된 것이 아니라, 이에 앞서
만주를 드나들던 조선사람들이 기독교를 주체적으로 수용하고 그들
이 고향 등지로 가 전도 활동을 한 것을 김양선은 '조선기독교'의 태
동으로 보고자 한 것이다. 서양 선교사들이 들어오기 전 이미 기독교
로 개종, '수백 명'이 세례를 받으려고 세례를 줄 수 있는 '牧者'를 기
다리고 있었음을 김양선이 강조하는 이유가 바로 여기에 있는 것이
다.

이에 대한 백낙준의 서술은 대조적이다. 그도 여러 곳에서 서북청
년들의 만주 나들이와 개종을 논의하고 있지만, 그리고 수많은 이들
이 이미 개종하여 세례 받기를 원하고 있다는 선교사 언더우드의 놀
라움을 언급하고 있지만, 그는 선교사들의 활동을 논의하면서, 또한
이것을 한국 개신교의 태동으로 보려는 시각을 가지고 서술하지는
않았다. 조선에서 기독교가 "神秘스러우리 만큼 빠른 成長"을 선교
본부에 설명하기 위해 언급했을 따름이다.[36] 그의 『韓國改新敎史』의
"總結論" 머리 부분은 선교사 그래함 리(Graham Lee)의 다음과 같
은 글귀로 시작하고 있다.[37]

---

36) 백낙준, 『韓國改新敎史』, 142~150쪽, 특히 148쪽을 볼 것.
37) 윗글, 440쪽.

韓國 改新敎의 事業은 流血과 恐怖의 도가니 속에서 始作되었
다. 이때 美國人 宣敎師요 醫師인 한 사람이 外科醫의 技術과 그
리스도人의 勇氣로 韓國에서 福音의 길을 開拓하였다.

이 따옴에서 보듯, "韓國 改新敎의 事業의 始作"과 "韓國에서 福
音의 길을 開拓"한 이가 이수정이나 서북청년들이 아니라 바로 서양
선교사라는 그래함 리의 견해를 백낙준은 그대로 따르고 있다.[38] 다
시 말하지만, 조선에서 기독교 선교사업을 시작한 이도, 조선에서 복
음의 길을 닦은 이도 서양 선교사라는 것이 백낙준의 생각이었다.

우리가 여기에서 한국 기독교사에 대한 백낙준과 김양선의 인식과
서술을 간단하게 대조한 것은 김양선은 백낙준과는 달리 일본에서
개종하고 조선 선교를 위해 활동한 이수정이나 한·만국경을 넘나들
며 장사를 하던 서북청년들의 개종과 선교 활동을 '조선기독교의 태
동'으로 인식하고 있음을 강조하고자 함이다. 여기에서 그의 주체적
수용사관이 나온 것이다. 한국 기독교가 서양 선교사들의 선교 활동
의 산물이 아니라, 19세기 말 서양세력이 동양으로 거세게 몰려 올
때 조선 정부는 쇄국정책으로 맞섰으나 서북청년들을 비롯한 수많은
조선사람들은 서양의 문물을 열렬하게, 그리고 대담하게 접근하고 수
용하고자 하였다. 이러한 시대적 흐름에서 중국과 일본으로 들어왔던
서양의 개신교를 일본에 유학하던 이수정이나 만주로 행상을 하던
서북청년들이 그곳에 와 있던 서양 선교사들을 접촉, 수용하였다고

---

38) L. George Paik, *The History of Protestant Missions in Korea*, 419쪽. 한
글번역을 본인이 하였으나 영문의 글맛이 다르기 때문에 여기에 이에 해당
되는 영문글귀를 따와 둔다. "Protestant Christianity began its work in
the midst of bloodshed and terror when an American missionary
physician with his surgical skill and Christian courage opened the way
for the Gospel in Korea".

김양선은 인식하고 있는 것이다.

한국 기독교의 태동은 한국사람들에 의한 주체적 수용의 산물로 보려는 김양선의 한국 기독교사 인식은 그 자체로도 중요한 것이지만, 그의 이러한 한국 기독교사 인식이 이른바 '민족교회론'과 이어지기 때문에 더욱 우리의 주목을 끈다. 1970년대 한국 기독교사학계에서 '새로운 담론'처럼 등장한 '민족교회론'은 우리가 이제까지 알고 있는 것과는 달리 김양선이 오래 전에 이미 제기하고 또 실증적으로 연구하여 우리 교회사학계에서만이 아니라 일반 사학계에 발표한 것이다. 원로 교회사학자이자 문필가인 전택부의 글을 따와 보자.[39)]

"민족교회라는 말은 이대위씨가 1923년 『청년』(靑年)에다 「나의 이상하는 바 민족교회」라는 글을 쓴 데서 제일 먼저 볼 수 있으나, 역사가의 입장에서 민족교회라는 용어를 제일 먼저 쓰기는 김양선 (金良善)씨일 것이다. 그리고 이것을 신학적으로 체계화한 역사가는 민경배씨일 것이다. 이런 점에서 이 두 역사가의 공헌은 크다."

그렇다. 전택부가 지적한 것처럼 1970년대에 한국 기독교사학계의 주요 담론으로 등장한 이른바 '민족교회론'은 이미 1920년대 민족문제를 온몸으로 안고자 했던 기독교 지성들이 갈망한 것이고, 1960년대 김양선이 이를 실증적으로 연구한 것이다. 다시 말하지만, 김양선의 주체적 수용사관은 그의 민족교회론으로 발전하였고, 거꾸로 김양선의 민족교회론적 시각의 한국 기독교사 인식은 이 땅의 기독교를 주체적 수용의 산물로 보려는 그의 시각과 이어진 것이다.[40)]

---

39) 전택부, 『한국 기독교청년회 운동사(1899~1945)』, 서울 : 정음사, 379쪽.
40) 앞서 밝힌 바대로 나는 글을 달리하여 김양선의 민족교회론적 한국기독교 사 인식을 논의할 것이다. 물론 1970년대에 나온 민경배의 이른바 민족교 회론과 견주며 논의될 것이다.

꼬리글─'수용사관'의 연구사적 성격

한국 기독교 역사연구에 몸담고 있는 이들은 백낙준이 한국 기독교 역사연구를 본격적으로 시작한 역사학자라고 흔히 이야기한다. 그러나 백낙준은 선진 역사학을 누구보다도 먼저 습득한 역사학자로서, 그리고 한국 기독교사를 개척한 교회사학자로서 높이 평가하여야 하지만, 그는 해방공간에서 새 국가건설이라는 시대적 요구가 있어 학인으로서가 아니라 교육행정가로서, 그리고 정치가로서 활동하게 되었다. 그가 산 시대가 그를 학인으로 남겨놓지 않았던 것이다.

30년 전 세상을 떠난 김양선을 우리가 다시 주목하는 것은, 물론 그의 학문에의 마음가짐이다. 한국 기독교, 실학, 고고학 관계 자료를 수집하고 보존하는 과정에서 나타난 그와 그 가족들의 희생적 삶도 눈여겨볼 일이다. 또한 그가 몸담고 있던 대학과 교회의 정치와 행정의 달콤한 유혹에 한번도 눈 돌린 적이 없고 오로지 학문과 교육에만 마음을 두고 산 그의 삶의 자세는 학문과 교육에 몸담고 있다는 우리들에게 큰 본보기가 될 것이다. 이에 더하여 그의 대승적 역사쓰기 자세를 눈여겨보아야 한다. 오늘날 교회마다 개(個)교회사를 만들고 교파마다 교파사를 낸다. 그러나 우리의 개교회사는 하나같이 해당 교회의 홍보물과 같고, 우리의 교파사는 한국 기독교의 역사가 자기 교파 중심으로 펼쳐진 것처럼 쓰였다. 역사란 그것이 개교회사이든 교파사이든 자기 교회나 교파의 입장이나 역사를 정당화하거나 홍보하기 위한 도구가 아니다. 오래 전 김양선은 교회나 교파의 편협성이나 파당성을 넘어서는 '대승적 교회사 쓰기'를 시작하였다.[41] 그의 대

---

41) 『韓國基督教解放十年史』가 몰고온 논란에 대해서는 대한예수교장로회 총회, 『제47회 총회록』, 87쪽을 볼 것. 교회사학자 이호열은 이 상황을 다음과 같이 기술하고 있다. "이 책은 1945년 8·15해방과 더불어 교회를 재건

승적 한국교회사 인식이 돋보이는 것은 오늘날 한국 기독교역사학계에 두루 퍼져있는 편협성과 파당성 때문이다.

그러나 무엇보다도 한국 교회의 역사와 문화연구에 몸담고 있는 우리는 다음 두 가지 때문에 김양선을 다시 주목하지 않을 수 없다.

첫째 그의 '수용사관'이다. 당시 백낙준을 포함한 교회사학자들이 '선교사관'을 가지고 한국 기독교사를 썼다면 김양선은 분명 주체적 수용사관에 터하여 한국교회사를 줄곧 연구하였다. 그가 경교(景敎)에 주목하고 서학과 실학에 관심 가진 것도 선교사나 전래사적 시각을 넘어 세계문화교류사의 맥락에서 천주교사를 인식하고자 했기 때문이다. 개신교사 분야에서도 마찬가지다. 이응찬, 백홍준, 이성화, 김진기와 같은 서북지방 사람들의 만주 나들이와 이들이 그곳에 와 있던 서양 선교사들과의 접촉을 살피며, 이들이 그곳에서 서양선교사들에게 우리말을 가르치고, 함께 성서를 번역한 역사를 파헤친 그의 기독교사 서술은 다시 강조하지만 한국 기독교의 역사를 선교사나 전래사가 아닌 주체적 수용사의 시각으로 인식하고자 한 것이다. 짧게 말해서, 김양선은 한국 기독교사 연구에서 처음으로 '수용사적 시각'을 보였다.

둘째 그의 '민족교회론'이다. 1970, 80년대에 한국교회사학계의 주요 담론 가운데 하나가 이른바 민족교회론이다. 서양의 기독교가 유교적인 조선에 들어온 이래 '서양종교'로서 이 땅에 자리잡은 것이 아니라 조선사람들의 종교로 뿌리내려 가지쳐 뻗어나갔다는 시각을 김양선은 이미 오래 전에 가졌던 것이다. 우리 근·현대의 역사가 외세,

---

하던 과정을 서술하였던 바 교회분열의 당사자들이 생존하고 있었음으로 거센 항의를 받았다. 그리하여 학문이 완력 앞에 굴복당하여 판매금지를 당하였으나 매산 (김양선의 호)은 굴하지 않고 신앙과 학문적 지조를 지켰다." 이호열, 윗글, 209쪽.

특히 서양나라가 아닌 비(非)기독교 국가인 이웃 일본과의 갈등과 대
결로 펼쳐 질 때 기독교는 단순히 종교집단으로 머물지 않고 우리 민
족과 함께 한 종교공동체로서 자리잡았다고 그는 규정하였다. 이를
규명하기 위해 김양선은 우리 근·현대사에 나타난 여러 민족운동과
기독교와의 관계를 연구하였다. 기독교 역사연구를 우리의 일반사와
이으려는 그의 학문적 노력으로 한국 기독교 역사가 일반 역사학계
에서 주목받게 되었다. 그의 민족교회론적 기독교사 연구가 낳은 결
과이다

　이상 김양선의 주체적 수용사관을 백낙준의 선교사관과 견주며 논
의하였다. 백낙준이 *The History of Protestant Missions in Korea*
를 서술한 "때와 곳"의 제한성을 염두에 두고 그의 한국 기독교사 인
식과 서술을 신중하게 다루어야 한다. 선진 역사학을 누구보다 앞서
배운 백낙준이 쓴 이 책은 한국사학사에서 소중히 취급되어야 하고
또한 한국 기독교사학사에서도 수준 높은 고전으로 귀중하게 여겨야
한다고 나는 이 글에서 강조하였다. 다만, 집필할 "때와 곳"의 제한성
때문에 "傳受"와 "傳授," 그리고 기독교와 조선 사회와의 만남을 통
한 조선 사회 쪽의 변화를 폭넓게 보면서 기독교의 '조선化'를 깊게
논의하지 못한 감이 있다는 점을 이 글에서 지적하였다. 그래서 그의
한국 기독교사 인식이 선교사관을 벗어나지 못한 것이다.[42]

　이와는 달리 김양선은 줄곧 주체적 수용사관을 가지고 초기 기독
교의 역사를 서술하였고 이를 그의 '민족교회론'으로 발전시켰다. 서
양 선교사들의 노력과 활동을 높이 사면서도 그는 일본에서 개종하
고 조선 선교를 위해 노력한 이수정의 활동에 주목하고, 한·만국경
을 넘나들면서 기독교를 수용하고 만주와 조선에서 쪽복음을 들고

---

42) 백낙준의 선교사관은 그를 비판하는 이들이 잘못 본 '폭 좁은 선교사관'이
　　아니라 나는 그의 선교사관을 '폭 넓은 선교사관'이라고 이름하고 싶다.

전도활동을 하였던 서북청년들의 이야기를 강조하였다. 이 모두가 서양 선교사들이 조선에 와 선교함으로 조선기독교가 움튼 것이 아니라 조선사람들 스스로가 이 종교를 수용하고 전도함으로 조선기독교가 태동하였음을 주장하기 위한 것이다. 바로 여기에서 그의 '민족교회론'이 싹트게 된다.

한국사학사에서, 한국 기독교사학사에서 이렇게도 중요한 김양선을 요즈음 우리의 국사학계, 좁게는 한국 기독교사학계에서 찾을 수가 없다. 해방공간에 수많은 지식인들이 세속적 입신양명을 위해 이리 뛰고 저리 뛰어다닐 때 오로지 학문, 특히 한국 기독교 역사연구에만 매달리어온 김양선을 오늘의 한국 기독교 역사학계에서는 왠지 만나기 힘들다. 한국 기독교 역사연구를 집약한 통사라는 한국기독교 역사연구소가 내놓은 『한국 기독교의 역사』를 보기로 삼아보자. 이 책 머리글에 짧게 서술된 한국 기독교 역사연구의 연구사에서는 백낙준의 '선교사관'에서 곧바로 민경배의 '민족교회사관'으로 이어진다. 그러나 그 사이 마땅히 있어야 할 김양선의 '주체적 수용사관'이 전혀 언급되지 않았고,[43] 그리고 '민족교회사관'을 논의할 때도 김양선은 없다.

우리를 더욱 슬프게 하는 것은 이른바 그의 후학들인 오늘의 한국 기독교사학자들이 김양선의 학문을 "한국교회 '안쪽'에서 자료를 찾아 그것을 바탕으로 기독교사를 서술하려는 노력" 정도로 치부하고 있다는 사실이다.[44] 그가 한국 기독교사와 우리의 일반사를 이으려 했던 해방 후 최초의 역사학자였다는 이 엄연한 사실, 그리고 단순히 선교의 역사가 아닌 주체적 수용사적 연구시각과 '민족교회론'을 아

---

43) 한국기독교사연구소, 『한국기독교의 역사』 I, 서울 : 기독교문사, 1989, 1~4쪽을 볼 것.
44) 윗글, 4쪽.

는 우리에게는 김양선을 교회 '안쪽'에 머문 교회사학자로 자리 매김
하려는 요즈음 우리 학계 일각의 움직임을 염려하게 된다. 그의 기념
비적 논문들은 일반 사학계의 권위학술지나 연구기관을 통해 발표한,
교회 안팎을 넘나들었던 최초의 교회사학자가 아니었던가.45)

---

45) 이를테면, 그의 「Ross Version과 Protestantism」은 『白山學報』(3호)에,
「壬辰倭亂 從軍神父 Cespedes의 來韓活動과 그 影響」은 『史學硏究』(18
호)에, 「韓國基督教史(下)」는 고려대학교 민족문화연구소의 『民族文化大
系』(시리즈)에서, 「三·一運動과 基督教」는 동아일보사의 『三·一運動五
十周年紀念論集』에 발표하였다. 나의 발표가 있은 후 최근에 이르러서야
이만열은 김양선을 한국기독교사학사에 중요한 인물로 다루기 시작하였다.
이만열, 윗글, 21~23쪽을 볼 것.

구한말 '기독교 민족주의' 논의

머리글

대체로 우리 역사학계는 기독교에 대하여 냉담하다. 외세에 짓밟히고, 그래서 거기서 벗어나려는 울부짖음으로 점철된 우리의 근·현대사를 연구하는 이들은 서양에서 온 이 종교를 일단 색안경을 끼고 본다. 서양 제국주의의 거센 물결을 타고 이 땅에 들어온 까닭에 아예 기독교를 '서양 제국주의의 앞잡이'로 보는 이들도 있다.[1]

이런 부정적인 시각은 우리 학계에만 있는 것이 아니다. 그것은 서양 선교사들이 활동한 중국, 일본 그리고 인도와 같은 다른 피선교지에도 널리 퍼져 있다. 이러한 시각을 가진 이들은 서양 선교사들의 오만한 태도와 세속적 활동을 지적하기도 하고 그들의 '제국주의적 정치활동'을 거론하기도 한다. 중국사람들에게 기독교를 전해준 이들이 자기들을 괴롭히는 서양 제국주의자들이고, 인도사람들에게 기독교를 전해준 이들이 자기들을 짓밟고 있는 식민세력이었기 때문에 이 종교에 부정적인 견해를 가지는 것은 어쩌면 당연한 것처럼 보인

---

1) 아래 논의는 최근에 나온 나의 글, *Protestantism and Politics in Korea*, Seattle and London : University of Washington Press, 2003의 1장과 4장, 그리고 이 논문집에 실린 「기독교와 한국역사－그 만남, 물림 그리고 엇물림의 사회사」를 볼 것.

76

다.[2]

　그러나 기독교에 대한 이 같은 부정적인 시각을 그대로 우리의 근·현대사에 적용하는 것은 몰(沒)역사적이다. 물론 최초의 선교사 알렌(Horace N. Allen)과 같은 선교사들이 선교 활동을 하며 돈벌이에 나서고, 일본이 조선사람들의 '적'으로 떠오를 때 일본과 친화적 관계를 가지고 활동한 선교사들도 있었다는 사실을 우리는 빠뜨리지 말고 보아야 한다.[3] 그렇다고 하더라도, 더 나아가 선교사들이 진실로 서양 제국주의의 '앞잡이'로서 활동하였다 하더라도 우리의 특수한 역사적 상황은 기독교가 재빨리 뿌리내리고 가지쳐 뻗어나게 하였을 뿐만 아니라 '제국주의의 앞잡이'가 아니라 우리 민족과 더불어 고난의 길을 가게 하였다. 여기에서 우리는 우리 민족의 '적'은 기독교를 전해준 서양제국이 아니라 비(非)서양, 비(非)기독교 국가인 이웃 일본이었다는 역사적 사실을 주목할 필요가 있다. 봉건적 옛 질서를 허물고 새 문물을 받아들여 부강한 나라를 건설하여야 한다는 것이 당시의 우리 민족사적 과제였음을 생각하면서 말이다.[4]

　익히 알다시피 우리 민족은 제국주의적 야욕을 드러내며 다가오고 있는 일본에 맞서 이 민족사적 과제를 달성하여야 하였다. 이러한 역

　2) 여러 글이 있으나 다음 글들을 볼 것. Stephen Neil, *Colonialism and Christian Mission*, New York : McGraw Hill Book Co., 1966 ; Ka-che Yip, *Religion, Nationalism, and Chinese Students : The Anti-Christian Movement of 1922-1927*, Bellingham : Western Washington State University, 1980 ; 박순경, 「한국민족과 기독교의 문제」, 변형윤 편, 『분단시대와 한국사회』, 서울 : 까치사, 1985, 345~370쪽 ; 강돈구, 「한국기독교는 민족주의적이었나」, 『역사비평』 27호, 1994년 겨울, 317~327쪽.
　3) 보기를 들어 Fred Harvey Harrington, *God, Mammmon, and the Japanese : Dr. Horace Allen and Korean-American Relations, 1884-1905*, Madison : University of Wisconsin Press, 1944를 볼 것.
　4) 달음 1)에 있는 나의 글들을 볼 것.

사적 상황 전개가 새 문물을 갈망하는 이들에게 서양, 특히 미국 선교사들이 세운 여러 선교학교(Mission schools)에 들어가고 그들의 종교공동체에 줄지어 들어서게 되었다. 일제 식민시대에는 전국적 조직 공동체로 떠오른 교회가 우리 민족이 서로 만나 위로하는 곳, 정보를 나누어 갖는 곳, 사회, 정치적 결사를 하는 조직기반의 기능을 하게 되었다. 기독교와 우리 민족의 '각별한 만남'은 바로 이러한 특수한 역사적 상황 전개에서 이루어진다. 기독교를 부정적 시각을 가지고 도식적으로 우리 역사를 읽으려는 몰(沒)역사적 연구태도를 경계하여야 하는 이유가 바로 여기에 있다.

우리 역사학계는 민족운동사와 기독교를 이어 보려는 노력에 인색하다. 초월적 보편주의를 지향하는 기독교와 특수한 우리의 민족운동 사이에 있을 수도 있는 이념적, 조직적 이음새를 아예 보려 하지 않는다. 우리 민족운동사에 숱하게 등장하는 기독교인들을 보면서도 말이다. 이들은 기독교인들이 그들의 신념체계와는 관계없이 조선사람으로서 민족운동에 참여한 것으로 간단하게 취급한다. 기독교라는 보편종교와 민족주의라는 특수주의가 서로 이어질 수 없다는 또 하나의 도식적 역사인식, 그래서 몰역사적 연구태도를 우리는 여기에서도 본다. 이러한 시각으로는 우리의 역사라는 특수한 마당에서 우리 민족과 기독교가 뒤엉켜 씨름하면서 엮어 놓은 그 '특수한 역사'를 읽어낼 수 없다.5)

물론 우리는 보편주의적 종교의 신념을 가지고 특수주의적 민족주의를 대항한 여러 역사적 사실을 지나치지 않는다.6) 기독교 목사 본

---

5) 앞의 내 영문저서 서론을 읽을 것.

6) 나는 아래 글에 크게 기대고 있다. Kenneth M. Wells, *New God, New Nation : Protestants and Self-Reconstruction Nationalism in Korea, 1896-1937*, Honolulu : University of Hawaii Press, 1990 서문을 볼 것. 웰

훼퍼(Dietrich Bonhoeffer)가 나치 독일의 인종적 민족주의와 치열하게 맞선 신념이 바로 보편적 종교인 기독교의 가르침과 이어져 있다.[7] 일본제국이 천황숭배를 골간으로 하는 국가(민족)주의를 내세울 때 무교회(無敎會)운동으로 유명한 기독교인 우찌무라 간조(內村鑑三)는 이를 온몸으로 거부하였다. 이른바 1891년에 일어난 그의 "불경사건"(不敬事件)은 초월적이고 그래서 보편적인 기독교 신앙에서 나온 그의 신념과 이어져 있다.[8] 우리가 익히 알고 있는 일제 말 식민세력이 우리에게 강요한 신사참배(紳士參拜)를 보아도 그렇다. 일제가 식민시대 후반기에 우리 민족을 전쟁에 동원하려고 '내선일체'(內鮮一體)니 '동근동족'(同根同族)이니 하며 그들의 신사에 강제로 참배케 할 때 일단의 기독교인들이 우상숭배라며 한사코 참배하기를 거부, 숱한 고초를 당하였다.[9] 바로 이들이 특수한 일제의 국가주의에 분연히 일어날 수 있었던 것은 그들의 보편적 종교, 기독교의 신앙 때문이었다. 이처럼 민족 또는 국가주의와 보편적 종교와는 서로 엉킬 수 없다는 주장을 뒷받침할 많은 역사적 사건과 사실이 있

즈에 대한 나의 비판을 보기 위해서는 *Korean Studies*에 나온 서평(17집, 1993, 157~160쪽)과 「K. 웰스『새 하나님, 새 민족 : 한국기독교와 자기개조민족주의, 1896~1937」, 『해외한국학평론』 창간호, 2000, 247~266쪽을 볼 것.

7) Wells, 윗글 서론을 볼 것.

8) 우찌무라 간조의 지성구조에 대한 상세한 논의는 박영신, 「일본사회의 구조와 지성인 : 우찌무라 간조의 지성구조」, 『人文科學』 37·38집, 1977~1978에 발표되었다. 이 글은 Kenneth B. Pyle, 박영신/박정신 옮김, 『근대 일본의 사회사』(*The Making of Modern Japan*)에 덧붙인 글 II로 259~310쪽에도 실려 있다.

9) 상세한 것은 김승태 엮음, 『한국기독교와 신사참배문제』, 서울 : 한국기독교역사연구소, 1991 ; 김승태 엮음, 『신사참배 거부항쟁자들의 증언』, 서울 : 다산글방, 1993 등에서 살필 것.

다.

그럼에도 불구하고 우리는 이러한 시각과 결론을 모든 경우에 도
식적으로 적용하려는 태도를 경계해야 한다. 보편적 종교와 특수주의
인 민족주의 또는 국가주의가 서로 '결연'(alliance)되거나 '용
해'(fusion)된 경우도 인류역사에 숱하게 있기 때문이다. 이를테면 중
동의 역사를 읽으면 이슬람이라는 종교와 아랍 민족주의가 어우러진
이슬람 민족주의가 있고, 폴란드에는 카톨릭과 민족주의가 이어져 공
산체제에 저항한 솔리다리티(Solidarity)운동으로 나타난 경우도 있
으며, 신부 아글리페이(Gregorio Aglipay)를 따르는 아글리파얀
(Aglipayan, 필리핀독립교회)과 필리핀 민족주의와 얽힌 역사도 우리
는 읽는다. 이처럼 종교와 민족주의가 공동의 목적을 가질 수 있는
역사적 상황에서는, 둘은 결연하거나 용해되었던 것이다. 식민지 상
황이 그러하고 정치적 억압이 있을 때가 그러하다.10)

이러한 경우라 하더라도 종교와 민족주의가 식민세력이나 정치적
압제세력과 같은 공동의 '적'에 맞서 싸우는 이유나 동기가 다를 수
있고, 이 과정에서 둘이 취하는 방법과 수단도 다를 수 있다. 그래서
보편적 종교와 특수주의적 민족주의가 결연되거나 용해되었을 경우
에도 둘 사이는 항상 긴장 관계에 있다. 보편적 종교의 가르침과 특
수한 지역이나 나라에 사는 이들이 종교공동체에 대한 기대 사이에
거리가 있을 수 있다는 말이다.11) 그렇기 때문에 종교적 민족주의자
들의 행동 동기, 그리고 수단이나 방법이 비(非)종교적 민족주의자들
의 것과 다를 수 있다는 것이다. 그러나 이러한 차이 때문에 그들을
비(非)민족적이라든가 반(反)민족적이라고 규정하지 않는다. 그렇기
에 역사에는 정치적 민족주의가 있는가 하면 문화적 민족주의도 있

10) Wells, 윗글, 서론 특히 2~5쪽을 볼 것.
11) Wells, 윗글, 5~8쪽을 볼 것.

고, 경제적 민족주의가 있는가 하면 종교적 또는 윤리적 민족주의도 있는 것이다. 국수적 민족주의도 있고 자기 성찰적 민족주의도 있다.12) 그래서 한국민족주의를 연구하는 로빈슨(Michael Robinson)도 "민족주의란 아주 넓고 포괄적인 개념"이라고 하였다.13) 이러한 열린 시각과 포괄적인 인식태도를 가질 때 우리의 민족운동 또는 민족주의의 다양함을 읽게 된다.

우리 학계의 기독교와 민족주의 논의 ─독립협회운동을 보기 삼아

일찍이 김양선이 한국 기독교를 '민족교회'라는 시각으로 우리 근·현대사에 나타난 중요 민족운동과 기독교를 이어 논의하기 시작했고, 그를 이어 민경배, 이만열, 서굉일, 장규식을 비롯한 많은 이들이 기독교와 우리 민족사를 이으려는 학문적 노력을 해 왔다.14) 나아가 최근에는 『한국 기독교의 민족주의』 그리고 『일제하 한국 기독교

───────────────

12) 우리의 민족주의 논의에 있어서 유연하고 열린 시각이 필요하다는 논지를 보기 위해서는 박정신, 「실력양성론─이념적 학대를 넘어서」, 『한국사 시민강좌』 25집, 1999. 8, 41~66쪽을 볼 것. 이 글은 이 논문집에도 실려 있다.

13) Michael Edson Robinson, *Cultural Nationalism in Colonial Korea, 1920-1925*, Seattle and London : University of Washington Press, 1988, 8~13쪽을 볼 것. 8쪽에서 따와 옮김.

14) 나는 김양선의 '민족교회' 연구의 꼴과 결을 보기 위해 「김양선의 '민족교회' 연구」라는 제목의 글을 쓰고 있다. 이 글을 쓰기 위해 그의 '민족교회' 개념과 사관은 그의 '주체적 수용사관'과 이어져 있어 「백낙준과 김양선의 한국기독교사 인식─이른바 '선교사관'과 '수용사관'의 꼴과 결」(『한국개혁신학회 논문집』 20권, 2001. 11, 366~381쪽)을 앞서 발표한 바 있다. 이 글은 이 논문집에도 실려 있다.

민족주의연구』라는 값진 연구서도 나왔고 '한국기독교민족운동'에 대한 '개념화' 시도가 이어지고 있다.15)

　한규무는 "'기독교민족운동'의 개념은 대략 '기독교인이 벌인 민족운동'"으로 우리 학계는 생각해 왔다고 말하면서 "기독교인이 벌인 민족운동이면 다 '기독교민족운동'이라 할 수 있는가?"고 의문을 제기한 후 개념화의 어려움을 토로한 바 있다.16) 계몽운동, 독립협회운동, 신민회 등 여러 구체적인 사례를 들어 '기독교민족운동'을 꼼꼼히 논의하면서 '기독교민족운동' 개념화를 위해 고민하고 있다. 이러한 고민을 담은 한규무의 발표에 논찬을 맡은 최기영이 그의 지적 번민을 높이 사면서 "기독교민족운동을 기독교를 통하여 근대시민사회로 옮겨가는 과정"으로, "(기독교) 신앙 그 자체에만 머문 것이 아니라, 그것을 통하여 한국사회에 새로운 지향점을 찾고자 한 움직임"으로 보자고 제안하였다.17) 이 두 역사학자의 논의에서 우리 학계가 민족운동사 연구에서 기독교 공동체와의 관계가 거의 논의되지 않고 있다고 아쉬워하고 있음을 읽는다. 그 한 보기가 구한말의 독립협회운동이라고 이들은 지적했다. 나는 오래 전부터 이에 관심을 가지고 글을 써 왔는데 나의 글들이 우리 학계에 알려지지 않은 탓이라 생각이

---

15) 아래 글들이 최근 한국 '기독교민족운동' 또는 '기독교민족주의'에 대한 논의들이다. 신기영, 『한국 기독교의 민족주의』, 부산 : 동녘, 1995 ; 장규식, 『일제하 한국 기독교민족주의 연구』, 서울 : 혜안, 2001 ; 한규무, 「한국기독교민족운동사 연구의 현황과 과제」, 『한국기독교와 역사』 12호, 2000, 75~107쪽 ; 이만열, 「한국기독교와 민족운동 : '한국기독교민족운동' 개념화를 위한 시론」, 『한국기독교와 역사』 18호, 2003, 115~147쪽. 이러한 글 가운데 역사학자 장규식과 사회학자 신기영의 한국기독교민족주의 논의는 자세히 보아야 할 값진 업적이다.
16) 한규무, 윗글, 85~86쪽.
17) 최기영의 논평 내용은 한규무의 윗글 뒤(119~113쪽)에 실려 있는데 따옴은 111쪽이다.

들어 독립협회운동을 중심으로 기독교와 한국민족주의나 민족운동과
의 물림에 대한 내 생각을 학문적 토의를 위해 다시 논의하고자 한
다.18)

우리 학계에서 '독립협회'에 관한 연구는 비교적 활발하다. 이 가운
데 대표적 업적이라고 할 수 있는 것이 신용하의『獨立協會硏究』(이
하『硏究』라 함)다.19) 이『硏究』는 방대한 자료를 섭렵하여 독립협
회와 그 운동에 관한 역사를 체계적으로 인식하고자 한 우리 학계에
서 보기 드문 역작이다. 특히 신용하는 우리 학계에서 습관화된 자료
의 짜깁기 작업을 넘어서 당시 우리 학계에 생소한 사회사의 시각과
방법으로 복잡한 역사현상을 '해석'하고 '설명'하려고 하였다. 이 연구
서가 나온 이후에도 독립협회에 관한 글들이 많이 나왔지만,20) 이
『硏究』는 독립협회 및 이와 관련된 분야를 연구하는 이들에게 '고전
적' 길잡이가 되어 왔다.

그러나 이『硏究』는 출판된 지 20여 년이 훨씬 지난 오늘에 사는
이들이 갖는 독립협회운동에 대한 궁금증을 풀어 주기에는 미흡하다.
그렇게 기대하는 것이 아마 무리일 것이다. 그래서 역사는 끊임없이
새로이 씌어져야 한다고 말하는 것이다. 우리 국학계에 사회사적 시
각과 방법론을 소개하고 이 분야를 개척하는데 분명 남보다 앞서 있

---

18) 닮음 1)에 있는 글들이 그 보기이다. 내가 미국대학에서 교수를 하며 연구
   활동을 하였기 때문에 나의 학문활동이 우리 학계에 알려지지 않았을 것이
   라 생각한다. 그러나 나는 미국에 있으면서도 가끔 우리 글로 논문을 발표
   해 왔고, 나의 이와 같은 주장을 오래 전부터 해 왔음으로 우리 학계가 나
   의 글들을 읽지 못하였다는 사실을 쉬이 수긍하지 못한다. 이를 여기에 적
   어두고자 한다. 물론 서광일은 예외다.

19) 신용하,『獨立協會硏究』, 서울 : 일조각, 1976.

20) 유영렬, 최덕수 그리고 주진오와 같은 역사학자들과 박영신과 같은 사회과
   학자들의 글이 있다. 이들의 시각과 방법론은 신용하의『硏究』와 물론 다
   르고 또한 그 수준을 넘어서려는 것이다.

는 신용하는 이『硏究』에서 사회사학자들이 기피하여야 하는 추상적
용어를 사용, 복잡한 역사현상을 설명하였다. 이를테면, 고급관료들
을 비롯한 당시 엘리트들의 사교클럽처럼 태동한 독립협회에 참여,
이 모임을 활성화시키고, 토론회를 개최하여 일반대중의 참여를 유도
한 지식인들을 거론하면서, 또한 민중진출기와 민중주도기를 설명하
면서 "신지식층"이니 "동류의 사회의식을 가진 다수의 민중"이라는
용어를 사용하고 있다.21) 물론 그는 "신지식층"을 밝히기 위해 서재
필, 윤치호, 이상재, 남궁억과 같은 독립협회를 이끈 이들을 열거하면
서 개신교계 지식인이니 개신유학자 그룹 따위로 분류하고 있다. 그
러나 그의 이러한 노력은 이들이 이념적, 조직적 토대가 되는 종교공
동체와 어떻게 이어져 있는지를 설명하지 않았다. 특히 "동류의 사회
의식을 가진 다수의 민중"에 대해서는 도대체 이들은 누구이고, 무엇
을 통해 깨어나서 적은 무리의 지식인들이 서울에서 펼치기 시작한
독립협회 활동을 알고 참여하게 되었는지에 대한 사회사적 설명을
전혀 시도하지 않았다. 바로 이러한 사회사적 질문이 시도되지 않았
기 때문에 신용하는 추상적인 용어를 사용할 수밖에 없었던 것이다.
  이 글에서는 독립협회 기관지인『독립신문』의 논설 따위를 논의하
지 않으려 한다. 다만 나의 논지를 살리기 위해 다음 몇 가지를 구체
적으로 논의해 보고자 한다.
  독립협회는 1898년에 처음으로 여덟 개의 지부, 이를테면 공주, 평
양, 선천, 의주, 강계, 북청, 대구 및 목포에 지부를 설치하였다.22) 첫
번째로 설치된 공주 지부는 중앙간부인 이상재와 지석영의 요청으로
이루어졌고, 나머지 7개 지부는 모두 그 지방 도시에 사는 주민들의
열화와 같은 설치 요청에 따라 이루어졌다고『硏究』는 밝히고 있

21) 신용하, 윗글, 81~112쪽을 볼 것.
22)『독립신문』1898년 10월 1일자.

84

다.23) 그렇다면, 도대체 이 지방 도시 주민 가운데 "누가, 어느 무리가 서울에서 펼쳐지고 있는 독립협회의 운동을 들어 알고, 또한 독립협회가 품고 있는 개혁의 뜻에 심정적으로 동조할 뿐만 아니라 이를 적극적으로 펼쳐 보려는 행동을 하였을까?"라는 질문으로 자연히 이어지게 된다. 이에 더하여, 부산, 인천, 대전 그리고 광주와 같은 다른 지방 도시에 사는 이들이 아니고 왜 하필이면 위의 지방 도시에 사는 이들이 유독 독립협회 지부 설치를 열화와 같이 요구하였는가도 밝혀져야 한다. 이에 대한 대답이 바로 누가 "동류의 사회의식을 가진 다수의 민중", 다시 말해서 독립협회운동에 적극적으로 가담하고 또 나서서 독립협회 지부를 설치한 깨어난 민중인가를 밝히는 관건이 된다. 독립협회의 조직적, 인적 토대를 밝히는 길이 여기에 있는 것이다.24)

신용하의 『硏究』는 당시의 기독교를 단순한 종교로 여길 뿐 이 종교가 새 종교, 새 문화, 새 교육, 새 사회, 새 정치 운동을 펼치는 조직공동체로 성장하고 기능하고 있었다는 사실을 지나치고 있는 것이다. 앞에서 말했지만 바로 이 때문에, 다시 말해서 독립협회운동과 기독교라는 새 공동체를 이어서 논의하지 않았기 때문에 위와 같은 사회사적 궁금증을 풀어주지 못했다고 생각하는 것이다.

지금까지 나온 연구에 의하면, 지부가 설치된 8개의 도시 가운데 공주는 기독교에 친화적으로 이후 이 종교로 개종한 이상재와 지석영의 요청으로 설치되었고, 지부가 설치된 나머지 7개 도시 모두가 기독교가 다른 곳과는 비길 수 없는 빠른 속도로 성장하고 있던 지방 도시였다. 평양, 의주, 강계, 선천은 이른바 서북지방 도시로서 이 지방은 선교 초기부터 전체 기독교인의 반 이상이 집중되어 있었고 조

---

23) 신용하, 윗글, 88, 93~95쪽 및 106~107쪽을 볼 것.
24) 자세한 논의는 달음 1)에 나오는 나의 영문저서 4장을 볼 것.

선 기독교계를 주도하고 있었다.[25] 1910년의 장로파 교회가 전국에
687개였는데 이 서북지방에 363개가 있었다. 같은 해 통계에 의하면
2,082개 사립학교 가운데 숭실·숭의와 같은, 기독교계 인사들이 세
운 근대식 학교의 거의 반에 해당하는 1,035개가 이 지방에 집중되어
있기도 하다.[26] 줄여서 말하면, 이 서북지방에서 기독교라는 새로운
종교공동체가 빠른 속도로 조직, 확대되어가고 있었다. 대구, 목포 그
리고 북청 역시 기독교가 급속히 성장하던 곳이다.[27]

　이를테면, 평양지부는 길선주와 안창호를 비롯한 17명의 이 지방
기독교 지도자들에 의해 설치되었다.[28] 길선주와 안창호는 첫 집회
때 수천 명의 군중에게 연설하였다. 신문이나 방송이 없었던 당시 상
황에서 교회와 학교라는 조직을 통해 이 군중집회계획이 알려지고
또 동원되었을 것이라고 생각하는 것은 너무나 당연한 가정이다. 이
지방에 사는 이들이 다른 지역의 사람들보다 먼저 기독교를 받아들
였다는 사실은 이들이 교회와 교회가 세운 학교에서 근대 문물을 더
빨리 접하고 사회적, 정치적으로 더 일찍 깨어났음을 뜻한다. 여기에
서 우리는 당시 기독교 공동체는 어떠한 곳이었는지 한번 살펴 볼 필

---

25) 이광린, 「開化期 관서지방과 基督敎」, 『韓國開化思想硏究』, 서울 : 일조
　　각, 1979, 239~254쪽과 Roy E. Shearer, *Wildfire : Church Growth in
　　Korea*, Grand Rapids, Mich. : William B. Eerdmans Publishing Co., 1966,
　　4장과 5장을 볼 것.
26) 朝鮮總督府, 「舊韓國官報」 22집, 1910년 8월 13일, 987~998쪽. 그리고 손
　　인수, 『韓國近代敎育史』, 서울 : 연세대학교 출판부, 1971, 29~159쪽, 특히
　　29쪽을 볼 것.
27) Roy E. Shearer, 앞의 글 4장과 6장, 특히 캐나다 선교부(함경도), 남장로
　　교 선교부(호남지역) 그리고 북장로교 선교부(대구·경북지역)의 활동을
　　눈여겨볼 것.
28) 김인서, 「靈溪先生小傳」, 『信仰生活』 1933년 2월호, 26~30쪽, 특히 27쪽
　　을 볼 것.

요가 있다.

　확대되어 가던 당시의 기독교 공동체는 개혁적 조선사람들로 이루어졌다.[29] 유교적 신분사회인 조선에서 유교적 체제와 이념적, 심리적 그리고 사회적으로 강하게 이어지지 않은 평민과 하층민들이 기독교라는 새 종교로 개종하였고, 유교적 조선을 개혁하여 부강한 나라를 만들어 보려는 양반들도 이 새 종교공동체에 들어왔다. 이들은 기독교가 제공하는 신분차별을 두지 않는 신교육과 가난한 이들도 정성스레 보살펴주는 근대의료봉사에 이끌린 이들도 있고, 1894년 청일전쟁을 통해 서양문물의 우수함을 체험한 후, 그리고 서양문물을 일찍 받아들여 전쟁에 승리한 이웃 일본의 야망이 뚜렷해지자 들어온 이들도 있었다. 짧게 말해서, 이 공동체의 구성원들은 적극적이든 소극적이든 모두가 개혁적이었다.[30]

　유교적 조선 땅에서 재빨리 뿌리내리고 가지 쳐 뻗어 나가고 있는 이 종교공동체에서는 소리 없는 '혁명'이 일어나고 있었다.[31] 유교적 조선사회의 밑뿌리를 뽑아내는 일들이 일어나고 있었다. 혼히들 말하는 것이지만, 이들은 하나님 앞에서 모두가 평등하다는 가르침을 받았다. 유교적 신분사회에서 양반과 상민이, 남자와 여자가, 그리고 어

---

29) 초기 개종자들에 대한 사회신분적 배경에 대해서는 Yong-Shin Park, "Protestant Christianity and Social Change in Korea," Ph.D. Dissertation, University of California at Berkeley, 1975, 1장과 2장을 볼 것. 이 글에서 박영신은 양반 엘리트들은 정치적, 사회적 그리고 경제적으로 유교적 질서와 강하게 이어져 있었기 때문에 개종이 어려웠는데, 평민들은 유교적 질서와 상대적으로 강하게 이어지지 않아 개종이 더 수월했다고 주장하고 있다. 비슷한 논지를 나의 영문저서 1장과 4장에서도 볼 수 있다.
30) 나의 영문저서 1장과 4장을 볼 것.
31) 이에 대한 상세한 논의는 윗글 4장을 볼 것. 『독립신문』 논설들을 읽으면 기독교 이상에 터한 유교사회에 대한 비판과 개혁의 필요성을 주장하는 많은 글들을 쉬이 찾을 수 있다.

른과 어린이가 동등하다고 믿고 신분에 관계없이 모두 예배처소인 사랑방과 같은 곳에 모여 종교의식과 행사 그리고 여러 활동을 함께 하였다. 남녀노소가 구분되고, 신분구별이 명확한 유교사회에서 이 구별과 차별의 경계를 넘어 한 자리에 모여 함께 무엇을 했다는 것 자체가 혁명적인 것이다.

이들은 대다수의 조선사람들이 따랐던 제사를 비롯한 유교적 가르침과 습속 따위와 충돌하고 결별을 '고백'했고 소수로 살기로 '결단'을 체험한 이들이다. 그렇기에 초기 선교사들과 개종자들은 소극적으로 유교적 질서를 거부한 것이 아니고 자못 전투적이었다. 초기 선교사의 조선사회 인식을 다음 따옴에서 보자.

"조선의 (유교) 스승들은 여자는 남자보다 못하다고 가르쳤다. 기독교는 이를 정면으로 부인함으로써 충돌이 있게 된다. 이들은 어떤 사람은 다른 이들보다 더 우월하다고 가르치는데 우리는 역시 여기에 동의하지 못한다".32)

이와 같은 초기 선교사들의 조선사회의 유교적 사회질서와 관행에 대하여 매우 비판적이었다. 이들이 서양문명에 대한 우월감을 가지고 조선의 문화를 내려다보았음은 분명하다.33) 그렇기에 이들은 초기

---

32) George H. Jones, "Open Korea and Its Methodist Mission," *The Gospel in All Lands*, 1898년 9월, 391~396쪽, 특히 392쪽을 볼 것.

33) 미국 선교사들이 가졌을 우월감을 '선민의식'으로도 읽을 수 있을 것이다. 미국 패권주의의 뿌리를 논의한 다음 글이 선교사들의 선민의식 그리고 그들의 좁은 문화적 편견을 이해하는 데 도움을 줄 것이다. 박영신, 「미국의 패권주의, 그 뿌리」, 『환경과 생명』 2003년 봄호. 미국선교사들의 지성구조를 상세히 살피려면, William R. Hutchison, *Errand to the World—American Protestant Thought and Foreign Mission*, Chicago and London : University of Chicago Press, 1987을 볼 것.

88

기독교인들에게 유교적 질서와 문화를 혁파하여야 할 것으로 가르쳤던 것이다. 이들은 기독교인들이 남녀를 구분하고 사람을 구분하여 차별하는 것, 개인의 능력보다 조상 덕에 윗자리에서 뻐기는 양반사회와 정면으로 맞서야 하는 '사회개혁세력'으로 기독교인들을 교육시켰던 것이다.

이러한 유교사회 질서는 사람들로 하여금 높은 수준의 삶을 꾸리도록 노력하는 것을 원천 봉쇄하는 '악한 것'(the evil)이다. 이러한 제도에서는 신분이 낮은 사람들의 삶이 신분이 높은 이들의 손에 달려 있다. 신분이 낮은 사람들은 당연히 누려야 할 자유도 박탈당한 채 살고 있다. 이러한 유교 질서는 인간의 삶을 천하게 만들고 인간 몸의 성스러움을 전혀 고려치 않는다. 그렇기 때문에 "기독교인들은 이러한 조선의 유교 질서를 '악한 것' 또는 '이방의 것'(Heathenism)으로 혁파하여야 한다"고 선교사들은 가르쳤고 또한 초기 기독교인들은 그렇게 믿고 행동하였다.34)

기독교로 개종한 어떤 양반의 고백도 한번 따와 보자.

"넉 달 전 나는 이 사랑방(예배처소 : 글쓴이 달음)에 있는 것이 부끄러웠다. 교인들이 모여 무릎 꿇고 기도할 때 나는 기분이 매우 언짢아 똑바로 편히 앉았었지만, 얼마 후 나도 무릎을 꿇기 시작했는데, 부끄러운 마음이 모두 사라져 버렸다. 하나님은 나에게 믿는 마음을 주신 것이다. 내 친구들은 내가 미쳐버렸다고 말하면서 찾아오지도 않는다. 그러나 참 하나님을 경배한다는 것은 미쳐버린 징조가 아니다. 사실 나는 양반이지만, 하나님께서는 어떤 이는 양반으로, 또는 어떤 이는 상놈으로 만드시지 않았다. 인간들이 그러한 구분을 지은 것이다. 하나님께서는 모든 사람들을 평등하게 만

---

34) George H. Jones, 앞의 글, 394쪽.

드시었다."35)

되풀이 말하지만, 초기 기독교인들은 조선사회가 바탕한 신념체계
와 사회·정치제도는 인간을 억누르는 '악한 것' 또는 '이방의 것'으
로 인식하였다.36) 이들은 이러한 제도나 질서가 하나님이 만든 것이
아니라 인간이 만든 것이라고 규정했는데, 이는 고칠 수 있는 것이라
는 의미를 담고 있고 그래서 이들은 적극적으로 유교질서 및 제도와
부딪혀 적극적으로 혁파하려는 도전적 무리, 개혁적 무리였던 것이
다. 그러니까 당시 기독교의 성장이란, 이러한 개혁적 조선사람들의
조직공동체의 확대를 뜻한다.

또한 당시의 기독교인들은 새로운 정치를 경험해 보고 이에 필요
한 정치기술을 습득한 무리들이었다.37) 이들은 교회와 학교 및 교회
관련기관에서 예배, 기도회, 성경공부모임, 연설회, 토론회와 같은 공
중집회와 청년회, 학생회, 남녀 전도회, 제직회, 당회 그리고 ○○위
원회와 같은 자치활동과 행정기구 활동을 통해 대중 앞에 서서 대표
로 성경을 읽거나 기도하고, 또는 토론과 연설의 기술을 터득하며, 회
의를 이끄는 기술을 배웠다. 이런 활동을 하면서 회장을 비롯한 간부
를 뽑고 뽑히는 새로운 정치경험을 가지게 되었다. 우리가 아는 바와
같이 윤치호가 로버트의 회의 규칙을 조선말로 옮긴 것도 다 이즈음

---

35) S. F. Moore가 옮긴 "An Incident in the Street of Seoul," *The Church at
Home and Abroad*, 1894년 8월, 120쪽.
36) 여러 일차 자료가 있으나 다음 글들을 볼 것. "Obstacles Encountered By
Korean Christians," *The Korean Repository*, vol. 1, no. 10, April, 1895,
145~151쪽과 George H. Jones, 앞의 글도 볼 것.
37) 이러한 나의 논지를 자세히 보기 위해서는 나의 영문저서 1장과 4장을 볼
것. 교회의 이러한 모임과 행사 그리고 활동을 통해 새로운 정치기술을 익
히고 새로운 정치경험을 하였다는 것은 내가 처음으로 주장한 것이다.

의 일이다.38) 질서 있는 회의 필요성을 느낀 탓이다. 당시 기독교인
들은 이러한 종교의식, 행사 그리고 활동을 통하여 대중 앞에서 연설
하고 토론할 수 있고, 어떤 모임을 조직하고 운영하는 능력과 기술을
기르고 체득해 간 무리들이었다.39)

그러니까 이때의 새로운 교육운동, 문화운동, 사회운동이 이러한
기독교 공동체 안팎에서 펼쳐지고 있었던 것은 너무나 당연한 것이
다. 독립협회보다 조금 뒤에 이러한 교육, 사회운동을 한 최명식의 회
고에 의하면, 당시 조선사람들이 새 문물을 접하고, 문화, 사회, 정치
문제를 논의하기 위해 쉬이 모일 수 있는 곳이 바로 교회였다.40) 앞
서 논의했지만, 기독교는 도전적이고 개혁적인 무리들의 공동체요 또
한 새 정치기술을 터득하고 있는 무리들의 공동체였다. 그래서 기독
교 공동체가 교회 안팎에서 펼쳐진 구한말의 새로운 사회운동, 교육
운동 그리고 문화운동의 조직 기반으로 기능하고 있었던 것이다.

이러한 사회사적 맥락을 배경으로 삼고 독립협회운동을 인식하고

38) 윤치호는 Henry M. Robert와 Joseph J. Robert가 지은 *Pocket Manual of
Rules of Order for Parliamentary Assemblies*를 우리 말로 옮기었다.
39) '예수쟁이 말쟁이' 또는 '예수쟁이는 말 잘 한다'는 예수 믿지 않는 이들의
빈정댐이 아마도 구한말부터 생겨나지 않았나 생각한다. 이미 그때부터 예
수 믿는 이들은 교회의 여러 활동을 통해 가족 울타리 밖의 사람들과 접촉
하고 함께 활동하는가 하면, 본문에 적었듯이 대중 앞에 서서 연설하고 토
론하는 경험으로 당시 조선의 어느 무리들보다 대중 앞에서 '말 잘하는 이
들'로 각인되었을 것이다. 이런 시각으로 '예수쟁이 연애쟁이'나 '예배당은
연애당'이라는 말도 해석할 수 있을 것이다. 당시 교회에 가면 찬양대다,
청년회다 하는 교회의 모임과 활동에는 남녀가 함께 하였다. 이런 모임과
활동이 '남녀칠세부동석'의 유교사회에서는 교회가 '연애하는 곳'으로, 기독
교인들은 '연애 잘하는 사람들'로 보였을 것이다. 이 또한 기독교 공동체가
유교적 질서를 혁파해 갔음을 반증하는 비아냥의 말들인 셈이다.
40) 崔明植, 『安岳事件과 三一運動과 나』, 서울 : 극허전기편찬위원회, 1970,
14~17쪽.

설명하여야 한다. 다른 도시가 아니고 왜 하필이면 이 7개 도시의 주민들이 서울에서 펼쳐지고 있는 독립협회운동에 관심을 가지고 있었으며, 또한 이 협회가 품고 있는 개혁의 뜻에 심정적으로 동조할 뿐만 아니라 이를 적극적으로 펼쳐 보려 했는가 라는 질문을 던져야 한다. 바로 이러한 질문에 대한 답이 "동류의 사회의식을 가진 다수의 민중", 말하자면 깨어난 민중의 실체를 밝히는 것이 된다. 신용하의 『研究』는 이와 같은 질문을 던지지도 않았고 그래서 독립협회의 이념적, 조직적 토대를 구체적으로 밝히지 못하고 있는 것이다. 여기에서 구한말 일어난 새로운 사회운동은 이념적으로 유교적 조선사회를 개혁하려는 무리의 조직공동체로 급성장하고 있던 기독교와 이어서 이해하여야 한다고 우리는 주장하는 것이다. 짧게 말해서, 독립협회운동을 비롯한 구한말 여러 갈래의 정치, 사회, 교육 그리고 문화운동이 포괄적 의미에서 민족주의운동이라면, 당연히 이러한 운동이 기독교 공동체와 이념적, 조직적으로 어떻게 이어져 있는지 논의되어야 하는 것이다.

꼬리글

앞서 살핀 바와 같이 독립협회운동은 이념적, 조직적으로 기독교 공동체에 기대어 일어난 민족운동이었다. 그럼에도 불구하고 우리 학계는 기독교와 우리 민족운동과의 이음새를 보지 못하고 있거나 아예 보지 않으려 하고 있다. 그것은 머리글에서 말한 바와 같이 두 가지 이유에서다. 첫째, 밖에서 제국주의의 물결을 타고 왔다는 시각을 가지고 기독교를 바라보기 때문에 민족운동과 잇지 않고 있다. 둘째, 보편적 종교인 기독교와 특수주의적 민족운동이나 민족주의가 이어질 수 없다는 시각을 가지고 있기 때문이다. 앞서 이야기 했듯이, 이러한 시각으로 도식적으로 역사를 읽는다면 몰역사적인 역사 읽기가 된다. 오히려 우리 민족사에서는 기독교가 서양 제국주의의 물결을 타고 왔으나 우리 민족과 겨루어야 했던 상대는 서양의 기독교 국가가 아니라 비기독교 국가인 이웃 일본이었다는 시각을 가지고 파란만장한 우리 민족의 역사변동에 기독교가 어떠한 모습으로 있었는가를 읽어야 한다. 둘째 시각도 도식적으로 역사현상 인식에 적용할 때 몰역사적일 수 있다. 보편주의적 종교와 특수주의적 민족주의가 결연되거나 용해될 수 있다는 유연한 시각을 가지고 구체적 역사현상을 인식할 필요가 있다. 우리 학계가 이러한 시각교정을 하지 않을 때 우리의 근·현대사를 총체적으로 읽어낼 수 없다.

우리가 이 글에서 주장한 것은 한국 기독교운동 그 자체가 정치운동이라거나 민족주의운동이었다는 것이 아니다. 그것은 종교운동이었다. 그러나 그것은 역사적 운동이기 때문에 정치, 경제, 사회, 문화와 같은 여러 부분에 '역사적 역할'을 담당할 수밖에 없었다. 한국 기독교는 민족의 염원과 갈망에 적극적으로 호응하여야 하는 역사적 환경에 처하여 있었다. 선교 초기에 기독교운동은 서양 식민제국주의와의 관계가 중요한 문제로 부각되지 않았고, 또한 한국 기독교는 피지배자인 민중에 그 기반을 형성하였다. 이 두 가지의 역사적 조건과 선택이 한국 기독교운동과 민족주의와의 밀접한 연관 관계를 가능하게 하였다. 우리는 기독교라는 텍스트(text)도 중히 다루어야 하지만, 이 기독교가 뿌리내려 자란 그 시기의 한국역사의 흐름이라는 콘텍스트(context)를 함께, 그리고 이어서 논의하여야 한다고 주장하는 것이다.41)

---

41) 나와 비슷한 시각으로 기독교와 우리의 민족주의운동을 바라보는 시각으로는 김용복, 『韓國民衆의 社會傳記－민족의 현실과 기독교운동』, 서울 :

이에 더하여 한국 '기독교민족주의'를 논의할 때 계량적으로 접근하려는 욕심을 버릴 필요가 있다.[42] 이를테면, 독립협회운동을 펼친 서재필, 윤치호, 이승만 등이 얼마나 기독교적이었는가, 기독교 신앙이 열렬하여 이러한 민족운동을 주도하였는가, 민족운동을 펼치기 위해 기독교에 들어왔는가 하는 질문을 던지며 얼마나 기독교적이고 얼마나 민족주의적이었나를 따지는 것은 한국 '기독교민족주의' 논의, 나아가 한국민족주의 논의에 바람직하지 않다. 기독교와 민족주의, 이 둘의 요소가 계량적으로 어느 정도 되어야만 '기독교민족주의'라고 할 수 있는가. 민족운동을 위해 기독교에 들어온 이나 기독교적 신념에서 민족운동을 펼친 이나 다 '기독교민족주의자'라고 보는 포괄적 시각을 가질 필요가 있다.[43]

마지막으로 '기독교민족주의'가 다른 유의 민족주의와 동기, 방법, 목적이 다를 수 있다는 시각을 가질 필요가 있다. 그렇기에 민족주의에는 경제적 민족주의도 있고 정치적 민족주의도 있으며 교육적 민족주의도 있다. 전투적 민족주의도 있고 외교노선의 민족주의도 있

한길사, 1987이 있는데, 이 책 여러 곳을 볼 것.

42) 이러한 고민을 보기 위해서는 한규무, 윗글을 볼 것.

43) 도진순은 북한 학계의 민족개량주의를 논의하면서 (북한의) 사회주의적 역사인식의 "일면적 이해"를 비판하는 글을 쓴 적이 있다. 그는 "상당히 노동자적이어야 노동자가 되는 것이 아니듯이 상당히 민족적이어야만 민족자본이 되는 것은 아니다"라고 했다. 민족주의와 민족개량주의의 바탕에 있는 공통성과 유사성까지 부정해 버리고 둘 사이에 "만리장성"을 쌓는 우를 범하고 있다고 꼬집었다(도진순, 「국내민족주의 좌우파운동」, 『한국사』15, 서울 : 한길사, 1994, 117~155쪽을 볼 것). 이러한 시각에서 얼마나 기독교적이고 얼마나 민족적인가를 묻는 계량적 관심으로 기독교와 우리 민족주의 사이에 "만리장성"을 쌓기 보다 이 둘 사이에 있는 공통성과 유사성을 살펴보는 포괄적이고 열린 마음가짐이 필요하다. 그래야만 이 둘의 '결연' 또는 '용해' 현상을 읽어낼 수가 있다.

94

다. 민족의 독립이나 민족의 문제에만 국한하는 민족주의도 있으며 이와 함께 민족의 울타리를 넘어 보편적인 가치나 인류공동체와 이어지는 민족주의도 있을 수 있다는 열려진 생각을 가져야 한다. 이경우 '기독교민족주의'는 민족문제에 관심을 가지되 '민족지상주의'를 넘어서는 '보편적 민족주의'가 될 수 있다.44)

우리 학계, 특히 우리 국학계가 좁은 이념적, 민족적 울타리를 벗어나 유연하고 폭넓은, 그리고 포괄적인 우리 민족주의 논의의 마당으로 나아갔으면 한다. 여러 민족주의 흐름이 우리 민족사에 도도히 흐르고 있다. 그 흐름 하나에 매몰되어 그 밖의 것은 반민족적이라거나 비민족적이라고 재단하는 우를 범하지 말아야 한다. 그것은 또 하나의 '당파적 시각'이기 때문이다.

---

44) 1970년대 이후 나타난 기독교인들의 반군사독재 인권운동, 민주화운동 그리고 통일운동은 특수주의적 민족주의와 보편종교인 기독교가 결연되고 용해되어 나타난 현상으로 볼 수 있다. 이를테면 문익환의 인권운동, 민주화운동과 통일운동이 그렇다. 이에 대한 우리 학계의 논의가 활발해지기를 기대해 본다.

실력양성론
—이념적 학대를 넘어서

머리글

영국의 대중역사학자 카(Edward H. Carr)는 역사를 "과거와 현재와의 끊임없는 대화"라고 정의한 적이 있다. 오늘의 시각에서 어제의 역사를 다시 보고, 그래야만 어제의 역사가 오늘을 사는 우리에게 의미를 주게 된다는 말이다. 이 말은 "역사는 새롭게 쓰인다"는 글귀로 옮겨 이해할 수도 있다. 오늘의 시각으로 어제의 역사를 인식하고 이과정에서 의미를 찾아 오늘을 바로 살고 내일을 바로 내다보자는 지적 노력이 쉽게 말해 '역사학하기'다. 너무나 일반화되어 널리 쓰이는 이 글귀는 그만큼 깊은 뜻을 담고 있다.

최근 미국 역사학계의 동향을 보면 "역사는 새롭게 쓰인다"는 말의 의미를 새삼스레 되새기게 한다. 1960년대, 그러니까 월남전을 반대하는 반전운동과 마틴 루터 킹 목사(Rev. Martin Luther King, Jr)의 민권운동이 대중운동이 되어 미국을 휩쓸 때, 이것이 미국이라는 나라를 지탱해 온 기존체제의 틀을 거부하는 '반(反)문화운동'과 이어져 미국사회를 소용돌이로 몰아갈 때, 미국의 역사학계에도 돌풍이 몰아쳤다.[1] 반전운동이나 민권운동이 고발하는 나라 안팎에서 보여주는 '미국의 실패'를 그때까지 미국이라는 나라를 이끌어 온 지배 엘

96

리트의 도덕적 · 정치적 지도력의 실패로 보고, 이들을 비판하며 '새로운 미국'을 건설할 대안을 찾으려는 바람이 불어닥친 것이다. 이러한 사회적 분위기에서 젊은 역사학자들은 지적 · 정치적 엘리트를 곱살스럽게 보지 않고 대신에 노동계층, 소수민족들, 여성들 그리고 "자기들의 생각을 똑똑히 밝히지 못하는 이들"(the inarticulate), 다시 말해서 "민중"(the mass of ordinary people)에게 관심을 돌려 "밑에서 보는 역사"(history from the bottom up), 우리 식으로 말하면 민중사의 시각이 사회사라는 이름으로 역사학계에 들어섰다.

사회사라는 깃발을 든 반전운동, 민권운동 세대의 역사학자들의 이 운동은 지적 · 정치적 엘리트를 연구하는 전통적 지성사에 거칠게 도전하였다.[2] 이들이 몰고 온 이러한 학문적 관심과 시각 변화는 "댐을 터트려 전 영역으로 홍수를 방면하게 한 하나의 지진"이었다. 이들의 학문운동은 미국의 지성사학계, 나아가 미국의 역사학계에 새 시대의 문을 열어주었던 것이다.[3]

그러나 1980년대 말에서 1990년대에 들어오면서 1960, 1970년대에 유행이 된 사회사가 특수한 시대의 산물, 다시 말해서 반전운동과 민권운동시대에 미국의 기존 체제에 대한 회의, 거부의 몸부림 가운데 나온 지적 고민의 산물이라는 시각이 대두되었다. 1960, 1970년대의 저항의 흐름을 타고 학계에 깊숙이 자리잡은 이 그룹 안팎에서조차 그들의 학문적 경직성과 편협성, 다시 말해서 시대가 갖는 열정과 홍

1) 미국 역사학계, 특히 사회사, 지성사 그리고 문화사학계의 최근 흐름을 읽기 위해 짧은 다음의 두 글을 볼 것. Alice Kessler-Harris, Social History, Washington, D.C : American Historical Association, 1990 ; Thomas Bender, Intellectual and Cultural history, Washington D.C : American Historical Association, 1997.
2) Bender, 윗글, 5~6쪽.
3) Kessler-Harris, 윗글, 1쪽.

분이 스며든 비(非)학문적 시각과 주장이 역사를 전체적으로 인식하는데 걸림돌이 된다는 지적 자각이 나타나게 되었다. 기존 역사학계에 신선한 충격을 던지던 이 '학문적 운동꾼들'은 그들에게 두껍게 쌓인 편협과 아집의 벽을 스스로 발견하고 허물고자 한다. 지적・정치적 엘리트를 중심으로 역사를 보아 온 기존의 지성사학계도 그들의 관심분야를 대중, 여성, 소수민족 따위로 넓혀 가고 있다.4) 간단히 말해서 이들은 서로의 시각과 주장을 열린 가슴으로 종합하면서 발빠르게 역사를 다시 쓰고 있는 것이다. 학문의 변증적 발전, 변증적 학문의 진보를 꾀하고 있는 것이다.

지난 세기의 '우리 역사'를 읽는 데도 여러 다른 '눈들'이 있다. '어제의 역사의 짜임새가 실제 어떠했는가'하는 실증적 역사 쓰기도 그러하지만, 여기에다 근대화이론의 패러다임을 가지고 읽는 이들, 국수주의적 가슴으로 읽는 이들, 환상의 내일에 이끌려 보는 이들이 지난 세기의 '우리 역사'를 다르게 읽고 다른 그림을 그리고 있다. 다른 눈으로 그려낸 그림들은 각기 다른 주장을 하고 있고, 또 다른 의미를 주고 있다. 이 그림들 가운데서 우리는 근대화이론 패러다임의 한계를 보기도 하고, 제국주의/민족주의적 역사 읽기의 좁다란 시각을 넘어서려는 의지도 만나며, 환상적인 다음 세상에서 어제를 보려는 꿈을 깨뜨리려는 현실주의적 지적 노력도 본다.

해방 이후, 특히 1970, 1980년대, 다시 말해서 독재와 군사정권시대를 지나면서 우리는 '기존체제'에 대항하고, 그 체제를 유지해 온 이른바 '기득권 집단'이라 불린 정치적・지적 엘리트의 이념을 비판하고 그들의 계급성을 파헤치며 분노하며 '새로운 사회'를 모색하는 작업을 투쟁적으로 수행해 왔다. 이 격정, 분노, 투쟁, 그리고 대안 모색

---

4) 달음 1)에 있는 두 글 여러 곳을 볼 것.

의 과정에서 우리는 때때로 이념의 거룩한 사도가 되었고, 때때로 내일을 꿰뚫는 예언자가 되었으며, 때로는 눈을 부릅뜬 혁명가가 되어 우리의 역사를 읽어 왔다. 자연히 이전의 역사인식, 이를테면 기존 엘리트들의 주장이나 행동에는 원초적 본능처럼 색안경을 끼고 보았다. 그렇기에 우리에게 들려준 역사 이야기나 해석과는 다른 이야기나 해석에는 사춘기 아이들처럼 매혹되었다.

이 지적 비분강개의 시대에 가장 학대를 많이 받은 것이 이른바 '실력양성론(자들)'이다. 여러 시각과 여러 수준에서 논의되지 못하고 계급주의적·사회주의적 이념의 학대를 일방적으로 받아 왔다. 이 글은 '실력양성론'의 신념으로 펼쳐진 구한말의 개화, 자강운동, 물산장려운동, 민립대학설립운동, 그리고 조선학운동으로 나타난 여러 갈래의 문화운동을 하나하나 논의하지는 않을 것이다. 이 글에서는 이러한 운동들이 신념의 기반을 둔 '실력양성론'의 주장과 역사, 그들의 세계관과 겨레사랑의 생각을 살피고, 이에 대한 우리 학계의 시각을 비판적으로 논의하고자 한다. 이 글은 친일행각을 벌인 인물들은 분명히 비판받아야 마땅하지만, 친일하지 않은 또는 친일하기 전의 문화적 민족주의자들, 다시 말해서 교육을 통하여 민족을 일깨우고자 한 이들, 민족물산을 장려해 보고자 노력한 이들, 우리의 손으로 대학을 세워 민족혼을 일깨우고 힘을 기르고자 노력한 인사들, 우리의 말과 글을 겨레의 혼이라 생각하고 갈고 닦으려 한 지식인들과 같은 이른바 실력양성론자들을 친일 한 실력양성론자들과 싸잡아 논의하는 우를 범하지 않으려 한다. 사회주의계열의 인사가 친일하였다 하여 사회주의를 친일행각의 논리로 매도하지 말아야 하는 것과 같이, 실력양성론자들 가운데 친일협력을 한 이들이 있다 하여 실력양성론을 친일협력논리로 간단히 매도하고 학대하지 말아야 한다. 이 글은 '나'의 이념, '나'의 방식을 기준으로 우리의 역사를 읽고 싶은 욕망을 억누르고 이념적 · 정치적 학대를 넘어서는, 다시 말해서 나라 안팎 어디에 살았든지, 무슨 이념을 가졌든지, 어떻게 나라와 겨레의 문제를 안고 고민했는지를 먼저 생각하려 한다. 이렇게 하는 것이 20세기를 마감하고 21세기에 들어서야 하는 우리에게 요구되는 지적 노력이라고 믿기 때문이다.

1. '실력양성론자들'의 사회진화론적 세계관

'실력양성론'5)은 한말 제국주의 물결이 우리 민족을 드세게 치고 들어올 때 '문명개화'를 통해 '자강'하지 않으면 생존할 수 없다는 주

---

5) 실력양성론과 이에 터한 여러 운동들을 논의한 글은 다음과 같다.

강영심, 「1920년대 조선물산장려운동의 전개와 성격」, 『국사관논총』 47집, 1993 ; 김동명, 「'문화정치'와 자치론」(현대사 다시 쓴다 6), 『한국일보』 1999년 2월 13일자 ; 김도형, 「일제침략기 반민족 지배집단의 형성과 민족개량주의」, 『역사비평』 6호, 1989 가을 ; 김영호, 「경제인으로서의 조만식 - 물산장려운동을 중심으로」, 『사회과학연구』, 숭실대 사회과학연구원, 1997 ; 노영택, 「민립대학 설립운동 연구」, 『국사관논총』 11집, 1990 ; 박영신, 「최현배의 '새 나라' 세우기 생각」, 『한국사 시민강좌』 17집, 1995 ; 박영신, 「사회사상가로서의 외솔 최현배」, 『동방학지』 85집, 1994. 9 ; 박찬승, 「1910년대 신지식층의 '실력양성'연구」, 『윤병석교수화갑기념 근대한국사논총』, 지식산업사, 1990 : 박찬승, 「항일운동기 부르주아민족주의세력의 신국가 건설구상」, 『대동문화연구』 27집, 1992 ; 박찬승, 「부르주아민족주의운동」, 『한국역사입문』 3(근현대편), 풀빛, 1996 ; 서중석, 「한말 일제침략하의 자본주의 근대화론의 성격 - 도산 안창호사상을 중심으로」, 『한국근현대의 민족문제 연구』, 지식산업사, 1989 ; 안태정, 「1920년대 일제의 지배논리와 이광수의 민족개량주의 논리」, 『사총』 35, 1989 ; 윤해동, 「일제하 물산장려운동의 배경과 그 이념」, 『한국사론』 27집, 1992 ; 이지원, 「1930년대 전반 민족주의 문화운동의 성격」, 『국사관논총』 51집, 1994 ; 이현희, 「1920년대 초 민족실력양성운동 - 자작회, 조선물산장려회의 활동」, 『대구사학』 7 · 8합집, 1973 ; 조기준, 「조선물산장려운동의 전개과정과 그 역사적 성격」, 『역사학보』 41집, 1969.

장과 운동에 그 뿌리를 내려, 식민시대에는 시대상황의 변화에 따라 달리 강조되고 달리 이름 붙여졌지만 줄곧 우리 민족공동체의 담론과 화두가 되어 왔다. 해방, 분단, 전쟁, 남북의 경쟁적 경제발전의 시대를 거치면서도 우리 민족의 과제로서 이야기되어 왔고 오늘에도 주된 화두로 남아 있다. 실력양성론은 인류사회에서 보편적으로 요구되는 것이기도 하고 우리 민족공동체에서 특수하게(또는 절박하게) 요구되는 것이기 때문이다. 이렇듯 19세기 말에 민족의 장래를 염려하며 잉태된 실력양성론은 한 세기가 지나 20세기를 마감하는 21세기의 문턱에서도 우리 사회에서는 실력이 없으면 국제경쟁에서 살아남지 못한다는 '실력양성론'이 기세를 부리고 있다.

우리는 '실력양성론'의 이론적 뿌리가 사회진화론에 있다고 동의하고 있다.6) 일찍이 영국의 박물학자 다윈(Charles Darwin)은 자연계의 역사는 환경이 변화하는 과정에서 스스로 적응하고, 적응하면서 진화된 적자·강자들이 살아 남아 활개쳐 온 역사라고 인식하고 이른바 '적자생존'(適者生存), '약육강식'(弱肉強食), '우승열패'(優勝劣敗), '생존경쟁'(生存競爭)이 자연의 법칙이라고 주장하였다. 그 후 인간사회와 인간의 역사를 연구하는 이들이 이러한 시각과 주장을 받아들여 인간사회와 인류의 역사에도 이러한 자연계의 원리가 그대로 나타난다고 주장한 것이 간단히 말해 사회진화론(Social Darwinism 또는 Social evolutionism)이다.

19세기 말 제국주의의 거센 파도가 밀려올 때 우리 민족공동체의

---

6) 19세기 말 우리 역사에 주된 지적 흐름으로 등장한 사회진화론에 대해서는 다음 글들을 볼 것. 이광린, 「구한말 진화론의 수용과 그 영향」, 『한국개화사상연구』, 일조각, 1979 ; Michael E. Robinson, *Cultural Nationalism in Colonial Korea, 1920~1925*, Seattle and London : University of Washington, 1988, 31~33쪽.

앞날을 걱정하는 이들은 이에 어떻게 대응하여야 하는지 고민하게
된다. 옛 문화나 이념의 시각으로 이 물결을 바라다본 이들은 이를
야만인들의 도적행위로 인식하고 '성스러운 우리 땅'을 더럽힐 수 없
다며 낫과 괭이를 들고 나가 싸우자고 주장하였고, 실제 그렇게 하였
다. 어떤 이들은 우리의 처지를 살피고 세차게 밀려오기만 하는 이
'물결'의 진원지, 방향, 속성 그리고 강도를 차가운 머리로 계산하고
대응하고자 하였다. 바로 이들이 인류역사의 흐름, 특히 19세기 말의
제국주의 물결을 사회진화론적 시각으로 인식하고 우리의 땅을 지키
며, 우리 민족이 '적자'가 되어 '생존'하기 위해서는 실력을 양성하지
않으면 안 된다고 주장하게 되었다. 가까운 중국의 실패와 일본의 '성
공'을 견주어 보았기에 실력을 양성하자는 이들의 주장과 운동은 전
민족적인 것으로 승화되었다. 그래서 19세기 말·20세기 초 우리 민
족공동체는 개혁이다, 자강이다 하는 새 정치, 새 교육, 새 문화, 새
사회운동의 열기에 휩싸이게 되었다.

　이러한 지적·정치적 흐름의 한 가운데 서 있던 윤치호[7]는 미국
유학시절 다음과 같이 사회진화론적 세계사의 흐름이 그가 새로이
받아들인 기독교의 가르침과 상반되어 깊이 번민한 적이 있다.

　내 신앙이나 믿음의 가장 큰 장애는 어떤 인종이 다른 인종보다
　열등하다는 것, 그리고 거기서 나오는 사악한 일들이다. 코케시언
　(백인)이 몽고계 (황)인종보다 더 우월하지 않고, 아프리카사람들이
　육체적·정신적 힘에 있어서 더 열등하지 않는, 모든 인종에게 평
　등한 기회를 하나님은 왜 주시지 않았는가? 만약 주셨다면, 적자생

---

　7) 윤치호의 사상과 활동에 대해서는 유영렬, 『개화기의 윤치호 연구』, 일조
　　각, 1985와 박정신, 「윤치호 연구」, 『근대 한국과 기독교』, 민영사, 1997을
　　볼 것.

존이라는 참혹한 법칙에 따라 어떤 인종이 다른 인종에게 전멸 당하는 부끄럽고 부당한 행위가 인류사회의 역사를 수치스럽게 하지 않았을 것이다. 그가 평등하게 기회를 주려 했으나 할 수 없었는가? 그러면 그의 지혜는 어디에 있는가? 그가 할 수 있었는데 하지 않았는가? 그러면 그의 사랑은 어디에 있는가? 오, 알 수 없는 일이여!8)

사랑과 정의의 종교로서 기독교를 새로이 받아들인 윤치호는 사회진화론적 인류역사의 흐름을 보고 이처럼 심각하게 고민하고 회의하게 된다. 그가 "두 발을 딛고 살고 있는 세상이 '적자생존이라는 참혹한 법칙'에 따라 움직여 간다면 사랑과 정의라는 하나님에 대한 믿음은 무슨 의미가 있는가"고 윤치호는 잠 못 이루며 깊은 번민에 사로잡혔던 것이다. 그러나 그는 곧 현실적이고 실제적인 해결책을 찾는다.

　……병을 고치려고 방문한 의사가 고통을 경감시키기 위해 그의 지식과 수단을 최선을 다해 적용하지 않고 육체의 질병이 왜 있느냐고 한탄하는데 시간을 허비한다면 그는 상식을 벗어나 그의 의무를 무시한 것이다. 우리 불쌍한 인생들이 할 일이란 우리가 살고 있는 곳에서 최선을 다하는 것이고, 왜 그런가, 어떻게 될 것인가 하는 문제는 하나님께 맡기어야 한다.
　조선이 '생존'하기에 적자가 아닐지도 모른다는 생각이 아주 낙관적인 나의 포부를 꺾어버릴 때가 가끔 있다. 그러면 어떡하겠는가? 나의 일과 임무는 조선사람들이 생존하기에 적합하도록 나의 최선

<hr />

8) 『윤치호일기』, 1892년 10월 14일. 연세대 현대한국학연구소는 윤치호의 영문일기를 글쓴이에게 맡겨 우리말로 옮기는 작업을 하고 있다. 이 글에 나오는 따옴은 모두 이 프로젝트에 따른 나의 옮김이다.

의 노력을 다하는 것이다.9)

 "개화, 자강운동, 민족개량주의의 장로"라고 일컬어지는10) 윤치호
는 도덕적 법칙에 따라 하나님의 섭리의 역사가 진행된다는 기독교
의 가르침과 자신이 살고 있는 사회진화론적 역사현실을 두고 고민
하면서 최선의 방책은 회의하고 한탄하면서 시간과 힘을 허비하는
것이 아니라, 조선사람들을 '생존'하기에 적합한 민족으로 만드는 일
에 최선을 다해 노력하는 것이라고 믿고 결단한다. 이 과정에 하나님
의 도덕적 법칙이 작용하기를 믿는 신앙의 소망, 소망의 신앙이 깊게
깔린 결단이었을 것이다.
 이처럼 윤치호는 처음에는 마지못해 사회진화론적 현실인식을 갖
게 된 듯하다. 그러나 이내 그는 "이 세계를 지배하는 원리는 '정의'
가 아니고 '힘'이다. '힘이 정의다'라는 것이 이 세상의 유일한 신이
다"라고 말할 정도로 당시 세계역사의 흐름을 사회진화론의 시각으
로 꿰뚫게 되었다.11) 일본에 유학하고 있던 조선학생 서춘이 "약자가
강자에 병탄되는 것은 생물상의 원칙이다"라고 선포한 것처럼12) 사
회진화론은 일본유학생들을 비롯한 당시의 이른바 신지식층 사이에
두루 퍼진 역사인식이었다. 그래서 그들의 민족문제 해결방안도 당연
히 이러한 '생존경쟁'의 냉혹한 인류역사에 대한 인식에 터하여 이루
어지는데 그것은 두 가지의 큰 과제를 앞세우며 나타난다. 하나는 우
리나라를 짓밟고 있는 제국주의세력(강자)에 대한 대항이요, 다른 하

---

9) 윗글, 같은 날 일기.
10) 서중석, 윗글, 80쪽.
11) 『윤치호일기』, 1890년 2월 14일.
12) 박찬승의 따옴을 다시 따옴. 그의 「1910년대 신지식층의 '실력양성'연구」,
   『윤병석교수화갑기념 근대한국사논총』, 지식산업사, 1990, 501~502쪽을
   볼 것.

나는 그 세력에게 겨레와 나라를 내주게 된 '우리들'(약자)에 대한 성
찰인데, 이들에게는 이 둘을 따로 떼어 추구될 일이 아니었다.

 일제의 사슬을 끊어 버리고 독립을 쟁취하는 일도 '힘'이 없으면
안 된다는 극히 상식적인, 그래서 아주 당연한 주장을 한다. 이 상식
적이고 당연한 주장은 그들의 뼈아픈 경험에서 나왔다. 자유, 평등 그
리고 박애의 깃발을 높이 쳐든 미국, 그러나 인종차별이 극심한 미국
에서 살며 공부했던 윤치호는 미국사회를 비판하는 가운데 '힘'의
'힘'을 다음과 같이 터득하게 된다.

> 미국사람들이 '양도할 수 없는 권리'(the inalienable right)나 '인
> 간의 자유'(liberty of man)라는 말을 으스대며 자랑하는데, 이에 속
> 는 사람보다 더 바보같은 이는 없다. 미국의 웅변가들, 설교가들,
> 시인들과 정치인들이 인간의 평등, 자유, 박애에 대하여 많은 이야
> 기를 한다.……
> 이 '자유의 땅'(Land of freedom)에서 이른바 양도할 수 없는 권
> 리를 누리기 원한다면 백인이 되어야 한다.……나는 한 순간이라도
> 미국사람들이 가진 민족적·인종적 편견을 비난하지 않는다. 그러
> 나 나는 원초적 편견으로 가득 찬 그들의 행위와 아주 고상한 것들
> 로 가득 차고 또 결코 실현될 수 없는 보편성 사이의 완벽한 모순
> 을 비난한다.13)

 힘이 없는 유색인종이면 미국이 만방에 자랑하는 자유도 권리도
누리지 못하고 오직 힘있는 백인들만이 자유와 권리를 향유하고 있
는 위선과 모순의 사회, 미국을 한편으로 비판하면서 또 한편으로는
힘있는 자들만이 권리와 자유를 누리는 냉혹한 현실을 뼈저리게 체
험하게 된다. 그래서 윤치호는 이러한 강자들과 당당히 더불어 살아

---

13) 『윤치호일기』, 1890년 2월 14일.

가는 민족과 나라를 만들기 위해 독립협회운동을 비롯하여 교육, 사회, 종교운동을 펼치게 된다. '문명개화'의 깃발 아래 펼쳐진 운동들은 스스로 일어서려는 혼(독립정신)을 갖고, 스스로 일어설 수 있는 힘(실력)을 기르자는 것이다.

국권을 일제에게 강탈당한 후에도 실력양성론자들은 '스스로 일어서려는 혼'과 '스스로 설 수 있는 힘'이 독립을 가져다 줄 것이라고 확신하였다. 그래서 교육을 통해, 산업을 육성하여 힘을 기르자고 하였다. 이것은 남의 나라에 짓밟히게 된 이들이 막으려 해도 막을 수 없는 한숨과 한탄을, 억제하려 해도 억제할 수 없이 치솟는 감정을 억누르고 차분하여야 하는 용기를 요구한다. 이를테면, 1차 세계대전이 끝나고 세계열강들이 '평화'를 이야기할 때 나온 미국대통령 윌슨(Woodrow Wilson)의 민족자결주의 원칙이 전후 유럽평화정착의 원리로 등장하게 되었다. 그 시기 우리 민족공동체에서는 우리 겨레의 독립열망을 만방에 알리고자 전국적인 시위를 벌였다. 그러나 3·1운동도 우리에게 독립을 가져다주지 못하였다. 그때 실력양성론자, 독립준비론자인 안창호는 미국을 비롯한 열강들에게 기대어 독립을 얻어 보자는 노력을 그렇게 탐탁하게 여기지 않았다.[14] 안창호는 다음과 같이 이야기한다.

한국이 독립하려면 한국민족이 정신상 독립과 생활상 독립부터 먼저 되어야 하겠거늘 오늘 우리 민족의 정신상과 생활상 두 방면이 다 어떠한 것을 여러분은 밝히 아시는 바라. (정신상 그리고 생활상의 독립없이) 독립운동을 생각하는 것이 요행을 바라는 이의 일이라 하노라. 우리는 이 앞날에 우리를 향하여 오는 독립을 잘 막기 위하여 우리 민족으로 정신상 독립이 되도록, 생활상 독립이 되

---

14) 박찬승, 윗글, 502쪽.

도록 또는 대동단결이 이루어지도록 준비에 노력을 더하고 더함이
가하다 하노라.15)

강국에 빌붙어 독립을 얻어보자 함이 분명 아니다. 독립을 할 힘이
있는 민족만이 독립을 갖게 되고, 독립을 할 힘이 있는 민족만이 독
립을 보전한다는 주장이다. 당시 미국을 누구 못지 않게 잘 알고 있
었던 윤치호는 영국의 식민통치 아래 있었던 미국사람들은 영국이
물러나기 전에 이미 독립되었고, 그렇기 때문에 영국이 물러나지 않
을 수 없었다고 보았기에, 그는 독립할 능력이 있는 민족은 언젠가
독립할 것이라고 믿고 실력을 기르자고 하였다.16)

이 글 앞에 나온 서춘도 미국 같은 힘있는 나라에 기대어 독립을
바라는 것을 비판하면서 "개인간에는 정의, 인도, 자유, 평등을 주장
할 수 있어도 나라나 단체의 경우에는 실력이 없으면 하등의 이익을
얻을 수 없다. 요컨대 우리는 우선 실력양성에 노력하고 뒤에 정의,
인도를 고창하여야 할 것"이라고 주장하였다.17)

그렇다. 강자들이 판치는 제국주의시대에 힘이 없으면 정의, 자유,
인도, 독립을 요구할 수도 쟁취할 수도 없었다. 특히 강자에 눌린 민
족은 힘없음이 가슴 찢는 한이 되었을 것이고 그래서 힘을 기르자고
소리치고 나섰을 것이다. 그래서 이른바 '실력양성론자들'은 학교를
세워 민족을 교육하고 우리의 '물산'을 장려하고자 하였다. 민립대학
설립운동도 이 정신에서 나왔고 물산장려운동도 이 마음에서 나왔으
며, 이런 저런 단체를 만들어 '가족의 울'을 넘어서는 단결된 공동체,
민족, 나라를 생각하는 운동을 한 것도 다 이러한 뜻에서 나왔다.

---

15) 안창호, 「전쟁종결과 우리의 할 일」, 『안도산전집』 하편, 521쪽.
16) 『소년』 1·2합집, 1908년 12월 1일.
17) 박찬승의 윗글에 실린 따옴을 다시 따옴.

2. '실력양성론자들'의 현실적, 성찰적 겨레사랑

그러나 이들은 이러한 생각과 활동에만 머물 수 없었다. 왜냐하면 남이 강하게 되었을 때 왜 우리는 강하게 되지 못하고 약하게 남아 강자에게 눌리게 되었는가 라는 의문이 떠나지 않았을 것이기 때문이다. 강하게 되려면 허약하게 만든 질병의 원인을 찾아야 하는 것은 당연한 절차다. 앞에 따온 글귀에서 보듯, 윤치호는 우리가 할 일을 "육체의 질병이 왜 있느냐고 한탄하는데 시간을 허비"하는 것이 아니고, "왜 그런가, 어떻게 될 것인가 하는 문제는 하나님께" 맡기고 우리는 우리 민족이 '적자'가 되어 생존경쟁에서 살아 남도록 "우리가 살고 있는 곳에서 최선"을 다하는 것이라고 하였다. 그러나 윤치호 자신을 비롯한 이른바 '실력양성론자들'은 구한말에는 나라를 보전하고, 일제 식민지시대에는 독립을 쟁취하기 위한 힘을 기르기 위해서는 질병의 뿌리를 찾아내지 않을 수가 없었다. 그 병의 원인을 제거하여야 건강을 회복할 수가 있기 때문이다. 다시 윤치호를 만나보자.

국제적 또는 인종관계에서 '힘'은 '정의'인가? 그렇다고 나는 항상 생각하여 왔다. 그러나 더 신중히 관찰해 본 후 나는 이에 관한 이전의 견해를 수정한다.

어떤 민족이나 인종을 다른 민족이나 인종이 정복하는 경우에 정복당한 이들이 도덕, 종교 그리고 지식면에서 더 나아가, 그래서 정복자보다도 더 정의롭다면 '힘이 정의'라고 말할 수 없기 때문이다.……그러나 우리는 더 강한 인종이 도덕, 종교, 정치에 있어서 더 약한 인종보다 항상 더 낫고 덜 부패되었다는 사실을 발견하게 된다. 그래서 우리는 힘이 정의를 이긴 듯한 것도 사실은 상대적으로 더 정의롭지 못한 인종을 상대적으로 (나는 절대적이라고 말하

108

지 않는다) 더 정의로운 인종이 승리하였다는 것을 보게 된다. 그래
서 인종관계에서는, 물론 이와 다른 경우가 있겠으나, 정의가 힘이
다.18)

윤치호는 분명 군사적·경제적 힘만을 가지고 한 나라나 인종이
다른 나라나 인종을 정복하고 지배하고 있다고 보지 않았다. "절대
적"이라고 말할 수는 없었으나 그는 정치적·경제적 그리고 군사적
으로 강한 나라는 약한 나라보다 도덕과 지식면에서 앞서 있다고 보
고 있다. 바꾸어 말하면, 도덕적으로 남보다 낫고 지식면에서 남보다
뛰어난 "상대적으로 더 정의로운" 나라와 인종은 경제적·정치적으
로 남보다 더 앞서 있다고 보고 있는 것이다. 그런 뜻에서 힘이 정의
가 아니고 '정의가 힘'이라고 믿었고, 그렇기 때문에 윤치호와 실력양
성론자들은 도덕적·윤리적 면에서 관심을 돌리지 않을 수 없었다.
　이처럼, 윤치호를 비롯한 실력양성론자들은 도덕적, 윤리적으로 뒤
떨어졌기 때문에 우리가 정치·경제적으로 남보다 뒤떨어졌다고 인
식하게 되고, 그래서 그들은 '정치'보다는 공공도덕(civic morality 또
는 public morality)을 진작시키려고 종교, 교육 그리고 사회운동을
줄기차게 하게 된다. 이를테면, 그들은 좁다란 가족이라는 울타리에
갇혀 그 울타리 밖의 사회나 사람에게는 관심이 없는 공공도덕이 결
핍된 유교적 조선사회가 우리 민족을 허약하게 만든 병의 뿌리라고
비판하고, 그가 받아들인 기독교의 보편적 가치 위에 사회를 재구성
하고 민족을 '개조'하려 하였다. 윤치호와 실력양성론자들은 보편적
가치에 터하여 우리 사회, 우리 민족에 대한 윤리적·정신적 비판
(ethico-spiritual critique)을 거침없이 내놓았다.19) 병을 고치려면 병

---

18) 『윤치호일기』, 1892년 11월 20일.
19) 윤치호 등 '윤리적' 또는 '자기개조 민족주의자들'의 생각에 대한 체계적인

이 있다고 하며 다녀야 한다는 우리의 옛말처럼, 남이 보니까 우리의 질병을 덮어두자는 생각이 아니라 내놓고 병을 이야기하였다. '종기'를 찾아내는 일에 머문 것이 아니라 이들은 '종기'를 칼로 찢고 열어 소독하는 일을 서슴지 않았다. 남이 본다고 숨겨 두기에는 '종기'로 아파하는 환자, 그 아픔 때문에 드러누워 있는 환자, 그래서 계속 허약해져만 가는 환자를 너무나 사랑하였기 때문이다. 조선물산장려회 설립취지서에도 사회진화론적 역사인식과 나라가 허약해진 원인을 또렷이 지적하고 있다.

'적자생존', '우승열패'의 세상에서 "과연 우리 민족은 우승자인가 열패자인가"를 묻고 이내 "우리의 빈약한 원인이 무엇인가"를 따진다. "근대에 이르러 정치, 교육, 제도, 습관이 부패하고 해이하여 농공상(農工商)을 천시하고 오직 사(士)만 존숭하여 당쟁의 유일의 정략으로 하고 의문(儀文)을 최선의 교육으로 하였으니 이는 모두 빈약의 원인"이라고 밝힌다.[20] 다시 말해서 유교적 제도, 생산계급의 차별, 실용교육의 천대 따위를 우리가 허약하게 된 원인이라고 지적하였다.

'우리'에 대한 윤리적·자기성찰적 비판과 질병의 뿌리에 대한 논의는 겨레사랑에 터한 것이지 '우리'를 비하시켜 강자에게 빌붙게 하

논의를 다음 글에서 볼 수 있다. Kenneth M. Wells, *New God, New Nation-Protestants and Self-Reconstruction Nationalism in Korea, 1896 ~1937*, Honolulu : University of Hawaii Press, 1990. 이 글은 우리말로 옮겨져 있다. 김인수, 『새 하나님, 새 민족』, 한국장로교출판사, 1997. 웰즈에 대한 나의 생각은 다음 글에서 만날 수 있다. 「한국기독교 역사연구와 Kenneth M. Wells의 『새 하나님, 새 민족』」, 연세대학교 현대한국학연구소편, 『해외한국학평론』 창간호, 혜안, 2000. 이 글은 이 논문집에도 실려 있다.

20) 「조선물산장려회 설립취지서」, 고당기념사업회, 『고당 조만식 회상록』, 고당조만식기념사업회, 1995, 439~442쪽. 특히 440쪽을 볼 것. 이 취지서는 원래 『동아일보』 1920년 8월 23일자에 실리었다.

려는 의도는 더더욱 아니다. 실력양성론자들의 성찰적 우리 인식은 독립협회운동 등으로 대중화되어 갔는데 그 중심에 윤치호가 있다. 말년에 친일하여 우리의 지탄의 대상이 되어 온 그를 다시 한번 만나 보자. 미국유학시절 조선을 비판하는 글을 읽고 분개하여 "조선사람들은 육체적으로 강인한 민족이다. 그들은 훌륭한 기억력을 가지고 있어 교육받을 능력을 가진 지적인 사람들이다. 기후도 좋고 자원도 많다. 바로 여기에 희망이 있다"고 우리 겨레에 대한 밝은 생각을 가지고 있었다. 다만 '이러한 유리한 조건들'을 억압과 폭정의 정치와 제도가 파괴하고 있다고 보고 "강력하고 전반적인 혁명"이 필요한데, 문제는 이러한 '혁명'을 할 때 외세가 간섭, "폴란드화"(분할)할까 두렵다고 생각하고 있었다. 우리 겨레를 경멸하는 사람들에 대한 분노와 겨레의 암울한 내일에 대한 절망이 짓누르는 그의 마음은 "어느 누가 어렴풋이 나마" 알 수 있겠는가 독백하고 있다. 그러나 그는 "나의 삶이 나라에 도움"이 되도록 하나님께 기도하고 준비하고 있었다.21) 이처럼 실력양성론자들의 '우리'에 대한 성찰적 비판은 '우리'를 비하시켜 '우리'로 하여금 열등감을 갖게 하고 제국주의 침략세력에게 순응하게 만들려고 한 것이 아니라 깊은 수준에서 '우리'에 대한 사랑과 걱정에서 나왔음을 본다. 한글의 사람으로서, 사회사상가로서 문화운동과 조선학운동의 한가운데 서 있던 최현배도 육체적 노동을 천시한 것, 유교 이외의 사상에 대한 속박, 중국 본위의 교육 따위가 조선시대의 폐습이며 이것이 우리 민족을 허약하게 만든 질병의 원인이라고 하였다. 이러한 성찰적 '우리' 인식이나 비판은 '패배주의적 비관론', 또는 '타협적 개량'으로 매도해서는 그 깊은 뜻을 적절히 새길 수 없는 것이다.22)

---

21) 『윤치호일기』, 1889년 12월 14일.

22) 박영신, 「최현배의 '새 나라' 세우기 생각」, 134~135쪽을 볼 것.

이처럼 '실력양성론'은 19세기 말 제국주의의 물결이 우리에게 드세게 밀려올 때, 그리고 강폭한 일제의 지배 아래 살아야 했을 때, 그 격동과 고통의 역사현장을 저버리지 않고 두 발 딛고 살아가야 했던 사회진화론적 세계관을 가진 지식계급의 나라사랑, 겨레사랑의 생각이다. 그렇기에 여기에는 '생존경쟁', '우승열패'의 세계에서 어떻게 하면 '적자'가 되어 살아 남는가에 대한 그들 나름의 나라와 겨레에 대한 애끓는 사랑과 깊은 번민이 어우러져 담겨 있다. 실력양성론의 생각을 가진 이들은 고통과 격정의 시대에 치솟는 감정을 억누르고 차분히 냉혹한 현실을 보면서 나라와 겨레의 내일을 생각하며 일하고, 일하며 생각했던 지식계급이었다. 그들은 때로는 일제 식민통치 세력에게 반일한다고 핍박받고 때로는 같은 동족에게 정치투쟁하지 않는다고 비판받으면서, 때로는 나약하여 넘어지면서 자기가 있는 곳에서 지식인 나름의 겨레사랑, 나라사랑을 하고자 하였다. 물론 이들 가운데 힘에 겨워 일제에 타협하고 협력의 길에 들어선 이들이 있었으나,23) 대다수의 실력양성론자들과 그들의 생각에 뜻을 같이한 사람들은 자강운동, 종교, 문화운동, 교육운동, 물산장려운동, 농촌운동, 조선학운동 따위를 학교나 교회에서, 동무들과 동네사람들과 더불어 끈질기게 펼치어 왔다. 이 실력양성론의 생각은 특수한 시대에 생겨났으나 특수한 시대나 상황에만 가치가 있는 주장이 아니라 이를 넘어서는 보편의 가치와 이상에 터하고 있어 일제식민세력이 물러간 뒤에도 남북에서 자주적 실력양성의 담론과 운동에 이어져 지속되고 있다.24) 그만큼 이 실력양성론은 짧고 좁은 '특수적인' 역사적 콘텍스

---

23) 친일로 들어선 이광수와 그 밖의 인사들에 대해서는 달음 5)에 나온 김도형과 안태정의 글을 읽을 것.

24) Wells, 앞의 글, 162~164쪽을 볼 것. '국제통화기금'의 관리체제 아래서 경제적 위기를 극복하려는 오늘의 우리 사회에서도 국제경쟁에서 살아남기

트에서만 이야기될 것이 아니라 이와 함께 길고 넓은 '보편적인' 역사
적 콘텍스트에서도 논의되고 이해되어야 한다.

3. '실력양성론'을 보는 눈들

오늘의 우리 학계는 문화적 민족주의, 물산장려운동, 민립대학설립
운동, 동우회나 홍업구락부운동과 같은 '실력양성론'에 터하여 '실력
양성론자들'이 펼친 운동들을 곱살스레 보지 않는다. 물론 '무저항 항
일투쟁', '민족자본' 보호, 육성, 시민 민족주의운동으로 이를 긍정적
으로 평가하려는 글들도 있다.25) 그러나 이러한 글들은 대개 '옛날
글들'이 되었고 1980, 1990년대, 다시 말해서 저항, 투쟁, 비분강개의
시대를 거치면서 나온 글들은 거의 모두 '실력양성론'과 '실력양성론
자들'을 비판적 또는 부정적으로 보고 있다.

보기를 들어, 서중석은 이들의 논리를 "개화=문명=근대화=서양화
(일본화)"라는 도식으로 설명하여 실력양성론(자)을 비판한다.26) 그
에 따르면, 실력양성론자들의 '개화'는 서양문명화하자는 것이며, 그
래서 이들의 '근대화'는 서양화이며 자본주의적 사회건설을 목표로
삼았다는 것이다. 이러한 논리는 서양화한 일본제국주의와 이념적 친
화성을 가지고 있어 논리 자체에 이미 타협적 요소를 잉태하고 있고,
실력양성을 통한 이들의 독립준비론은 "독립불능론을 전제"하고 있
다고 그는 말한다.27) 그의 결론을 따와 보자.

위해 경제구조조정, 교육개혁, 의식개혁을 이루어야 한다는 이야기를 듣고
있다. 이러한 주장은 한 세기 전 실력양성론자들의 나라사랑, 겨레사랑의
생각 속에 그 뿌리가 있다고 볼 수 있다.
25) 달음 5)에 소개한 조기준과 이현희의 글들이 이에 속한다.
26) 달음 5)에 나오는 그의 글을 볼 것.

민족개량주의자들은 식민통치에는 유화적이면서, 모든 잘못이 민족자체에게 있다고 하여 화살을 민족으로 돌리고, 제국주의 타도, 사회개혁, 토지개혁 대신 민족(성)을 개량 또는 개조할 것을 주장하였다. 그들은 제국주의 힘의 논리에 순응하였고, 제국주의자들의 침략논리(문화적 침략논리, 식민사관을 포함하여)를 그대로 자기 것으로 하여 자기 민족을 비하, 야만시하고 민족으로 하여금 패배주의와 열등감에 빠지게 하여 식민통치에 순응하도록 하였다. 그들은 반민족적 주장을 민족을 위한 고언으로 표현하였고, 자신들의 활동을 애국으로 주장하였다.……

자본주의 근대화론자들은 제국주의에 맞서 싸우는 것을 어리석은 짓으로 비난했지만, 그들의 실력양성론은 일제의 침략·침탈 하에 있는 한 아무리 오랜 기간 '준비'를 한다손 치더라도 결코 성공할 수 없는 비현실적인 공론이요, 환상이었다.……

일제의 침략·침탈하에서는, 반제민족해방을 떠나서는 정치운동이건 문화운동이건 실력양성운동이건 반민족적이 될 수밖에 없었고, 그것이 목표하는 바도 실제로는 공상으로 끝나고 파탄에 직면한다.28)

이에 기대어 보면 실력양성론(민족개량주의)은 제국주의에 순응하는 논리이고, 우리 민족을 야만족으로 비하, 열등감을 갖게 하여 패배주의에 빠지게 한 '반민족적' 주장이다.

이러한 흐름에 휩쓸린 어떤 젊은 역사학자는 이광수의 '민족개량주의'를 논의하면서 실력양성론자들(그는 민족개량주의자들이라고 부른다)은 당시의 '반동적인' 흐름을 반영한 '예속자본가'와 '친일 지식인'세력이라고 싸잡은 뒤, "젊은이들을 일제의 총알받이로 내몰아

114

'대동아공영권', '내선일체'" 등을 책동하고 해방 후에는 미군정과 결탁, '민족세력'을 파괴한 세력이라고 규정한다.29) 실력양성론자들은 "반일운동세력의 주체인 노농근로대중을 중심으로 한 '민중의 힘에 의거하는 논리적 성격'"을 지니지 않았고 "반일독립운동을 전개하기 위해서는 민중해방운동을 전개"하여야 했는데 그러지 않았으며 오히려 "민족세력을 파괴"하는 일을 하였기 때문에 "민족민주세력의 성장발전을 위해서 극복되어야 할 대상"이었다고 주장한다.30) 한마디로 말한다면, 민중주의가 아니면, '노동근로대중'의 운동이 아니면, 그리고 그들을 위한 운동이 아니면 모두 '반민족적'으로 이들을 보고 있는 것이다. 실력양성론에 터한 민족개량주의를 제국주의를 인정하는 논리, 일제 식민세력을 받아들이는 친일세력의 논리라고 간단히 매도하는 이도 있다.31) 이처럼 비분강개의 시대에 나온 실력양성론에 대한 논의는 대체로 계급주의적·사회주의적 인식에 터하고 있다.

우리는 여기에서 몇 가지 논의를 하고자 한다.

첫째, 강력한 힘을 지닌 일제의 식민사슬을 끊어버리고자 하는 우리 민족의 주장과 운동이 한 이념, 한 방식으로만 나타나기를 기대하는 것은 후세 역사가들의 욕심이 아닌가? 다른 생각과 환경에 따라 다른 이념과 방식이 있을 수 있다는 더 폭넓은 역사인식은 '반제민족해방'과 이념적으로, 수단에 있어서 다르다고 하여 '반민족적'인 것으로 간주하고 이들의 주장을 '공상'으로 치부하는 것이 대승적인 역사인식일 수 있는가? 실력양성론에 입각한 독립준비론을 식민세력에 '유화적'인 것으로 간단히 매도할 수 있는가? 우리는 이러한 단선적인 생각은 독선적인 역사인식을 낳게 된다고 우려한다. 그러나 비분

29) 달음 5)에 있는 안태정의 글, 특히 75~76쪽을 볼 것.
30) 안태정, 윗글, 76~77쪽.
31) 김도형, 윗글을 볼 것.

강개의 시대에 진보학계를 앞서 주도한 학자 가운데 한 사람인 도진 순은 서중석과는 달리 편협한 울타리를 넘어서서 민족개량주의(실력 양성론)를 논의하고 있음을 본다. 그는 북한학계의 민족개량주의를 논의하면서 (북한의) 사회주의적인 역사인식의 "일면적 이해"를 비판 하면서 "상당히 노동자적이어야 노동자가 되는 것이 아니듯이 상당 히 민족적이어야만 민족자본이 되는 것은 아니다."라고 말한다. 민족 주의와 민족개량주의의 "바탕에 있는 공통성과 유사성까지 부정"해 버리고 둘 사이에 '만리장성'을 쌓는 우를 범하고 있다고 꼬집는다. 다시 말해서 물산장려운동과 같은 이른바 부르주아들의 산업진흥운 동을 비민족자본이나 제국주의에 부응하는 운동으로 함부로 매도해 서는 안 된다는 경고를 던지고 있다.32)

이 저항과 비분강개의 시대에 '실력양성론(자들)'을 가장 열심히 다룬 진보적 역사학자 박찬승은 이 계열에 속한 이들을 싸잡아 함부 로 매도하지 않는다. 우리의 민족주의를 부르주아민족주의와 민중적 민족주의로 나누고, 앞의 흐름은 후에 좌우파로 나누어지고 뒤의 것 은 진보적 민족주의와 사회주의로 나누어지는 것으로 설명한다. 그는 실력양성론을 부르주아 우파의 주장이라고 보고 있다.33) 그가 민족 주의운동에 여러 갈래가 있었다는 사실을 지나치지 않고 있음을 우 리는 주목하고자 한다. 우리의 민족주의를 바라보는 시각의 다름에 따라 "더 민중적이다, 덜 민중적이다"라고 이야기할 수 있지만, 자기 의 이념이나 방식과 다르다고 하여 '반민족적'이라고 매도하지 않는, 그래서 더 폭 넓은 역사인식으로 나아갈 수 있다고 보기 때문이다.

---

32) 도진순,「북한학계의 민족 부르주아지와 민족개량주의논쟁」,『역사비평』2 호, 1989 가을, 125~155쪽, 특히 154~155쪽을 볼 것.
33) 특히 그의 글「국내민족주의 좌우파운동」,『한국사』15, 한길사, 1994, 117 ~155쪽과 달음 5)에 있는 그의 글들을 볼 것.

116

물론 박찬승도 실력양성론에 터한 부르주아민족주의를 비판적으로
인식하고 있지만 말이다.

둘째, '노농근로대중'을 위한, '노농근로대중'이 중심이 되어야만, 다
시 말해서 민중주의적이어야만 민족주의가 된다는 주장을 비판없이
받아들여야 하는가? 그러나 우리의 민족주의의 역사에는 여러 갈래
의 민족주의가 있다. 이러한 시각을 가진 이들은 실력양성론에 기댄
문화적 민족주의자들은 민중적이지 않아 민중의 지지를 받지 못하여
실패하였다고 주장한다. 미국의 카터 에커트도 실력양성론에 터한
'민족자본'의 육성이라는 기치 아래 펼쳐진 경제운동을 민족주의운동
이라고 볼 수 없다고 주장한다. 이를테면 에커트는 이러한 경제운동
이 3·1운동에서 보인 무서운 조선민족의 단합을 깨뜨리고 전후 경
제공황의 돌파구를 찾으려는 일제가 치밀한 계산아래 조선사람들에
게 열어놓기 시작한 여러 재정절차와 경제정책을 이용해서, 다시 말
해서 일제식민세력이 구축한 식민통치구조 아래서 전개되었고, 또한
이 운동을 펼친 이들이 일제식민당국의 힘을 동원하여 조선노동자들
을 탄압하였기 때문에 이들은 진정한 민족주의자들이 아니었다고 말
한다.34) 짧게 말하면, 노동근로대중이 중심이 되지 않고 노동근로대
중을 위하지 않았으므로 민족주의운동이 아니고 또 민중의 지지를
받지 못하여 실패하였다고 이들은 주장하고 있다.

우리는 이광수와 같은 일제시대에 친일행각을 한 이들은 가차없이
비판받아야 한다고 주장한다. 그러나 우리의 민족주의의 역사에는 노
농근로대중을 위한 노농근로대중이 중심이 된 민중적·사회주의적
민족주의가 있었는가 하면 윤리적·종교적 민족주의도 있었다는 엄

34) Carter J. Eckert, *Offspring of Empire : the Koch'ang Kims and the
Colonial Origins of Korean Capitalism, 1876~1945*, Seattle and London
: University of Washington Press, 1991.

연한 역사적 사실을 지적하고자 한다. 노농근로대중을 위하지 않았기 때문에, 노농근로대중이 중심이 되지 않았기 때문에, 다시 말해서 사회주의적이 아니기 때문에 민족주의가 아니라는 논리는 그 자체에 논리적 모순이 있다. 계급 없는 사회, 노농근로대중이 주체가 되는 사회, 사회주의 이념을 표방하지 않은 민족주의는 세계역사와 우리 역사에서 얼마든지 찾을 수 있기 때문이다. 호주의 역사학자 케네스 웰즈는 식민상황을 '흑백상황'으로 인식하기를 거부하고, 다시 말해서 망명을 선택하지 않고 국내에 살았다면 어차피 식민통치구조 아래서 삶을 꾸려야 했던 이들을 타협·비타협의 등식으로 함부로 매도하지 말고, 식민경제구조 아래라 할지라도 조선사람들이 민족경제를 일으키려 한 힘겨운 노력을 인정하고자 한다. 특히 국내에 살았다면 어느 누구도 식민세력의 정치, 경제, 문화구조에 참여치 않을 수 없다고 전제하고 그 아래에서 나름대로 나라와 겨레를 위해 제한 되나마 노력한 것은 당연히 민족주의운동으로 보아야 한다고 말한다. 실력양성론을 '자기개조 민족주의'(self-reconstruction nationalism), '윤리적 민족주의'(ethical nationalism)라고 일컫는 웰즈는 윤리적·경제적 자기개조 민족주의자들은 자본주의적 사회를 꿈꾼, 그래서 노동자들을 주체세력으로 삼아 노동자들을 위한 사회를 건설하고자 한 사회주의자들이 아니었는데 민중주의, 사회주의의 잣대로 이들의 민족주의를 매도하고 학대하지 말아야 한다고 우리에게 주문하고 있다. 또한 그는 다양한 민족주의와 민족주의자들의 다양한 활동에 대한 폭넓은 이해를 위해서 영국 식민통치시대에 나타난 인도의 여러 민족주의의 갈래, 프랑스 식민통치시대의 베트남의 다양한 민족주의운동, 그리고 네덜란드 통치 아래 있었던 인도네시아의 민족주의의 여러 줄기들을 비교역사학적으로 읽을 필요가 있다고 우리에게 친절히 권고하고 있다.35)

셋째, 실력양성론자들이 겨레를 강하게 만들고자 병의 뿌리를 찾아 도려내려고 한 것이 "제국주의자들의 침략논리(문화적 침략논리, 식민사관을 포함해서)"를 따라 우리 민족을 '비하'하고 "패배주의와 열등감"에 빠지도록 한 운동이라고 학대해도 옳은가? 자기 생각과 방식으로 운동을 하지 않았다 해서 우리의 글과 말을 지키고자 한 운동, 우리 문화 속에 얼을 찾아 민족정기와 동질성을 확인하고 겨레의식을 갖고자 한 것이 "반민족적 주장"인가? 이지원은 이렇게 응답하고 있다. 문화운동이란 "문화혁신을 통해 민족문화를 강조하고 민족의식을 고취하는 것은 당시 세계정세의 변화속에서 일제가 대내외적으로 내선일체(內鮮一體)를 강조하는 현실에 대한 민족적인 저항"이었다. 이지원은 이러한 지적 민족주의의 한계를 보면서도 "사회주의에 대립적이면서 반일적일 수 있(다)"는 역사인식의 유연성을 가지고 있다.36) 다른 나라에 짓밟힌 겨레에 대한 간절한 사랑은, 짓밟고 있는 자를 때려눕히고자 하는 일일 수도 있고, 또는 깊은 수준에서 더 근본적이라고 할 수 있는 일, 왜 짓밟히게 되었는가, 어떻게 하면 일어설 수 있는가 하는 '우리에 대한 성찰'을 하는 일일 수도 있다. 그래서 박영신은 민족갱생운동을 앞서 시작한 최현배를 논의한 글에서 다음과 같이 말하고 있다.

　민족에 대한 사랑이 간절한 만큼 민족이 시달리는 질병에 대한 걱정과 그 질병으로부터 '갱생'하고 '소생'하기를 바라는 마음이 더욱 간절할 수밖에 없(다).
　……질병으로 표현된 민족의 실상이 오로지 민족의 역량이 부족하다든가 갱생의 가능성이 없다고도 하지 않았고, 더구나 그것은

---

35) Wells, 윗글, 여러 곳, 특히 167~169쪽을 볼 것.
36) 이지원, 「1930년대 전반 민족주의 문화운동의 성격」, 특히 169쪽을 볼 것.

민족성의 내재적 문제 때문만이라는 편향된 시각에 기대는 패배주
의적 비관론에 빠져들지도 않았다.……이것은 민족의 역사를 두둔
하거나 배타적으로 미화하는 것이 아니라 비판적 성찰을 통하여 민
족의 보편적 가능성을 확인하고자 하는 노선이다. 이것은 흔히 '민
족주의'의 깃발 아래 당연히 들어서는 당당한 민족의식의 표출이었
음은 두말할 나위도 없다. 그러나 그의 민족주의는 자유의 시대적
진운에 함께 하면서 민족의 현실을 반식민지적 투쟁의 의식으로 비
판함과 아울러 그 민족적 역사적 모순과 왜곡을 가차없이 비판할
수 있었던 성찰적 지향성을 바탕으로 삼고 있다. 이것은 식민지 상
황에서 쉽게 찾아볼 수 없는 지적 및 도덕적 용기를 요구하는 그러
한 입장, 곧 '성찰적 민족주의'였다.37)

다시 강조하지만, 우리는 친일협력한 이들을 세차게 비판하여야
한다. 그러나 자기 '성찰'을 우리 민족'비하'라고 인식한다든지, 자기
를 '개조'하여 힘을 기르자는 '성찰적 민족주의'를, 민족을 '패배와 열
등감'에 빠뜨리는, 그래서 "식민통치에 순응"하게 하는 "반민족적 주
장"이라는 시각을 우리는 거부할 따름이다.

사회진화론적 세계관을 가지고 실력양성론에 터한 민족주의자들은
분명 다른 민족주의자들 보다 비(非)정치적, 비폭력적, 그리고 비민
중적이었다. 그렇다고 하여 그들을 비민족적이거나 반민족적으로 매
도하고 학대해서는 안 된다. 특히 일제식민시대 후반기에 이 실력양
성론자들 가운데 친일인사들이 나왔다 하여 실력양성론에 터한 민족
주의를 이론적으로 일제와 타협할 소지가 있는 것으로 보려는 단선
적 역사인식에는 논리적 무리도 있다. 윤리적으로 올바른 삶을 꾸리
라고 말하는 종교지도자들이나 교육자들 가운데 자신들이 그렇게 살
지 못하고 우리의 지탄을 받는 이들이 있다고 하여 윤리적으로 올바

37) 박영신, 「최현배의 '새 나라'세우기 생각」, 134~135쪽.

120

르게 삶을 꾸리라는 가르침이 그릇된 것은 아니다.

우리의 생각은 이렇다. 19세기 말 제국주의의 거센 물결이 우리에게 밀려올 때 우리의 선조들은 그 물결에 맞서 나라를 지키고 생존하여야 했다. 그러나 우리 민족은 제국주의세력과 의미 있는 대결 한번 못 해보고 나라를 내주어야 했다. 바로 이 시대에 사회진화론적 세계관을 가진 지식계층은 힘을 기르지 않고는 나라를 되찾을 수 없다는 생각으로 교육·산업진흥운동을 펼치게 된다. 어느 때는 실용교육을 강조하고, 어느 때는 윤리적·정신적 교육을 강조하면서 우리 겨레의 정신적·윤리적·경제적 힘을 기르고자 하였다. 다시 말해서 나라를 되찾는 일과 더불어 나라를 되찾은 이후의 일까지 생각하며 겨레가 살 공동체를 윤리적 바탕 위에 지적·경제적 힘을 쌓아올리려 생각했고 또 행동하였다. 그렇기 때문에 역사학자들은 이를 문화적 민족주의, 경제적 민족주의, 윤리적 민족주의, 성찰적 민족주의와 같은 다른 여러 이름을 붙인다. 그만큼 실력양성론에 터한 민족주의운동은 다양하게 나타났던 것이다. 시대마다 다양한 지식인들이 여기저기서 다양한 주장과 운동을 함께 또는 따로따로 펼쳤기 때문에 경직된 하나의 시각에서, 좁다란 한 이념의 울타리 안에서 인식되어서는 안 된다. 오히려 그 경직된 시각을 던져버리고 그 좁다란 이념의 울타리를 나설 때 실력양성론의 다양한 꼴과 결을 이해할 수 있을 것이다.

꼬리글

세계적 경쟁시대인 20세기 오늘날에는 경제의 싸움이 더욱 격렬하다. 약육강식과 우승열패의 원칙이 극단히 발휘되니 국부의 증진과 경제의 발달이 실로 생사의 대급무다.[38]

오늘날을 살아가는 이들에게도 깊게 와 닿는 이 말은 우리에게 무엇을 말하여 주는가? 그것은 실력양성론이 '때와 곳'을 넘어, 어느 시대 어느 나라에서든지 강조되었고 또 강조될 주장이라는 점이다. 이 보편적 주장은 지난 세기 우리 민족공동체가 격동과 고통을 겪어 오면서, 다시 말해서 겨레의 '생존'을 이야기할 때 특별하게 의미를 주었다.

다시 말하지만, 이 주장을 편 이들 가운데 힘에 겨워 강자에 빌붙은 이들이 있었다. 국내에서 살아야 했던 이들의 고뇌와 번뇌를 생각하면서 이들을 이해할 수는 있지만, 이념의 오른편에서 나왔든 왼편에서 나왔든 친일파를 우리는 비판하고 또 비판하여야 한다. 처세라는 이름으로 시세에 따라 교묘하게 옷을 갈아입고 힘센 자에 아부하고 아첨하여 자기의 자리를 보전하고 이익을 챙기는 재주꾼과 쾌배기들이 판치는 오늘의 우리 사회를 위해서나 겨레의 역사에 대한 올바른 인식을 위해서 친일파를 우리는 세차게 비판하여야 한다.

다만, 나라와 겨레사랑을 우리의 이념과 우리의 방식대로 표출하지 않았다고 해서 함부로 학대하지 말자고 우리는 주장하는 것이다. 친일파는 민족주의 우파 가운데서만 나온 것이 아니고 사회주의계열의 인사 가운데서도 나왔다. 그 시대를 살아간 모두가 이에 완전히 자유로울 수가 없다. 그렇기에 지난 세기에 이념과 정파가 다르다 하여 삿대질하던 이들, 서로의 약점을 내세우며 자기의 이념과 정파의 노선이 옳다고 우겨대던 그들의 논쟁을 읽으며 우리는 그 논쟁으로부터 벗어나야 한다. 역사학자들이란 그 역사적 논쟁 및 갈등과 '아주 가까이서 가슴으로 읽고 이해하기'(attachment)도 하여야 하지만 그 역사적 논쟁 및 갈등과 '멀리 떨어져서 머리로 읽고 인식하

38) 『학지광(學之光)』 6호, 1915, 7쪽. 이 글은 글쓴이의 이름과 글이름이 없다.

기'(detachment)도 하여야 한다. 바로 이 위에 감정적 역사재판을 넘어 대승적 '역사쓰기'가 있다. 내 방식으로, 내 시각으로 독립과 해방을 추진하지 않았다 해서 민족주의운동이 아닌 것으로, 나아가 타협의 길을 걸어간 것으로 함부로 몰아붙이는 이념적·지적 학대행위를 그만두어야 한다. 실력양성론을 이야기한 사람들(messenger)보다 그들의 주장(message)을 우리는 더 주목하고자 한다.

어떤 젊은 학자가 지적했듯이, 지난 한 세기 우리의 지적 풍토에는 근대화, 독립, 해방, 민주, 통일, 노동, 여성, 환경, 생명 따위와 같은 언어들을 담은 숱한 담론들, 그리고 이러한 문제들을 이해하려는 근대화이론, 마르크스-레닌주의, 주체사상과 같은 수많은 이론들이 '홍수'처럼 범람했는데도 아직 우리는 제자리에서 "근대적 과제조차 달성하지 못한 현실", "시민교육기능을 수행해야 할 민주정치의 파행으로 시민사회의 도덕적·윤리적 하부구조가 전면적으로 붕괴되고 있는 현실에 처해 있고", 국가사회와 시민을 위한 새로운 사상과 윤리, 행동준칙을 구축하는 문제가 우리민족 공동체의 세기말의 과제로 남겨져 있다. 다시 말하면, 숱한 사상과 이론이 범람했지만 아무 것도 해결한 것이 없고 한 세기 전의 우리 민족의 담론을 오늘의 우리가 그대로 과제로 떠 안고 21세기에 들어서고 있다는 말이다. 이렇게 된 이유는 보수와 진보진영을 가릴 것 없이 과도하게 정치화하여 지적 양립이나 공존을 불가능케 하는 지적 적대관계 때문이라고 이 젊은 학자는 지적하고 있다.39)

그렇다. 우리 민족공동체의 역사가 아직도 한 세기 전 우리의 지성인들이 논란해 온 '특수'와 '보편'을 세계화시대에 다시 화두로 삼아야 하고, 한 세기 전 우리 민족의 역사마당에서 이야기되었던 근대적

---

39) 박명림, 「사상의 홍수, 지성의 빈곤」, 『한겨레 21』, 1999년 3월. 나는 이 짧은 글을 인터넷을 통하여 읽었다.

민주국가 건설은 "도덕적·윤리적 하부구조"의 구축에서 이룩된다는 지극히 당연한 실력양성론적 주장을 이 세기말에 다시 우리의 담론으로 논의한다는 것은 무엇을 이야기하고 있는가? 국제경쟁에서 생존할 수 있는 '적자'가 되기 위해서는 우리의 경제구조를 조정해야 하고, 그러기 위해서는 기존의 편협한 생각을 떨쳐버리고 보편적 가치 위에 도덕적·윤리적 하부구조를 구축하는 문제가 이 세기를 마감하면서 다시 우리 민족의 화두가 되어야 하는 까닭은 무엇인가? 또다시 보편을 이야기하고, 보편적 가치 위에서 우리를 성찰하려는 지적 노력을 우리를 비하시키고 열등감을 갖게 하는 패배주의라고 매도하고 학대할 것인가?

지난 한 세기 우리 민족의 역사는 '사회진화론', '근대화론', '실력양성론', '제국주의/민족주의', '사회주의/공산주의'와 같은 여러 사상과 이론들이, 개화파다, 척사위정파다, 무장투쟁파다, 외교노선이다 하는 여러 정파들이 민족적 과제를 그들 나름대로 진단하고 처방하며 서로 연대하고 갈등하는 가운데 엮어진 역사이다. 한편으로 외세와 모질게 싸우면서도 다른 한편으로 우리끼리 어느 길로 가야 하는가를 두고 끈질기게 싸워 온 것이 숨길 수 없는 지난 세기 우리의 역사이다. 그렇기에 눈물도 한도 많은 역사이다. 이를 지나 우리 민족공동체는 새 세기를 맞고 있다.

'우리끼리'의 갈등의 역사를 살아온 우리들은 21세기 문턱에서 그 갈등의 역사를 읽으며 그 갈등 속으로 들어가 다시 그 갈등의 역사를 연출해서는 안 된다. 도진순의 말처럼, 나라와 겨레를 사랑하는 여러 생각들과 여러 운동들을 한쪽에서만 보고, 그들 사이에 "만리장성"을 쌓는 역사학하기를 끝내고 그들 사이의 "공통성과 유사성"에 터하여 갈등의 요인들을 용해하고 아우르는 대승적 역사인식이 있어야 한다. 그렇게 하여야만 민족공동체의 이념적·정치적 통합을 기대할 수 있고, 그래야만 '세계화'라는 드센 물결이 밀어닥칠 21세기를 슬기롭게, 그리고 당당하게 맞을 수 있을 것이다. 이러한 지적 노력은 이념적·정치적 흑백논리의 좁다란 감옥에서 용기 있게 뛰쳐나오려는 결단, 감정적 역사읽기라는 지적 자위행위를 과감하게 떨쳐버리려는 용기를 요구한다. 이렇게 할 때 이념적 파당성이라는 프리즘을 통해 그려낸 그림들을 철거하고 파란만장한 지난 세기의 우리 역사를 겸허한 마음으로 다시 그리게 된다. 이 겸허한 마음가짐이 바로 대승적 역사인식의 출발점이다.

기독교와 한국 역사변동
-그 만남, 물림 그리고 엇물림의 사회사

머리글

기독교는 서양 제국주의의 물결을 타고 19세기 말 조선에 왔다. 익히 아는 대로, 조선시대 이후부터 지배 세력인 양반의 통치 이념으로 채택된 유교가 정치, 사회, 경제, 문화 등 모든 분야에서 거역할 수 없는 정통 이데올로기 역할을 하였다. 이 견고한 유교적 질서도 19세기 말엽이 되면 안팎의 충격으로 틈이 생기기 시작하였고, 이 틈을 비집고 기독교가 들어온 것이다. 그 후 한 세기를 거치면서 급속히 성장하여 남쪽 인구의 약 25퍼센트를 차지하는 대종교가 되었다.[1]

이를 두고 나라 안팎에서 '경이적인 성장'이니 '기적과 같은 성장'이라고 말들을 한다. 어떤 이는 네 사람 가운데 적어도 한 사람이 기독교 신자인 한국을 두고 비(非)서구 국가 가운데 '가장 기독교화한 나라'라고 말하는가 하면,[2] 다른 어떤 이는 서울을 '교회당들의 도시'

---

1) 기독교 성장에 관한 통계자료는 Korean Overseas Information Service, *Statistical Data on Korea*, Seoul : Korea Overseas Information Service, 1982, Section 50과 한국기독교 사회문제연구원, 『한국 교회 백년 종합조사 연구(보고서)』, 서울 : 한국기독교 사회문제연구원, 1982를 참조하였다.

2) Martin E. Marty, "Forward," Everett N. Hunt Jr., *Protestant Pioneers*

라고 일컫기도 한다.3) 사실 서울의 어느 네거리의 한가운데 서서 주
위를 한 번 둘러보면 10~20개의 교회를 쉽게 셀 수 있을 것이며, 한
건물에 두세 개의 교회가 들어선 진풍경도 볼 수 있다. 교회는 도시
만이 아니라 거의 모든 마을에 들어서 있고 YMCA, YWCA, CCC와
같은 교회 관련 기관들이 주요 도시에 자리잡고 있다. 세계에서 가장
크다는 교회가 조선에 기독교를 전해 준 미국이나 캐나다에 있지 않
고 서울에 있다는 것도 흥미로운 사실이다.4) 한 세기만에 일어난 이
종교 공동체의 성장은 한국의 역사, 사회 변동에 관심 가진 어느 학
인(學人)에게도 지나칠 수 없는 중요한 '역사 현상'으로 다가올 것이
다.

　그러나 한국 역사학계는 이 '역사 현상'을 대수롭지 않게 취급하는
듯하다. 기독교 공동체가 마땅히 할애 받아야 할 양질의 몫을 주지
않고 있다. 남쪽만 따져도 전체 인구의 25퍼센트를 그 구성원으로 하
는 기독교를 빼고 한국의 역사를 아무리 토의해도 그것은 전체의 25
퍼센트에 해당하는 부분을 뺀 논의라는 통계적 상식을 내세울 수도
있을 것이다. 수치만 따져도 기독교와 한국의 역사는 적어도 이만큼
물려 있기 때문이다.

　그러나 무엇보다도 한국의 근·현대사의 굽이굽이마다 긍정적이든

---

　　in Korea, Maryknoll, New York : Orbis Books, 1980, ix ~ xi쪽을 볼 것.
　3) Samuel H. Moffet, "Korea," Donald E. Hoke(엮음), *The Church in Asia*,
　　Chicago : Moody Press, 1975, 369~383쪽을 볼 것.
　4) 여의도 순복음 중앙교회가 바로 세계에서 제일 큰 교회이다. 이른바 세계
　　10대 교회 가운데 위의 교회를 포함 5개가 한국 교회이다. 안양 소재 은혜
　　와 진리교회(두 번째), 금란 감리교회(일곱째), 숭의 감리교회(아홉째), 주
　　안 장로교회(열 번째)가 이른바 세계 10대 교회에 속한 한국 교회들이다.
　　『중앙일보』(시카고 판), 1994년 2월 25일자. 이 보도는 *Almanac Christian*
　　World, 1993~1994에 근거하였다.

부정적이든 기독교 공동체의 흔적이 너무 뚜렷이 남아 있다. 이를테면, 새 교육과 문화 운동, 독립협회와 3·1운동, 신사참배 거부운동과 같은 굵직한 정치, 사회 운동은 기독교와 이념적, 조직적으로 연결시키지 않고서는 이해할 수 없다. 요즈음 학계의 관심으로 떠오른 1920년대 이후의 사회주의나 공산주의 운동, 해방 후 건국준비위원회와 같은 숱한 정치, 이념 운동조차도 기독교와 이어서 인식하여야 한다. 여운형, 허헌, 안창호, 김규식, 이동휘, 조만식, 이승만, 최문식, 박희도 등 이념의 좌우를 통틀어 한국 현대사의 꼴과 결을 이루고 있는 인물들이 이 종교 공동체를 통해 교육받아 성장하였거나 이에 기대고 활동하였다. 그리고 유교적 질서의 붕괴, 평등과 여성 문제, 민족주의운동과 여러 이념 운동, 한미 관계와 같은 한국 근·현대사 연구의 주요 주제들이 기독교 공동체와 떼어서 인식될 수 없다. 이처럼 기독교를 빼고는 한국 근·현대사의 입체적 인식이 불가능한데도 한국 역사서술에서 기독교의 온당한 자리 매김은 이루어지지 않고 있다.5)

이를테면, 안팎의 도전으로 유교 질서가 붕괴되어 가던 19세기 말 역사적 격변기에 새 가치와 구체적 프로그램을 가지고 당시 조선 민족에게 부과된 반(反)봉건 반(反)외세의 역사적 과제를 담당하고자 했던 세력이 동학과 기독교라는 종교 공동체들이었다. 한국사 입문서들은 예외없이 동학운동 서술에 한 가름 이상을 할애, 동학의 가르침, 조직, 운동의 시대적 배경과 확대 과정, 그 결과, 그리고 그 역사적 의의를 상세히, 그리고 체계적으로 설명해 주고 있다. 그러나 기독교에 관해서는 교육, 문화, 사회, 정치 등 각 분야에 분산, 짧게 언급함에 그치고 있어 이 종교 공동체와 이에 이념적, 조직적으로 기대어 펼쳐진 교육, 문화, 사회, 정치 운동의 전체적이고 체계적인 인식을

---

5) 자세한 논의는 나의 연구 비평, 「한국현대사에 있어서 개신교의 자리」, 『씨올의 소리』 1989년 3월호, 181~189쪽을 볼 것.

128

방해하고 있다.6)

독립협회운동만 보아도 그렇다. 기독교의 변혁적 이념이나 보편주
의적인 가치 지향성을 가진 기독교 사람들이 교회 울타리 밖으로 나
가 유교에 바탕한 사회와 정치를 계몽과 시위를 통해 뒤바꿔 보겠다
는 것이 독립협회운동이었다는 연구 업적들이 70년대 말부터 나왔
다.7) 이에 의하면 이 운동의 지도 세력이나 주도적 참여 세력은 기독
교 공동체를 통해 교육받고 사회적, 정치적으로 깨어난 교회 지도자
들, 기독교 계통의 학교 선생과 학생들이었다. 그럼에도 불구하고 한
국사 입문서들은 기독교와 독립협회운동의 이음새를 한두 말로 언급
하거나 아예 이 이음새를 무시하고 있다.8) 기독교와 한국 근·현대

---

6) 널리 읽히고 있는 강만길, 『고쳐 쓴 한국근대사』(서울 : 창작과 비평사,
   1994)를 보기로 삼아 보자. 독립협회운동 서술에 '기독교', '개신교', 또는
   '교회'나 '선교학교'라는 단어조차 찾을 수 없다. 220~226쪽을 볼 것
7) 사실 독립협회와 기독교를 이어 보려는 학문적 노력이 1970년대 후반부터
   있어 왔으나 한국사 입문서를 쓰는 이들은 그 후에도 줄곧 이러한 학문적
   업적을 무시해 왔다. 보기로서 박영신, 「독립협회 지도세력의 상징적 의식
   구조」, 『東方學志』 20, 연세대 국학연구원, 1978. 12, 147~170쪽 ; Lew
   Young-ick, "Contribution of Protestantism to Modern Korean
   Nationalism, 1884~1919," Les 《Petits Etats》 Face Aux Changements
   Cultures, Politiques et Economiques, Oe 1950Å 1914, 16, Congrès
   International Des Sciences Historiques et Stuttgart(Lausanne, 1985), 1
   5~24쪽. 달음 9)에 있는 나의 학위논문과 여러 글들, Kenneth M. Wells,
   New God, New Nation:Protestants and Self-Reconstruction
   Nationalism in Korea, 1896~937, Honolulu : University of Hawaii Press,
   1990 및 Vipan Chandra, Imperialism, Resistance, and Reform in Late
   Nineteenth-Century Korea, Berkeley : University of California Press,
   1988가 두드러진다.
8) 달음 6)에 있는 강만길의 입문서와 이기백의 『韓國史新論』도 볼 것. 나는
   Edward W. Wagner와 Edward J. Shultz가 영어로 옮긴 A New History
   of Korea, Seoul : Ilchokak, 1984를 보았다. 이 글의 300~305쪽을 보면, 이

사의 만남과 물림 그리고 엇물림의 꼴과 결을 이해하지 않고는 한국 근·현대사의 총체적 인식은 불가능하다는 시각을 가질 필요가 있다.

나는 이러한 시각으로 기독교와 한국 근·현대사의 만남, 물림 그리고 엇물림을 보려는 글들을 나라 안팎에서 발표해 왔다.[9] 이 글은 이제까지의 내 연구를 종합, 정리한 것이다.

1. 구한말 기독교와 개혁 세력과의 만남

세계 기독교 선교의 역사를 훑어보면, 이 종교가 비(非)서구 세계에 소개되었을 때 토착민의 강한 저항에 부딪치기가 일쑤였다. 제국주의의 물결을 타고 온 선교사들을 서양 제국주의의 앞잡이로 보았기 때문이다. 따라서 선교사들이 의심과 증오로 가득 차 있는 토착민을 기독교 울타리 안으로 끌어들이기란 매우 어려웠다. 인도에서도 그랬고 중국과 일본에서도 그러하였다.[10] '은자의 나라' 조선에서 벌

기백도 강만길처럼 독립협회운동을 서술하면서 'Christianity', 'Christians', 'Church' 또는 'Mission school'이라는 낱말조차 사용하지 않았다.

9) 나의 다음 글들을 볼 것.

「윤치호 연구」, 『白山學報』 23호, 1977, 341~388쪽 ; 「한국현대사에 있어서 개신교의 자리」, 「한국 개신교 성장에 대한 역사학적 설명 시도」, 『基督敎思想』 1989년 4월호, 102~120쪽 ; "Protestantism in Late Confucian Korea : Its Growth and Historical Meaning," *Journal of Korean Studies*, 8집, 1992, 139~164쪽 ; 「구한말 일제초기의 기독교 신학과 정치-진보적 사회운동과 민족주의 운동을 중심으로」, 『현상과 인식』 17권 1호, 1993년 봄, 103~125쪽 ; "Protestantism and Progressive Reform Politics in Late Confucian Korea," 『崇實史學』 8집, 1994, 53~94쪽 ; 「1920年代 改新敎 指導層과 民族主義運動-그 만남과 결별의 사회사」, 『歷史學報』 134·135합집, 1992년 7월, 143~163쪽.

10) Stephen Neil, *Colonialism and Christian Mission*, New York : McGraw-Hill Book Co., 1966 ; Ka-che Yip, *Religion, Nationalism, and*

어진 기독교 초기 역사도 예외가 아니다. 기독교가 들어온 당시의 역사적 상황은 그 어느 나라 못지 않게 반서양, 반기독교적이었다. 우리가 익히 알고 있듯이, 조선에 기독교가 들어오기 전에 이미 천주교가 전래되었지만, 이것이 이후에 있을 기독교 선교에 별로 도움이 되지 못하였다. 오히려 조선의 반(反)서양, 반(反)기독교적 분위기를 더욱 악화시켰을 따름이다. 천주교 전래는 서양 나라들의 무례한 도발, 초기 천주교 신도들의 몰지각한 행동, 조선 지배계급의 붕당정치 따위가 함께 얽혀 참혹한 탄압과 더욱 강력한 반서양, 반기독교적 쇄국정치를 엮어 냈기 때문이다.11)

그러나 조선에서 기독교는 오직 한 세기라는 짧은 기간에 세계 선교 사상 '비길 데 없는 성장'의 역사를 연출하였다. 유교에 깊이 잠겨 있던, 그리고 반서양, 반기독교적 분위기에 흠뻑 빠져 있던 조선에서 기독교는 뿌리내려 재빨리 가지쳐 뻗어 나갔던 것이다. 도대체 바깥에서 온 기독교가 어떻게, 무엇 때문에 이토록 빠른 성장을 할 수 있었는가. 그리고 그 의미는 무엇인가.

나는 기독교 성장에 관한 기존의 연구들을 비판, 보완하면서 몇 논

Chinise Students : The Anti-Christian Movement of 1922~1927, Bellingham, Wath. : Western Washington University, 1980 ; George Thomas, *Christian Indians and Indian Nationalism, 1885~1950 : An Interpretation in Historical and Theological Perspectives*, Frankfurt an Main, West Germany : verlag Peter D. Lang, 1979 ; Richard H. Drummond, *A History of Christianity in Japan*, Grand Rapids, Mich. : William B. Eerdmans Publishing Co., 1971을 볼 것.

11) James B. Palais, *Politics and Policy in Traditional Korea*, Cambridge, Mass. : Harvard University Press, 1975, 특히 19~50쪽과 176~280쪽을 볼 것. 또한 Donald L. Baker, "Confucians Confront Catholicism in Eighteenth-Century Korea," Ph. D. Dissertation, University of Washington, 1983도 볼 것.

문을 발표한 바 있다.12) 이 글들을 통해 '네비우스 방법'에 바탕한 교육, 의료 사업 등 간접 선교와 하층민 선교가 조선에서 벌어진 기독교 성장의 주된 요인이라는 주장을 비판하였다.13) 당시 조선사람들은 선교사들을 비롯한 모든 서양사람들에 대하여 깊은 의구심과 증오감을 가지고 있었기 때문에 교육, 의료, 사회 사업을 통하여 이들을 접촉할 수가 있었고, 또한 이들이 가진 서양사람들에 대한 의심과 증오의 감정을 천천히 녹여 갈 수가 있었다. 앞선 교육과 의술을 내세운 이 간접 선교전략은 유교적 조선을 개혁하려는 조선사람들에게 호의적 반응을 불러일으키기도 했다. 특히 유교적 조선 사회에서 혜택을 받아 오지 못한 계층을 선교의 주대상으로 삼아 이들을 개종, 훈련시켜 이들 스스로가 조선을 기독교화하도록 의도된 선교전략은 기독교 선교에 효과적이었다. 지배층과는 달리 하층민들이란 상대적으로 유교적 체제와 이념적, 심리적으로 강하게 이어지지 않아 이들의 개종은 한결 쉬웠을 것이다.14) 또한 사회에서나 정치에서 무시당

---

12) 나의 글, 「한국 개신교 성장에 관한 역사학적 설명 시도」와 "Protestantism in Late Confucian Korea : Its Growth and Historical Meaning"를 볼 것.
13) 나는 이 외에도 조선의 민속신앙과 기독교의 유사성 때문에 조선사람들이 기독교를 강한 신학적 부담없이 수용할 수 있었고, 바로 이 때문에 조선에서 기독교가 놀랍게 성장했다는 주장과 사회, 정치 참여를 함으로써 한국사람들로부터 "공신력을 얻어 급성장했다"는 주장을 비판하기도 했다. 나의 글 「한국 개신교 성장에 대한 역사적 설명 시도」, 105~109쪽과 "Protestantism in Late Confucian Korea," 141~144쪽을 볼 것. 또한 네비우스 방법을 비롯한 초기 선교 방법과 전략을 살피려면 Charles A. Clark, *The Korean Church and the Nevius Methods*, New York : Fleming H. Revell Co., 1930 ; Allen O. Clark, *A History of Church in Korea*, Seoul : The Christian Literature Society, 1971 앞 부분 ; George L. Paik, *The History of Protestant Missions in Korea, 1832~1910*, P'yongyang : Union Christian College, 1929 여러 곳을 볼 것.
14) Yong-Shin Park, "Protestant Christianity and Social Change in Korea,"

132

하고 소외당해 온 이들이 기독교 공동체에서 인간적 대우를 받고 선교라는 종교적, 사회적 '역할'을 부여받았을 때 사회에서의 역할을 목타게 바랐던 이들의 전도 활동은 자못 전투적이었다.

초기 선교방법과 전략만을 가지고 조선에서 벌어진 기독교의 '비길 데 없는 성장'이라는 역사 현상을 만족스럽게 설명하지 못한다. 이러한 간접 선교방법과 전략은 조선에서만이 아니라 거의 모든 피선교지에서 채택, 실시되었다. '네비우스 방법'이라는 것도 중국에서 먼저 실시되었고, 교육, 의료 사업이라는 것도 중국과 일본에서 더 먼저, 그리고 더 많은 인적, 물적 자원을 가지고 실시되었다. 그렇다면, 거의 모든 피선교지에서 보편적으로 실시된 선교방법과 전략을 가지고 조선에서 '예외적으로' 나타난 놀라운 기독교의 성장을 설명하려는 시도 자체가 논리적이지 못하다. 이러한 시도가 타당성을 가지려면, 의료, 교육 사업등 간접 선교방법이 적용된 일본이나 중국과 같은 피선교지에서도 조선에서와 마찬가지로 기독교가 놀라운 성장을 하였어야 했다. 그러나 위의 피선교지에서는 조선에서 특별히 효력을 나타낸 간접 선교방법과 전략이 어느 정도의 효력을 내었으나 대수롭지 않아 놀라운 기독교 성장을 이끌어 내지 못하였다. 그 이유는 조선과 다를 '역사적 상황'이다. 그렇기 때문에 피선교지에서 보편적으로 적용된 선교 방법과 전략이 왜 유독 조선에서만 '예외적으로' 효과를 거두었는가라고 묻는 것이 더 논리적이다.[15] 이에 대답하기 위해 메이지 일본의 기독교 역사를 한번 볼 필요가 있다.

메이지 일본의 기독교는 교육활동으로 1890년대까지 꾸준히 성장

Ph. D. Dissertation, University of California at Berkeley, 1975. 특히 1장과 2장을 볼 것.
15) 나의 글, 「한국 개신교 성장에 대한 역사학적 설명 시도」, 105~106쪽과 "Protestantism in Late Confucian Korea," 148~149쪽을 볼 것.

하고 있었다. 한 자료에 의하면, 1889년에는 43,273명으로 불어났다.[16] 샤이너(Irwin Scheiner)의 지적대로 메이지시대 일본 기독교 성장의 '밑받침'(the fulcrum)은 교육사업이었다.[17] 메이지 유신으로 옛 특권과 지위를 잃게 된 사무라이들이 새로운 사회에서 계속해서 영향력을 행사할 수 있는 길은 서양 문물을 빨리 습득하는 길밖에 없다고 보고 기독교 계통의 학교나 선교사들을 비롯한 서양사람들을 선생으로 초빙한 옛 다이묘들이 세운 학교로 찾아 들었다. 이들이 선교사들을 접촉하고 개종하기 시작해서 1889년경에는 300여 개의 교회가 생겨났다. 교육사업이 메이지 일본의 기독교 성장을 낳았다는 샤이너의 주장은 일리가 있다.[18]

그러나 1899년을 기점으로 일본 기독교는 사양길에 접어들었다. 이전에 효력을 발휘하던 교육사업도 1899년부터 그 효력이 없어지고 말았다. 그것은 교육을 통한 선교 방법과 전략 때문이 아니라 1890년부터 바뀌기 시작한 역사 환경 때문이었다.[19] 우리가 알다시피, 1868년 메이지유신 이후 한 20년 동안 일본사람들은 미친 듯이 서양화를 해 갔다. 일본사람들은 서양의 것이면 무엇이든지 다 좋다는 생각에 흠뻑 빠져 있었다. 역사학자 샌섬(George Sansom)은 이 시기를 일본사람들이 서양문물에 "중독된 시대"(the period of intoxication)라고 일컫는다.[20] 부국강병을 이루겠다는 정부 관리나 지식 계급만이 아

---

16) 짧은 글로는 Gordon H. Chapman, "Japan : A Brief Christian History," Donal H. Hoke(엮음), 윗글, 302~327쪽.

17) Irwin Scheiner, *Christian Converts and Social Protest in Meiji Japan*, Berkeley : University of California Press, 1970, 8쪽

18) 윗글, 8~12쪽 볼 것.

19) 일본의 근대 역사의 일반적 흐름을 보기 위해서는 박영신 · 박정신 옮김, 『근대일본의 사회사』, 서울 : 현상과 인식, 1993, 특히 5, 6, 7, 8장을 볼 것. 원제는 Kenneth B. Pyle's *The Making of Modern Japan*.

니라 어린아이들까지도 서양 것을 동경하였다. 바로 이 친서구화 시대에 교육을 통한 선교는 약효를 내었고, 그래서 기독교는 성장하였던 것이다. 그러다가 1890년대에 들어서면서 서양 나라들과 맺은 불평등 조약을 수정하기에 이른다. 우리가 익히 알고 있듯이, 청일전쟁 후 승리감에 도취되었던 일본사람들은 러시아, 독일, 프랑스의 이른바 3국 간섭이 있자 인종적 차별을 느끼며 반서양의 태도를 취하게 된다. 이른바 반서양 국가주의 물결이 메이지 일본을 휩쓸게 되었다. 천황제가 급작스럽게 무대 위로 오르고, 옛 가치인 충효 사상이 다시 강조되기 시작하였다. 바로 메이지 일본에서 벌어진 기독교 성쇠의 역사가 이와 물려 있다.21) 다시 말해서, 친서구화 시대에 성장하던 기독교가 반서양 국가주의 돌풍이 몰아치기 시작할 때 이전과 같은 선교 방법과 전략에도 불구하고 사양길로 들어서게 된 것이다. 메이지 일본에서 벌어진 기독교 성쇠의 역사는 조선에서 벌어진 놀라운 성장의 주된 원인을 밝히고자 하는 이들에게 실마리를 마련해 주고 있는 것이다. 그것은 바로 선교의 방법과 전략이 아니라 달라진 역사 환경, 역사 전개에서 찾아야 한다는 시각이다.

기독교와 유교적 조선이 만난 당시의 역사적 상황을 살펴보자. 1876년 나라의 문이 강제로 열리게 되고 이어서 서양 여러 나라들과 조약을 맺으면서 기독교가 조선에 들어오게 되었다. 그렇다 하여 반서양, 반기독교적 정서가 사라진 것은 아니다. 그러나 개항을 하면서 조선의 전투적이고 문화주의적 반서양, 반기독교적 정서에 틈이 나기

---

20) George B. Sansom, *The western World and Japan : A Study in Interaction of European and Asiatic Cultures*, New York : Alfred A. Knopf, 1950, 378쪽.

21) William K. Bunce, *Religions in Japan : Buddhism, Shinto, Christianity*(Rutland, Vermont and Tokyo : Charles E. Tuttle Co., 1955), 157~159쪽.

시작하였다. 이를테면 황준헌(黃遵憲)의 『조선책략』(朝鮮策略)이 소개되어 지배층 사이에 널리 읽혀졌는데, 이것이 이 틈을 더 벌려 주었던 것이다. 서양을 한 묶음으로 묶어 단순히 보아왔던 조선사람들의 서양관이 더욱 구체성을 띠게 해 주었다.[22] 좀 길지만 조선 선교에 선도적 역할을 한 선교사들이 쓴 미국에 관한 구절을 따와 본다.

　'미국'은 예의로서 나라를 세우고, 남의 인민을 탐내지 않고 굳이 남의 정사에 간여하지 않았다. '미국'과 중국과는 조약을 맺은 지 십여 년이 되었는데, 그 동안 조그마한 분쟁도 없었던 나라이다 ……항상 약소한 사람을 돕고 공의를 유지하여 유럽 사람들에게 함부로 악한 일을 하지 못하게 하였다.……미국을 우방으로 하면 도움을 얻고……미국의 종교는 야소교(耶蘇教)인데 천주교와 근원이 같지만 파가 다르다.……기독교의 주된 가르침은 일체 정치에 간여하지 않으며 교인 중에는 순박하고 선량한 이들이 많다. 중국과 서양과 통상한 이래로 선교사를 살해한 일이 자주 있지만, 기독교 사람은 하나도 없으니 기독교인들은 근심해야 할 일이 없음이 입증된다.……[23]

이 따옴은 미국과 유럽 여러 나라를 구분 짓고 기독교와 천주교를 견주고 있다. 무엇보다도 유럽 여러 나라들과는 달리 미국은 남의 땅을 노리지 않고 오히려 연약한 나라와 인민을 돕는다는 호의적 미국관, 그리고 미국사람들의 종교인 기독교는 천주교와는 달리 정치에 관여하지 않고 오직 인민 교화에만 몰두하고 있다는 호의적 기독교

---

22) 내용을 자세히 보려면, 황준헌, 조일문 편역, 『朝鮮策略』, 서울 : 건국대학교 출판부, 1977 볼 것.
23) 윗글, 13~15, 20~21, 24~25쪽. 나는 본문을 읽기 쉽게, 될 수 있으면 요즈음 말로 풀어 썼다.

관을 담고 있다. 반서양, 반기독교적 조선 사회에 친미적, 친기독교적 분위기가 싹트기 시작한 것이다.

사실, 개항 후 서양과의 수교 전후에 전투적이고 문화주의적인 반서양, 반기독교적 조선 사회에 친미적, 친기독교적 미풍이 일 때 기독교가 들어왔다. 양반인 이수정이 일본에서 개종한 것,[24] 민영익이 미국 방문중에 우연히 가우처(John F. Goucher) 목사를 만나 기독교 선교를 논의한 것도 다 개항 이후의 일이다.[25] 김옥균이 일본에서 미국 감리교 선교부의 맥클레이(Robert S. Mclay) 목사와 더불어 선교학교 설립 문제를 논의하고, 이후 서울에서 다시 만나 그를 고종에게 소개하고 선교학교 설립을 허가토록 건의한 것도 또한 이즈음의 일이다.[26] 그러나 무엇보다도 비록 선교사 신분을 숨기고 미국 공사관의 의사라고 고종에게 소개했어야 했지만, 1884년에 미국인 의사 알렌(Horace N. Allen)이 최초의 기독교 선교사로 조선에 온 것을 빠뜨릴 수가 없다.[27] 그가 올 수 있었던 것도 개국과 서양 여러 나라들과의 외교 관계 수립으로 문화적 쇄국의 장벽에 나기 시작한 바로 이틈 때문이다.

알렌은 갑신정변 때 부상당한 민영익을 치료해 주게 된다. 이를 계기로 맺은 당시 정치권력의 실세들과의 친분관계를 기독교 선교를 위한 '교두보'(Bridgehead)로 삼아 선교의 발판이 될 광혜원(廣惠院)이라는 서양식 병원을 세웠다.[28] 이후에 들어온 언더우드(Horace G.

---

24) 이수정에 관해서는 George L.Paik, 윗글, 78~80쪽을 볼 것.
25) 윗글, 81~82쪽.
26) 윗글, 82~106쪽 및 Fred Harvey Harrington, *God, Mammon, and the Japanese : The Dr. Horace Allan and Korean-American Relations, 1884 ~1905*, Madison, Wisconsin : University of Wisconsin Press, 1944, 12~13쪽을 볼 것.
27) 윗글, 11~12쪽.

Underwood), 아펜젤러(Henry G. Appenzeller)를 비롯한 여러 선교사들도 몇 개의 선교학교를 세울 수 있었다. 당시 상황에서 선교학교와 병원은 선교사들의 유일한 활동 거점이었다. 의료 혜택을 받을 수 없는 가난한 이들이 돈을 내지 않거나 적은 비용으로 치료를 받을 수 있는 선교병원으로 줄지어 찾아 들었다.29) 또한 서양 문물을 수용하려는 젊은이들이 선교학교의 문을 두드렸다. 바로 이 선교 병원과 학교에서 선교사들은 조선사람들을 접촉할 수가 있었고, 또한 교육과 의술을 베풂으로 그들에게 좋은 인상을 심기 시작하였다. 그리하여 선교사들을 접촉하여 의료, 교육의 혜택을 받은 조선사람들은 오래도록 지녀왔던 반서양, 반기독교적 태도를 누그러뜨리거나 바꾸어 갔고, 이들 가운데서 용기 있는 이들은 기독교로 개종하기도 했다. 그래서 선교학교와 병원 주변에 작으나마 기독교 공동체가 싹트기 시작한 것이다.

그러나 선교사들이 조선사람들을 접촉할 수가 있었다 해서 내놓고 기독교를 전할 수 있었던 것도 아니고, 또한 조선사람들이 교육과 의료 혜택을 받았다 해서 당장 줄지어 개종해 온 것도 아니다. 물론 의료, 교육 사업을 비롯한 간접 선교방법과 전략이 기독교 성장에 큰 몫을 하였지만, 조선에서 펼쳐진 '비길 데 없는 성장'을 설명할 때 너무 치켜세우지 말아야 한다. 앞서 말했지만, 이러한 선교 방법과 전략이 조선에서만 실시되어 기독교 성장에 기여한 것이 아니라 거의 모든 피선교지에서 실시되어 조선에서 보다 더 또는 조선에서와 비슷한 성장을 낳았기 때문이다.

---

28) 윗글, 90~91쪽 및 3장.

29) 한 선교사의 글에 의하면, 수많은 환자가 몰려 와서 시설 확충을 요청할 정도였다. W. F. Mallalieu, "Mission in Korea," *The Korean Repository*, 1권 9호, 1892년 9월, 286~287쪽.

1884년 첫 선교사 알렌이 들어온 후 1890년대 중반까지의 기독교 성장이란 일본 기독교의 성장과 견줄 때 그렇게 두드러진 것이 아니다. <그림 1>에서 볼 수 있듯이, 1890년대 중반에 들어서면서 조선 기독교는 급상승 곡선을 그리며 성장하고 있었다.[30] 선교학교도 이즈음부터 바삐 세워졌다. 1885년에 세 학교, 1890년에 오직 한 학교만 세워졌을 뿐이고 1887년부터 1889년까지의 기간에는 아예 한 학교도 문을 열지 않았다.[31] 그러던 것이 1894년부터는 해마다 계속해서 새

<그림 1> 장로교 세례교인수, 1885~1905

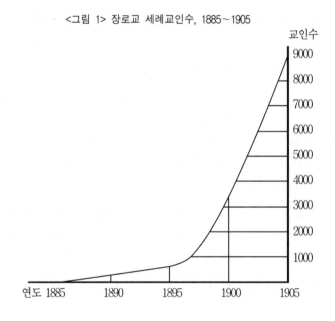

---

30) Roy E. Shearer, *Wildfire : Church Growth in Korea,* Grand Rapids, Mich, : William B. Eerdmans Publishing Co., 1966을 우리말로 옮긴 이승익 역, 『韓國敎會成長史』, 서울 : 대한기독교서회, 1975, 56쪽의 그림을 빌려옴.

31) 1886년에 배재학당, 이화학당, 경신학교가, 1890년에는 정신여학교가 문을 열었다.

선교학교가 세워졌다.[32)]

다시 말해서 1890년대 중반에 들어서면서 비로소 조선사람들이 서양에서 온 기독교가 펼치는 교육, 의료 사업 따위에 적극적인 반응을 보이기 시작한 것이다. 물론 선교사의 수도 늘어났을 것이고 개종한 조선사람들의 수가 늘어나 이들이 선교 세력에 합세한 까닭도 있을 것이다. 그러나 무엇보다도 1890년대 중반에 나타난 역사적 상황의 급격한 변화와 이어서 이를 인식해야 할 것이다.

1899년을 기점으로 기독교가 사양길로 접어들도록 한 메이지 일본의 역사적 상황과는 정반대 되는 역사적 상황이 1890년대 중반에 조선에서 전개되었다. 바로 여기에서 조선 기독교의 '비길 데 없는 성장'의 원인을 찾자는 것이다. 피선교지에서 보편적으로 실시된 의료, 교육 사업 등 간접 선교방법이나 전략이 왜 유독 조선에서, 왜 1890년대 중반부터 '비길 데 없이' 효력을 내기 시작했는가를 이 '비길 데 없는 역사적 상황 전개'에서 캐 보자는 말이다. 이렇게 할 때 비로소 놀라운 기독교 성장의 뜻을 새길 수 있는 것이다.

청나라와 일본이 조선을 전쟁터로 삼아 싸움을 벌인 청일전쟁이 1894년에 있었고 1904년에는 러일전쟁이 터졌다. 일본이 중국을 쳐부수고 러시아를 굴복시켰다. 모든 전쟁이 그랬듯이 이 두 전쟁도 넓게

---

32) 선교학교 수, 1894~1904

년도	수	설립된 곳
1894	3	평양 2, 연변
1895	1	동래
1896	2	서울, 평양
1897	3	서울, 평양, 인천
1898	3	서울, 평양, 재령
1903	3	평양, 원산, 목포
1904	4	원산 2, 개성, 해주

이 표는 이광린 『韓國史講座』 5권, 543쪽에 기대었음.

는 세계사나 동아시아사, 좁게는 조선의 역사를 크게 바꾸었다. 오랫동안 동아시아를 뽐내며 지배해 온 중국이 두 무릎을 꿇음으로 중국 중심의 질서가 무너지기 시작하였다. 멸시와 천대를 받아 오던 일본이 얼마 전에 서양 문물을 받아들이더니 중국과 러시아를 차례로 물리치고 세계 열강의 자리에 올라 동아시아에서 거의 절대적인 영향력을 행사하기 시작했다. 중국을 종주국으로 섬기며 중국 중심 질서 속에서 오래도록 안주해 온 조선은 큰 충격을 받게 되었다.

충격 받은 조선사람들 가운데 자각의 소리와 움직임이 나타났다. 중국에 온순하게 얽매여 왔음을 부끄럽게 여기는 이도 있었고, 옛 가치와 체제가 새로운 문제들을 해결할 수 없다고 비판하고 나서는 이도 있었다. 이전부터 이 구석 저 구석에서 일기 시작한 이러한 자각과 개혁의 소리들은 전쟁을 겪으면서 개혁 운동으로 나타나기 시작했다. 분명한 '적'으로 등장한 일본에 대항하여 국권을 지키면서 우월이 증명된 서양 문물을 재빨리 수용하여 나라를 개혁, 부강한 나라를 빨리 만드는 것이 조선 민족의 급박한 과제라고 보는 이들이 많아지게 되었다. 비서양, 비기독교 국가인 일본이 '적'으로 뚜렷이 등장하는 역사적 전개는 개혁적 조선사람들로 하여금 일본을 통해서 서양 문물을 받아들이고, 일본을 의지해서 나라를 개혁하려는 이전의 생각을 송두리째 저버리게 하였다. 서양으로부터 직접 문물을 수용하고자 했고 서양사람들로부터 도움을 받고자 했다. 전쟁 전에 개혁의 지원을 일본에서 구했던 개화파 인사들이 이른바 '정동구락부'(貞洞俱樂部)라는 친서양, 친미적 개혁 무리로 변신해 갔고,[33] 일찍이 미국에 호감을 가졌던 고종이 더욱 노골적으로 친미 발언을 하고 행동했던

33) Harrington, 윗글, 11~13쪽 및 28~32쪽 ; Lillias H. Underwood, *Fifteen Years Among the Topknots or Life in Korea*, Boston, New York and Chicago : American Tract Society, 1904, 28쪽을 볼 것.

것도 다 일본에 대한 경계심이 치솟던 전쟁 이후의 일이다.[34] 이처럼 반일감정이 치솟고 있을 때 개혁적 인사들을 비롯한 많은 조선사람들은 서양, 특히 미국과 기독교에 대하여 더욱 더 호의적 태도를 가지게 되었던 것이다.

유영익의 값진 연구에 의하면, 바로 이 시기에 조선사람들의 호의적 대미 인식이 급격히 확산되고 있었다. 이전에 고종을 비롯한 몇몇 지도적 인사들의 우호적 대미관은 청일전쟁 이후 『한성순보』, 『독립신문』, 『대한매일신보』를 통해 '보편화'되어 갔다. 미국을 '인의(仁義)의 나라', '부유의 나라', '강병의 나라', '신의의 나라', '형제의 나라', '아시아에서 일본의 횡포를 억제해 줄 수 있는 나라', '기독교의 나라'라는 인식이 조선사람들 사이에 팽배하여 갔다.[35] 미국이 러일전쟁 후 친일적 정책을 추구했을 때에도 조선사람들은 미일 충돌설 등의 희망적 관찰을 하면서 "짝사랑"을 하고 있었다고 유영익은 당시 조선사람들의 대미 의식, 대미 기대감의 정도를 그리고 있다.[36]

미국에 대한 이 "짝사랑"의 역사적 상황 전개와 1890년대 중반에 급상승 곡선을 그리며 나타나는 기독교의 갑작스런 성장과 물려 있음을 눈여겨보아야 한다. 한국교회사를 앞서 연구하는 민경배도 청일전쟁 직후에 기독교가 급성장했다고 밝힌 바 있다.[37] 앞서 말한 선교

---

34) 고종의 친미적 입장은 유영익 외, 『한국의 대미인식─역사적으로 본 형성과정』, 서울 : 민음사, 1994, 특히 64쪽을 볼 것.

35) 윗글, 57~81쪽을 볼 것. 유영익의 글은 「개화기의 대미 인식」으로 여기에 포함되어 있다. 그의 학문적 넓이와 깊이, 그리고 자료를 다루는 철저함과 정직성을 한껏 나타내고 있는 이 글 전체를 보기 위해서는 윗글, 55~141쪽(제2장)과 「통시적으로 본 대미인식─다섯 가지의 대미 고정관념」, 279~324쪽(제5장)을 볼 것.

36) 유영익, 「개화기의 대미인식」, 81쪽.

37) 민경배, 『한국의 기독교회사』, 서울 : 대한기독교서회, 1968, 71~72쪽.

학교의 수적 증가도 그러하고, 러일전쟁 후 교회당과 신도의 수가 배로 껑충 뛴 것도 그 한 보기이다.[38] 이 갑작스런 기독교의 성장은 몇 안 되는 선교사들의 노력이나 몇 푼 안 되는 선교비 때문이 아니다. 일본과 맞선 상황에서 서양 문물을 수용하여 빨리 조선을 부강한 나라로 만들려는 개혁적 조선사람들이 학교를 세우고 병원을 열어 서양 문물을 전하고 가르치는 기독교로 들어오고, 또는 강력한 서양 나라 미국에 기대어 일본을 막아 보려는 조선사람들이 개종하거나 기독교 공동체에 호의적 태도를 가지게 되었기 때문이다. 다시 강조하지만, 두 전쟁에서 승리한 일본이 식민지 야욕을 드러내며 조선에 접근해 오는 역사 전개와 친미적 분위기가 확산되어 갈 때, 그리고 기독교가 처음으로 급상승 곡선을 그리며 성장한 때가 일치하고 있음을 주목하여야 한다.

확대되어 가던 당시 기독교라는 공동체는 도대체 어떠한 조선사람들로 이루어졌는가. 전쟁 전에 이 종교 공동체에 들어온 이들이나 전쟁 후에 합세한 이들이나 모두 개혁적 조선사람들이다. 유교적 체제와 이념적, 심리적으로 강하게 이어지지 않아 쉬이 새 종교에 들어온 평민들도 개혁적이고, 유교적 조선을 개혁하여 부강한 나라를 만들어 보겠다고 들어온 양반들도 개혁적이다.[39] 전쟁 전후에 침략의 야욕을 드러낸 일본에 맞서기 위해서 힘과 부의 상징이 된 미국에 기대어 나라를 구하려 했던 이들도 다 개혁적이다. 짧게 말해서, 이 새 종교 공동체의 구성원들은 적극적이든 소극적이든 모두가 개혁적이었다.

---

38) Horace G. Underwood, *The call of Korea*, New York : Fleming H. Revell, 1908, 146~149쪽에 근거함. 선천의 경우 1904년에 6,597명이던 신도 수가 1905년에는 11,943명으로 한 해에 거의 배가 불어났다. James S. Gale, Korea in Transition, New York : Eaton and Mains, 1909, 195쪽을 볼 것.

39) Yong-shin Park, 윗글, 1장과 2장을 볼 것.

이 개혁적 조선 사람들이 모여들기 시작한 기독교의 가르침 또한
개혁적, 아니 당시의 역사적 상황에서는 가히 혁명적이었다.40) 흔히
말하는 것이지만, 이들은 하나님 앞에서 모두가 평등하다는 가르침을
받았다. 유교적 신분 사회에서 양반과 상민이, 남자와 여자가, 그리고
어른과 어린이가 동등하다고 믿고, 한 곳에 모여 종교 의식과 행사를
하였다. 대다수 조선 사람들이 따르는 유교적 가르침과 습속과 결별
을 결단한 이들이다. 제사 문제에 대한 이 종교 공동체의 가르침을
보기로 따와 보자.41)

문 : 제사드리는 것이 마땅하뇨, 아니 마땅하뇨.

답 : 마땅치 아니하다.

문 : 예수교하는 사람이 조상에 제사하는 것이 옳으뇨 옳지 아니하
   뇨.

답 : 옳지 아니하니, 일체 못하느니라.

문 : 어찌하여 옳지 아니하뇨.

답 : 조상이 이미 세상을 버리고 갔으니 능히 먹지 못할 것이매 제
   사는 헛된 일이 되고 또 정령히 여호와 계명을 범하는 것이니
   외양으로 지내는 체도 못하느니라.

문 : 내가 제사를 아니하면 어찌 조상 공경하는 마음을 표하리오.

답 : 조상을 사모하며 그 교훈을 생각하며 그 분부한 것을 쫓아 행
   하며 평생에 잊지 아니하는 것이 조상 공경하는 마음을 표하느
   니라.

---

40) 박정신, 「구한말 일제초기의 기독교 신학과 정치」, 107~114쪽을 볼 것.
41) 당시의 전도책자『구세론』, 15~17쪽. 나는 이만열, 「한말 기독교 思潮의
   兩面性 考 – 한국기독교의 진보・보수의 역사성 탐구와 관련하여」,『한국
   기독교와 민족의식』, 서울 : 지식산업사, 1991, 204~256쪽, 223쪽의 따옴을
   그대로 빌려왔다.

144

이처럼 유교적 조선의 오랜 관행인 제사를 비기독교적인 것으로
단정하고, 새로운 종교 공동체에 들어오기 위해서는 이러한 유교적
가르침과 관행을 비롯한 옛 습관과 습속을 포기할 것을 요구하였다.

유교적 신분사회에 대한 기독교의 비판과 가르침은 전투적이었다.
"조선의 (유교적) 스승들은 여자는 남자보다 못하다고 가르쳤다. 기
독교는 이를 정면으로 부인함으로써 충돌이 있게 된다. 이들은 어떤
사람들은 다른 이들보다 더 우월하다고 가르치는데 우리는 역시 이
에 동의하지 못한다"라고 당시 기독교는 가르치고 있었다.[42] 당시 기
독교 신도들은 이러한 불평등과 차별의 제도, 습속을 소극적으로 피
한 것이 아니라 이를 '사악의 것', '이방의 것'으로 간주하며 적극적으
로 부딪혀 바꾸기를 선포한 무리들이었다. 기독교로 개종한 한 양반
의 고백을 보자.[43]

> 넉 달 전 나는 이 사랑방(예배처소 : 글쓴이 달음)에 있는 것이 부
> 끄러웠다. 교인들이 모여 무릎 꿇고 기도할 때 나는 기분이 매우 언
> 짢아 똑바로 편히 앉았었지만, 얼마 후 나도 무릎 꿇기 시작했는데,
> 부끄러운 마음이 모두 사라져 버렸다. 하나님은 나에게 믿는 마음
> 을 주신 것이다. 내 친구들은 내가 미쳐 버렸다고 말하면서 찾아오
> 지도 않는다. 그러나 참 하나님을 경배한다는 것은 밎 버린 징조가
> 아니다. 사실 나는 양반이지만 하나님께서는 어떤 이는 양반으로,
> 또한 어떤 이는 상놈으로 만드시지 않았다. 인간들이 그러한 구분
> 을 지은 것이다. 하나님께서는 모든 사람들을 평등하게 만드시었
> 다.

---

42) George H. Jones, "Open Korea and Its Methodist Mission," *The Gospel in All Lands*, 1898년 9월, 391쪽.
43) S. F. Moor가 옮긴 "An Incident in the Street of Seoul," *The Church at Home and Abroad*, 1894년 8월, 120쪽.

　다른 조선사람들보다 더 개혁적이어서 이 종교 공동체에 들어온 이들이 이처럼 '혁명적 가르침'을 받아 전투적으로 벌이는, 그러나 소리 없는 혁명을 위의 글귀에서 읽는다. 예수 믿은 후 하나님은 모든 사람들을 평등하게 지으셨다는 양반의 고백도 그러하거니와 무엇보다도 크게 위세를 부리던 양반이 천대받던 상놈과 부녀자들과 함께 자리하여 함께 무릎꿇고 한 하나님을 향해 기도하고 찬송 불렀다는 행위도 혁명적이고 계급을 초월한 그 모임 자체도 당시로서는 혁명적이었다. 세상 친구들의 조롱을 우습게 여기고 세상 것을 초월하여 더 높은 수준의 삶을 추구하겠다는 당시 기독교 신자들의 깊은 신앙심과 자부심이 위의 따온 글 뒤에 깔려 있음도 느낄 수 있다. 짧게 말해서, 당시 기독교 신자들은 이처럼 도전적 무리, 개혁적 무리였던 것이다.

　바로 이 개혁적 조선사람들은 당시 대다수 조선사람들과는 달리 '새로운 정치'를 체험해 보고 이에 필요한 정치 기술을 습득한 무리였다. 이들은 교회와 교회 계통의 학교 및 관련 기관에서 예배, 기도회, 성경공부 모임, 연설회, 토론회 같은 공중 집회와 청년회, 학생회, 전도회, ○○위원회와 같은 활동을 통해 대중 앞에 서서 대표로 성경을 읽거나 찬송을 인도하고 또한 대표로 기도하는 종교 행위를 통해 대중 앞에서는 훈련을 받았다. 또한 토론, 연설의 기술을 터득하고 모임을 만들고 이끄는 능력을 개발하고 그 기술을 배웠다. 특히 이 종교 공동체의 여러 활동에 참여, 회장을 비롯한 간부를 뽑고 뽑히는 새 정치 경험을 한 무리들이었다. 우리가 아는 바와 같이 윤치호가 *Pocket Manual if Rules if Order for Parliamentary Assemblies*를 조선말로 옮긴 것도 다 이즈음의 일이다. 당시 기독교 신자들은 이러한 종교 의식, 행사, 활동을 통하여 대중 앞에서 연설이나 토론을 할 수 있고 어떤 모임을 조직하고 운영하는 능력과 기술을 체득한 이들

146

이었다.44)

그래서 나는 반일 감정이 치솟고 미국에 기대려는 정서가 퍼져 나가는 특수한 역사적 상황에서 개혁적 조선사람들이 몰려와 움터 자라나기 시작한 이 기독교 공동체의 성장은 개혁 세력의 조직적 확장이었다고 주장한 바가 있다.45) 개혁의 뜻만 가진 이들이 아니라 그 뜻에 더하여 모임을 만들고 운영하는 정치 기술까지도 갖춘 무리들의 조직적 확대가 기독교 공동체의 성장이라는 말이다. 이 때의 새교육운동, 문화운동, 사회운동, 정치운동이 이러한 기독교 공동체 안팎에서 펼쳐지고 있었던 것은 너무나 당연한 것이다.

독립협회운동을 보기로 하자. 이 운동에 관한 한 한국학계의 대표적 업적은 신용하의『獨立協會研究』이다.46) 이 연구에 의하면, 고급관료들의 사교 클럽으로 등장한 독립협회는 '신지식층'과 '동류의 사회의식을 가진 다수의 민중'이 참여하는 민중 진출기를 거쳐 민중 주도의 사회·정치 운동으로 발전하였다. 그는 '신지식층'은 서재필, 윤치호, 이상재, 남궁억 등 기독교 그룹과 개신 유학자 그룹으로 분류하고 있다.47) 그러나 이 연구는 이른바 '신지식층'이 배경으로 삼은 집단과 어떻게 이념적, 조직적으로 이어져 있는가, 즉 이 운동의 사회사적 모습을 그리지 못하고 있다. 그래서 그의 '신지식층'이나 '동류의

---

44) '예수쟁이 말쟁이' 또는 '예수쟁이들 말 잘한다'는 예수 믿지 않는 사람들의 빈정댐은 아마 구한말부터 생겨나지 않았나 생각한다. 이미 그때부터 예수 믿는 이들은 교회 활동을 통해 가족의 울타리 밖의 사람들과 접촉하고 함께 활동하였는가 하면 본문에서 적었듯이 대중 앞에 서서 연설하고 토론하는 체험을 했음으로 당시 조선의 어느 무리들보다도 대중 앞에서 '말 잘하는 이들'로 각인되었을 것이다.
45) 나의 글, "Protestantism in Late Confucian Korea," 164쪽과「한국 개신교 성장에 관한 역사학적 설명 시도」, 118쪽과 120쪽.
46) 신용하,『獨立協會研究』, 서울 : 일조각, 1976.
47) 윗글, 81~112쪽을 볼 것.

사회의식을 가진 다수의 민중'은 추상적 개념으로 남아 있다.48)

이에 더하여 신용하의 연구는 독립협회 지부 설치를 설명하는 데도 미흡한 부분이 있다. 이를테면 1989년 독립협회는 공주, 평양, 선천, 의주, 강계, 북청, 대구 및 목포에 지부를 설치하였다.49) 공주 지부는 중앙 간부이자 친기독교계 인사인 이상재와 지석영의 요청으로 이루어졌고, 나머지 7개 지부는 그 지방에 사는 이들로부터 설치 요청에 따라 이루어졌다고 그는 밝히고 있다.50) 그렇다면, 도대체 이 지방 도시들에서 누가 서울에서 펼쳐지는 독립협회운동을 들어 알고 있었으며, 또한 이 협회가 품고 있는 개혁의 뜻에 심정적으로 동조할 뿐만 아니라 이를 적극적으로 펼쳐 보려는 이들은 누구였는가 라는 질문으로 이어져야 한다. 이에 더하여, 다른 지방 도시에 사는 이들이 아니라 왜 하필 위의 지방 도시에 사는 이들이 앞서 지부 설치를 요구하였는가도 물어야 한다. 이에 대한 대답이 바로 '동류의 사회의식을 가진 다수의 민중', 곧 깨어난 민중의 실체를 밝히는 것이 된다.51) 그의 『獨立協會研究』가 이를 밝히지 못하고 있는데, 그 이유는 당시 이념적으로 유교적 조선을 개혁하려는 무리의 조직 공동체로 급성장하고 있는 기독교와 이어서 설명하려는 시각을 갖고 있지 않았기 때문이다.

지금까지 나온 연구나 자료에 의하면, 지부가 설치된 8개의 도시 가운데 앞서 말한 공주 지부는 중앙의 친기독교계 인사들의 요청에 의해 설치되었고 나머지 7개 도시는 유독 기독교가 급성장하던 지방

---

48) 나의 연구비평, 「한국 현대사에 있어서의 개신교의 자리」, 184~185쪽을 볼 것.
49) 『독립신문』 1989년 10월 1일자.
50) 신용하, 윗글, 88, 93~95쪽 및 106~107쪽.
51) 박정신, 「한국현대사에 있어서의 개신교의 자리」, 184~185쪽 ; "Protestant-ism in Late Confucian Korea," 161~162쪽을 볼 것.

148

이나 도시였다. 평양, 의주, 강계, 선천은 이른바 서북지방, 즉 당시
조선의 기독교 교세가 반 이상이 집중된 지방의 도시들이다. 교회의
수도 그렇고 기독교 계통 학교의 수도 전체의 거의 반이 서북지방에
집중되어 있었다. 경상도의 대구와 함경도의 북청 그리고 전라도의
목포도 기독교가 급성장하던 도시였다.[52] 개혁적 조선 사람들의 공
동체인 기독교가 왕성한 지방의 사람들이 기독교 지도자들이 서울에
서 펼치고 있었던 독립협회의 지부 설치를 요청하였던 것이다.

민중이 독립협회운동에 참여하게 된 매체가 토론회였다고 신용하
는 밝히고 있는데, 이 토론회도 기독교계 학교인 배재학당에서 처음
실시하였고, 뒤에 독립협회에서 토론회를 개최하였는데, 이때도 배재
학당에서 토론회를 가르치고 참여한 기독교계 인사들이 주축이 되었
다. 서울 밖에서 최초의 토론회가 시작된 곳이 최초의 교회가 선 솔
내(松川)였다는 것도 우연이 아니다.[53] 앞서 말했지만, 기독교 신자
들은 조선의 어느 무리들보다도 먼저 대중 앞에서 토론하고 연설하
는 새 정치를 체험하였고, 또한 모임을 만들고 운영하는 새 정치 기
술을 습득한 이들이었다.

한 자료에 의하면, 독립협회 평양지부는 길선주, 안창호를 비롯, 17
명의 평양 기독교 지도자들에 의하여 설치되었다. 지부 설치 기념대
회에 약 4, 5천명이 모였고 길선주와 안창호가 연설을 하였으며, 참석
자 대다수가 기독교 신자들이었다.[54] 이만열의 연구에 의하면, 중앙
의 지도부를 기독교계 인사들이 움직일 뿐만 아니라 아펜젤러와 같

52) 이 지방의 기독교 성장에 대해서는 이광린,「開花期 관서지방과 基督敎」,
『韓國開化思想硏究』, 서울 : 일조각, 1979, 239~254쪽 및 Roy E. Shearer,
앞의 책, 4장과 5장, 그리고 6장을 볼 것.
53)『협성회보』1898년 1월 8일.
54) 김인서,「靈先生小傳」,『信仰生活』1933년 2월호, 26~30쪽, 특히 27쪽을
볼 것.

은 선교사들도 지원하고 있었고 평양의 기독교인들이 적극적으로 독
립협회운동을 지원하는 대중 집회를 열고 있었던 것이다.55) '황국협
회'나 보부상들이 독립협회의 대중 시위를 탄압할 때 교회와 선교학
교가 독립협회의 '장귀'(長鬼)였다고 지적하였고,56) 『일본공사관기
록』도 독립협회와 기독교 공동체의 이음새를 지적하고 있다.57)

　'동양의 예루살렘'이라 일컬어지기도 하고 '조선 기독교의 성지'라
고 불릴 만큼 기독교 성장과 활동이 왕성했던 평양에서 기독교 신자
들, 곧 '동류의 사회의식을 가진 다수의 민중'에 의해 독립협회 평양
지부가 설치되었다면, 기독교가 놀라운 성장을 보인 서북의 선천, 강
계, 의주와 경상도의 대구의 지부 설치 등 독립협회 활동이 다른 지
방과 도시보다 더 활발하였던 것은 기독교 공동체 때문이었다고 보
는 것이 마땅하다.

　독립협회의 중앙지도부를 움직인 서재필, 윤치호, 이상재, 남궁억,
이승만 등이 기독교 지도자들이었고, 지부 설치를 비롯한 지방 활동
도 기독교가 왕성한 곳에서 그 구성원에 의해 펼쳐졌다면, 독립협회
운동을 기독교 공동체와 떼어서, 또는 독립협회운동에 기독교 신도들
이 참여한 정도로 이해되거나 설명되어서는 안 된다. 독립협회운동과
같은 당시의 사회, 정치적 개혁 운동이 개혁적이며 또한 새로운 정치
를 체험하고 그 기술을 체득한 무리의 공동체인 기독교와 이념적, 조
직적으로 깊게 이어져 있었던 것이다. 신문화운동의 본거지는 교회와
교회가 세운 학교였고, 또 조선사람들이 쉽게 모여 개혁을 논의할 수

55) 이만열, 『韓國基督敎와 民族意識』, 서울 : 지식산업사, 1992, 211~212, 236
　　~238쪽을 볼 것. 나의 학위논문과 연구비평, 「한국현대사에 있어서의 개
　　신교의 자리」가 나온 이후지만, 이만열도 신용하의 연구가 협회운동을 보
　　는데 기독교가 빠져 있음을 비판하였다. 윗글, 17쪽.
56) 윗글, 237쪽.
57) 윗글, 같은 쪽을 볼 것.

150

있는 곳은 교회나 교회 계통의 학교 밖에 없었다는, 당시 황해도 안 악에서 교육, 사회 운동에 참여했던 최명식의 회고도 있다.[58]

청일전쟁 후 합방 전까지의 기독교 성장은 반일 감정이 치솟고 친 미적 분위기가 확산될 때 이루어졌고, 그것은 침략의 야욕을 드러낸 일본을 물리치고 나라를 개혁하여 부강하게 만들려는 사회, 정치 운 동이 이념적, 조직적으로 기댄 공동체의 성장이기도 했다. 그래서 나 는 기독교의 성장은 개혁적 사회·정치 세력의 조직적 확대를, 거꾸 로 개혁세력의 확산은 기독교 공동체의 확산, 적어도 이 종교에 호의 적인 세력의 확산을 의미한다고 주장한 바 있다.[59] 구한말 기독교와 조선의 개혁적 사회·정치 세력은 이렇게 만나 이처럼 물려 있었던 것이다.

2. 일제하 기독교와 민족운동 세력과의 물림과 엇물림

1) 일제 초기 - 물림의 꼴과 결

1905년 보호조치, 1910년 합방으로 조선은 완전히 일본의 식민지 가 되었다. 이미 이즈음에는 기독교가 조선 민족의 최대의 조직 공동 체로 떠올라 있었다. 1910년에 이 종교와 이어진 각종 학교가 832개 나 되었고 이 학교에서 가르치고 운영하는 교직원이 수천 명에 이르 렀다.[60] 1914년 장로파와 감리파만 따져도 1,688명에 이르는 성직자 와 20만 명에 이르는 신도, 그리고 2,300곳 이상의 예배처소를 가지고

---

58) 崔明植,『安事件과 三·一運動과 나』, 서울 : 극허전기편찬위원회, 1970, 14~17쪽.
59) 달음 9)에 있는 나의 글들을 볼 것.
60) 表孫一,『韓國教育 現況』, 京城 : 朝鮮總督府 學部, 1910, 49~50쪽.

있었다.[61] 최대교파인 장로교는 1907년 독노회(獨老會)를 조직, 전국에 널리 퍼져 성장하고 있는 산하 교회와 관련 기관을 하나의 정치·행정조직체로 묶는가 하면, 조선교회 지도자들이 이의 운영에 참가하게 하였다.[62] 신문과 잡지를 발행하여 구성원의 응집력을 더 높이고 밖으로 그 영향력을 넓히어 가는가 하면, 이른바 부흥 운동으로 기독교는 또다시 급상승 곡선을 그리며 수적 성장을 하여 일제 초기 기독교는 거대한 조직 공동체로 자리하고 있었다.

조선이 일제의 식민지가 되었을 때 기독교는 단순히 종교적 공동체로만 머물러 있을 수 없었다. 익히 알다시피, 합방과 함께 시작된 무단통치로 조선사람들은 종교적 조직과 활동 외에는 집회, 결사, 언론 등 기본 자유를 송두리째 빼앗겼다. 이러한 상황이 전개될 때 교회는 나라 잃은 조선사람들이 쉬이 모일 수 있는 곳, 서로 만나 아픈 가슴을 매만져 주는 곳, 여러 정보를 교환하는 곳, 식민통치의 굴레를 벗어나고자 하는 여러 사회·정치 운동의 모의처나 연락망으로 기능하게 되었다. 합방 전 개혁세력의 조직 공동체의 역할을 하였던 기독교가 이제 반일독립운동 세력의 조직 공동체의 기능을 하게 된 것이다. 기독교의 조직, 가르침, 활동과 프로그램이 조선민족사 연구에서 가볍게 취급하지 말아야 하는 이유가 바로 여기에 있는 것이다.[63]

당시 기독교는 매일 새벽 기도회, 수요일 저녁기도회, 일요일 낮예배와 저녁기도회 등, 적어도 일주일에 열 차례나 모일 수 있는 프로그램을 가지고 있었다. 이에 더하여 인근 지방의 신도들이 함께 모여

---

61) T. Stanley Soltau, *Korea : The Hermit Nation and Its Response to Christianity*, London : World Dominion Press, 1932, Appendix IV, 114쪽.

62) George L. Paik, 윗글, 387~391쪽과 Allen D. Clark, 윗글, 172~177쪽을 볼 것.

63) 달음 9)에 있는 나의 글들을 볼 것.

152

치르는 부흥회나 사경회도 있었다. 사회·정치 조직과 활동을 금지
당하고, 심지어는 서너 명이 모여도 감시당해야 했던 조선사람들이
비록 예배나 기도회니 성경 공부니 하며 모였다 하더라도 그 모임 자
체가 정치적 의미를 지니고, 정치적 기능을 할 수밖에 없는 상황이었
다.[64]

　기독교 신자들은 일주일에 열 차례나 교회에 모여 '믿는 사람들아
군병 같으니', '십자가 군병 되어서', '십자가 군병들아 주 위해 일어
나'와 같은 자못 전투적인 찬송가를 힘차게 불렀다.[65] 이들은 또한
애굽의 노예가 되었다가 해방된 것, 바빌론에 포로 되었다가 풀려난
것, 블레셋과 같은 강력한 이웃에 둘러싸여 살아온 것―이러한 히브
리 역사를 기록한 구약과 새 하늘과 새 땅이 열릴 그 날을 예언한 요
한계시록을 반복해서 읽고 또한 이에 바탕한 설교를 들었다. 이들은
이 이야기들의 의미를 조선의 상황과 이어서 새겨 나갔다. 「출애굽
기」를 가르치기 위해 쓴 당시의 주일학교 교본의 머릿글을 따와 보
자.[66]

　일본이 조선에서 악의 세력이듯이 애굽은 이스라엘의 악의 세력
이었습니다. 이스라엘 사람들이 악과 그 세력을 알게 된 것처럼 지
금 조선사람들이 악의 본질을 깨우쳐 가기 시작했습니다.

---

64) 윗글들을 볼 것.
65) Arthur K. Brown, *The Mastery of the Far East*, New York : Charles
　　Scribner's Sons, 1919, 569쪽.
66) W. L. Swallen, *Sunday School Lesson on th Book of Exodus*, Seoul :
　　Religious Tract Society, 1907, 4쪽(Kim Yong-bock 엮음, *Minjung
　　Theology-Peopele as the Subject of History*, Singapore : The Christian
　　Conference of Asia, 1981, 104쪽에서 다시 따와 옮김).

왜 당시 교회가 조선사람들에게 「출애굽기」를 가르치고자 하는지
를 설명하고 있는 이 따온 글은 일본을 애굽과 같은 악의 세력으로,
조선을 이스라엘과 같은 선의 세력으로 대비시키고 있다. 우리가 익
히 알고 있듯이, 「출애굽기」는 애굽의 노예가 되었다가 해방되는 이
스라엘 민족의 이야기이다. 이 역사를 같은 선의 세력인 조선사람들
에게 가르쳐 '출애굽'의 소망을 가지게 하려는 뜻이 이 글귀 뒤에 깔
려 있다.67) 당시 기독교 신도들은 그리스도를 전쟁터의 대원수로, 성
령을 검으로, 하나님에 대한 믿음을 방패로 여기며 교회를 중심으로
삶을 꾸려갔다.68) 이처럼 해방과 소망의 상징과 언어들, 전투적 노래
와 어투로 가득차 있었던 곳이 당시의 기독교 공동체였다.

종교적 보호벽이 필요했던 조선 민족주의자들이 이 종교 공동체에
모여들고, 또 이 종교의 지도자들이 민족의 지도자로 떠오르면서 기
독교는 더욱 성장하게 된다. 따라서 조선사람들은 이 종교 공동체에
큰 기대를 걸기 시작했다. 1905년의 한 신문은 기독교에 대해 다음과
같이 썼다.

"지금 大韓의 現狀을 볼진대, 有形의 强은 물론 원래부터가 論할
만한 것이 없지만, 無形의 强은 희망이 없지 않다.
대체 무엇인고 하면, 宗敎社會가 바로 그것이다. 現今 大韓나라
안에, 耶蘇敎의 信徒가 數十萬에 달하고 있다.
그런데, 이들이 저마다 '死'字로 스스로 맹세하여 國家의 獨立을
잃지 않기로 하늘에 기도하고, 同胞들에게 권유하고들 있는 것이

67) 나는 한국의 역사 연구에 「출애굽기」를 비롯한 성경과 찬송가 따위가 중
요한 역사 자료로 취급되어야 한다고 조심스럽게 주장해 본다. 한국민들에
의해 쓰이지는 않았지만 이를 읽고 노래부르며 독립의 소망, 해방의 믿음
을 키워 나갔기 때문에 당연히 역사가들이 살펴야 할 자료라고 보고 있다.
68) 『大韓每日申報』1908년 3월 12일.

다.

　그런즉, 이것은 大韓의 獨立에 있어서 근본 바탕이 된다. 저 淺見
의 무리들은 이것을 냉정한 눈으로 보지만, 그러나 우리들은 이 信
敎의 效力이 몇 년 안 가서 틀림없이 볼만한 것으로 나타나리라고
믿는다."[69]

　기독교를 따르는 이들이 수십만에 이르고, 이들이 독립을 위해 죽
을 각오로 삶을 꾸리고 있음을 지적하며 이 종교 공동체가 '대한의
독립에 있어서 근본바탕'이라고 큰 기대를 보이고 있다.

　이러한 기대는 이후에 기독교를 비판하는 좌파 민족주의자들도 한
결같이 가지고 있었다. 종교, 그 자체를 무척이도 싫어했던 신채호는
기독교만은 긍정적으로 평가했고,[70] 3・1만세사건 이후 공산주의자
가 되었던 김산이 전해주는 바에 따르면 당시 조선사람들이 얼마나
기독교에 기대를 걸고 있었는지를 알 수가 있다.

　기독교 공동체는 조선독립의 어머니가 될 것이다. 조선에서 기독
교는 부흥운동으로 나타나지만 그것은 단순히 영적 종교기관이 아
니다. 종교의 이름으로 수많은 위대한 역사적 사건을 일으켰던 것
이다.[71]

　당시 조선사람들은 증가만 되어 가는 기독교 신도 수, 이들의 빈번
한 모임과 전국적 조직망, 이들이 가진 해방의 언어와 상징, 그리고

---

　69) 『大韓每日申報』 1905년 12월 1일. 비슷한 내용을 같은 신문, 1910년 1월
　　　16일 논설에서도 볼 수 있다.
　70) 申采浩, 「二十世紀 新國民」, 이 글은 『申采浩全集』 '別卷'에서 쉽게 찾을
　　　수 있다.
　71) Nym Wales and Kim San, *Song of Arirang*, San Francisco : Rampart
　　　Press, 1941, 75쪽을 따와 옮김.

묵시론적 소망, 또한 독립을 꿈꾸고 기도하는 이들의 삶의 자세를 보고 단순한 종교 집단이 아니라 "종교의 이름으로" 모여 조선 민족을 위해 큰일들을 해 왔고, 또 몇 년 가지 않아 틀림없이 "조선 독립의 어머니"가 될 큰 역할을 할 공동체로 기대하고 있었다.

기독교에 거는 조선사람들의 기대가 치솟아 갈 때, 일제 식민통치세력은 이 종교 공동체를 죄어 가기 시작했다. 교회계통 학교의 커리큘럼을 검열하고 교육 내용을 일일이 점검하였다. 교회계통 학교의 교과서를 "정치적 선전 책자"들로, 이 학교들을 아예 "불온한 사상"을 가르치는 "정치학교"로 간주하고, 기독교 공동체 안팎에서 펼쳐지는 교육을 빙자한 정치 교육이 "사회의 안녕과 질서"를 파괴하고 있다고 긴장하고 있었다.[72] 일제 식민통치세력의 한 비밀 정보보고서에 의하면 그들은 기독교 공동체를 반일독립운동의 "소굴"(巢窟)로 보고 있었다.[73] 식민통치세력의 기독교에 대한 태도를 당시 조선을 방문했던 한 서양사람은 다음과 같이 증언하고 있다.

일본 경찰이 교회로 몰려드는 크리스천 무리를 보고 이들은 왜 이렇게 자주 모이고 또 대체 모여서 무엇을 하고 있는가를 성가시게 알려고 하였다.……수많은 무리가 모여 '믿는 사람들아 군병 같으니 앞서 가신 주를 따라 갑시다', '십자가 군병들아 주 위해 일어나'……와 같은 찬송가를 함께 부르고, 그리고 난 다음……한 선교사 '죠-지 맥큔'이 뜻이 정당하고 마음이 순수한 사람은 약할지라도 힘센 자를 능히 이길 수 있다는 전래의 교훈을 강조하면서 다윗과 골리앗의 이야기를 설명하였다. 이것은 반역적 가르침이라 하여 즉각 식민당국에 보고되었다. 왜냐하면 맥큔이 다윗이 연약한 조선사

---

72) 俵孫一, 윗글, 57~58쪽.
73) 內田良平, 「熙政元事(1930)」, 金正柱 엮음, 『朝鮮統治史料』 四卷, 韓日合邦(II), 東京 : 韓國史料硏究所, 1970, 12~205쪽, 특히 120쪽을 볼 것.

람들이고 골리앗이 힘있는 일본사람으로 상징화시켜 가르치려 했음이 틀림없기 때문이다. 한 목사는 천국에 관하여 설교했다고 체포되었다고 한다.……조선에 있는 일본경찰은 조선 교회의 엄청난 조직이 '반일혁명의 온상'(hotbed of revolutionary opportunities)이라고 항상 생각하였고, 그래서 방심치 않고 감시하였다. 이른바 1910년과 1911년의 '백만구령운동'이 이러한 의심을 더욱 더 강화시켜 주었다.74)

이처럼 당시 기독교는 조선사람들이 보든지 일제 식민통치세력이 보든지 반일독립운동의 "소굴"이었다. 되풀이 말하지만, 이른바 암흑기에 확대되어 가는 조선사람들만의 조직 공동체, 전국적 연락망, 전투적 어투와 노래, 해방과 소망의 상징과 언어, 반일해방 의식, 종교적 확신과 사명감으로 가득 찬 이 기독교 공동체는 당시 조선 사람들로 하여금 큰 기대를 걸게 하였고 일제 통치세력의 눈에는 가시처럼 보이기에 족하였다. 그러니까 이 종교 공동체가 당시 반일독립운동에 어떠한 역할을 하였는지 쉬이 짐작이 될 것이다.

1908년 이토 히로부미(伊藤博文)의 미국인 고문 스티븐스(Durhan W. Stevens)를 이 종교 공동체에서 성장한 장인환이 암살한 것, 보호조치를 앞장서 추진한 이완용을 암살하기 위해 음모했다 하여 1909년 체포된 이재명을 비롯한 이 사건 연루자들의 반 이상이 교회 청년들이었다는 사실은 이들의 개인적 활동으로 볼 수도 있으니 여기서는 접어 두자.75) 그러나 3·1운동 전에 기독교 공동체와 반일독립운동 세력이 이념적, 조직적으로 이어져 생겨난 비밀결사단체인 신민회

74) Arthur J. Brown, 윗글, 568~570쪽을 따와 옮김.
75) 이른바 「이재명 사건」과 기독교와의 관계를 보기 위해서는 여러 글이 있으나 李萬烈, 「改新敎의 宣敎活動과 民族意識」, 『사학연구』 36호, 1983년 3월, 191~219쪽, 특히 214~216쪽을 볼 것.

(新民會)는 지나칠 수 없다.[76] 전덕기 목사, 윤치호, 이동휘, 이동녕을 비롯한 기독교 지도자들과 반일 민족주의자들은 젊은이들을 교육한다는 구실을 내걸고 서울 상동교회에 이른바 '상동청년학원'을 열었다.[77] 1905년 보호조치가 있고 이어 집회, 결사, 언론의 자유를 빼앗아 가자, 조선의 민족주의자들과 젊은이들은 활동이 허용된 종교공동체를 찾게 되었다. 상동교회의 청년학원에도 학원에 가는 핑계로, 또는 교회 가는 구실로 많은 민족주의자들과 젊은이들이 찾아 들었다. 바로 이러한 접촉을 통해서 1907년 '신민회'라는 비밀결사체가 생겨날 수 있었다.

당시 조선사람들은 '신민회'를 이전의 독립협회세력이 다시 뭉쳐 나타난 단체로 간주하고 있었다. 이는 독립협회 주도 세력인 윤치호, 주도적 참여 세력에 속한 안창호, 이회영 등이 신민회의 중심인물로 활약했기 때문이다.[78] 우리가 흥미롭게 보아야 할 것은 이전의 독립협회 운동이 지부 설치 등 지방으로 확산되어갈 때 그랬듯이, 신민회 역시 기독교 지도자와 신도들이 교회와 교회계통 학교 등 이 종교 공동체의 조직을 연락망으로 삼아 새 회원을 모집하고 지부를 결성해 나갔다는 사실이다. 이전의 독립협회운동처럼 이 신민회도 중앙 지도자들이 교회 성직자이거나 기독교계 인사들이고 또한 기독교 세력이 집중되어 있는 서북지방에서 유난히 활발하였다. 이 지방의 숭실학교, 일신학교, 양실학교의 선생들과 학생들이 신민회운동의 지도자들이었고 회원들이었다.[79]

---

76) 신민회에 관한 대표적 연구로는 윤경로, 『105인 事件과 新民會 硏究』, 서울 : 일지사, 1990가 있다.

77) 상동청년학원에 대해서는 한규무, 「舊韓末 尙洞靑年會의 설립과 활동」, 서강대학교 사학과 석사학위논문, 1988을 볼 것.

78) 윗글, 8~11쪽을 볼 것.

79) 윤경로, 『한국근현대사의 기독교사적 이해』, 서울 : 역민사, 1992, 31~32쪽.

조선사람들의 기대를 안고 계속 성장만 해 가는 기독교 공동체에 이념적, 조직적으로 기댄 신민회 운동이 지방으로 확산되어 가자 일제 식민통치세력이 가만히 있을 리가 없다. 조선민족의 최대 조직 공동체인 기독교와 반일민족주의 세력 사이의 이음새를 끊기 위해 데라우찌(寺內) 총독을 암살하려 했다는 구실로 157명에 이르는 신민회 간부들이 체포되었다. 이 가운데 122명이 기독교 지도자들이거나 신도들이었다. 일제 초기에는 기독교와 민족주의 세력이 이념적, 조직적으로 이만큼 물려 있었던 것이다.

그러나 기독교와 반일독립운동 세력이 뗄래야 뗄 수 없을 만큼 깊이 물려있었다는 사실이 1919년 3·1운동에서 더욱 뚜렷이 나타난다. 널리 알려진 대로, 독립선언서에 서명한 이른바 33인의 민족대표 가운데 16명이 목사, 장로를 포함한 기독교계 사람들이었고, 체포된 주동자들의 22퍼센트인 1,719명이 기독교 공동체에 속한 이들이었다. 체포된 장로파 소속 신도들과 지도자들만도 무려 3,804명이나 된다.[80] 이런 통계만 보아도 이 종교 공동체와 독립운동과의 이음새의 정도를 쉽게 포착할 수 있다.

그러나 우리는 이러한 수치가 있기까지의 역사에 더욱 흥미가 있다. 말하자면, 전국 규모의 대중운동으로서의 3·1운동을 엮어 낸 중앙 지도부의 형성 과정은 어떠했고, 중앙 지도부의 지방 시위세력과의 연락 및 연계는 어떻게 이루어졌으며, 어떤 조직과 연락망을 통하였기에 서울의 시위가 거의 동시에 전국적으로 확산될 수가 있었는가 하는 사회사적 질문들을 던지고 싶은 것이다. 이처럼 전국적 대중

---

80) 이러한 통계들은 國史編纂委員會 엮음, 『日帝下 韓國三十年史』(第四卷), 서울 : 탐구당, 1969, 905~908쪽 ; 金良善, 「三·一 운동과 基督敎」, 高在旭 엮음, 『三·一 運動50周年紀念論集』, 서울 : 동아일보사, 1969, 235~270쪽, 특히 264쪽을 볼 것.

시위로서 3·1운동사를 읽을 때 기독교와 독립운동 세력과의 관계가
더욱 밝히 드러나게 되는 것이다.

첫째, 중앙 지도부의 형성 및 운동 초기의 지도급 운동꾼 포섭에
신한청년단(新韓靑年團)의 역할이 우선 눈에 띈다. 이 단체는 여운형
, 김규식, 선우혁 등 신민회 사건 따위로 중국으로 망명한 기독교계
인사들이 조직한 독립운동 단체라는 것은 이미 널리 알려져 있다. 국
제 정세에 밝은 여운형, 김규식은 제1차 세계대전 이후 펼쳐지는 국
제 정세를 읽고 특히 유럽 재편과정에서 나온 윌슨의 민족자결주의
에 고무되어 조선민족도 독립 의지를 국제 사회에 천명해야 할 적절
한 시기가 왔다고 인식하게 된다. 신용하에 의하면, 국제 정세를 관찰
하고 또한 조선독립을 위한 국제사회주의운동의 지원을 얻기 위해
영어 잘하는 김규식을 파리에, 그리고 국내 운동을 위해 선우혁, 서병
호, 김철을 국내로, 장덕수를 일본으로 파견하였다.81) 기독교 신자이
며 서북 기독교계와 깊은 관계를 가진 선우혁은 평양을 비롯한 서북
지방에, 역시 기독교 신자이며 서울의 기독교계를 잘 아는 서병호는
서울에, 천도교와 밀접한 김철도 서울에 비밀히 들어와 종교계를 접
촉하였다. 전국 규모의 대중 시위를 위해서는 조직적 뒷받침이 필요
하며, 이를 위해서는 조선사람들의 유일한 조직 공동체인 종교계 지
도자들의 선도적 참여가 중요하다고 신한청년단 간부들은 간파하였
음이 분명하다.

서북지방에 밀파된 선우혁은 서북 교계를 대표하고 있는 길선주
목사, 양전백 목사, 이승훈 장로를 만나 국제 정세를 설명하고 독립을

---

81) 신용하, 「3·1운동 발발경위」, 윤병석·신용하·안병직 엮음, 『韓國近代史
論』, 서울 : 지식산업사, 1977, 38~112쪽, 특히 48~54쪽을 볼 것. 이에 더
하여 신용하의 글, 「新韓靑年團의 獨立運動」, 『韓國學報』 12권 3호, 1986
년 가을, 94~142쪽도 볼 것.

160

위한 전국적 시위 운동에 앞장설 것을 요구했고, 이들은 이를 기꺼이
받아들여 이른바 민족대표로 독립선언서에 서명하게 되었다. 이후 선
우혁은 길선주 목사의 주선으로 이 지방 기독교계 중견 지도자들인
변인서, 김도삼, 도인권, 김동원, 윤원삼을 접촉, 이들의 주도적 참여
를 약속 받았다.[82] 서병호와 김철도 서울에서 각지 기독교계와 천도
교계 지도자들을 만나 선우혁과 비슷한 활동을 하였음은 반복해서
말할 필요가 없다.

　서북지방 기독교 공동체의 대표적 지도자들과 각 지방의 중견 지
도자들의 주도적 참여를 받아 냈다는 것은 이들의 개인적 참여 정도
로 이해해서는 안 된다. 전국 규모의 대중시위를 위해 중앙 지도부를
이룰 대표들의 확보에 더하여 지방 지도자, 연락망, 조직, 그리고 시
위를 촉발시킬 대중 동원을 확보한 것으로 인식하여야 한다. 바로 이
들이 시위를 비밀리에 계획하는 장소, 곧 교회를 가지고 있고, 각 지
방과의 연계를 위한 연락망이 될 조직을 가지고 있었을 뿐만 아니라
시위를 촉발키 위한 인원, 곧 교인들을 동원할 수 있었기 때문이
다.[83]

　둘째, 전국 규모의 대중운동으로서 3·1운동사를 새길 때 교회 장
로인 이승훈과 YMCA 간사인 박희도의 역할 또한 지나칠 수가 없다.
이른바 민족대표로 나타난 중앙 지도부 구성을 위해 천도교를 비롯

---

82) 金良善, 윗글, 240~241쪽을 볼 것.
　교회 지도자들과 젊은이들이 교회 일을 빙자하고 교회 조직을 통하여 서로
　연락, 연대한 사실을 살피기 위해서는 길진경,『靈溪 吉善宙』, 서울 : 종로
　서적, 1980, 269~273쪽을 살필 것.
83) 박영신도 오래 전에 이러한 시각으로 글을 발표한 바 있다. 박영신,「사회
　운동으로서의 삼일운동의 구조와 과정-사회과학적 역사 인식의 기초작업
　으로서」,『현상과 인식』3권 1호, 1979년 봄 ;『변동의 사회학』, 5장을 볼
　것.

한 다른 종교 지도자들과 합작하는 과정, 그리고 서울과 서북지방의
기독교 지도자들을 연계, 연합시키는 과정은 이승훈의 역할을 빼고는
설명될 수가 없다. 이른바 암흑기에 조선사람들, 특히 기독교 지도자
들이 삼엄한 감시를 받고 있었음에도 불구하고 이승훈은 종교행사
참석을 구실로 서북지방과 서울 사이를 빈번히 오가며 종교 지도자
들의 연합전선을 구축하는 한편, 각 지방의 교회 지도자들을 운동의
주도 세력으로 끌어들였다.[84]

숭실학교를 졸업하고 신학을 공부한 박희도는 YMCA로 찾아든 대
학생들과 중학생들을 조직하여 시위를 모의하고 있었다. 연희전문의
김원벽, 윤하영, 보성전문의 강기덕, 주익, 세브란스의전의 이용설, 김
성구 등이 바로 이 그룹에 속해 있었다.[85] 바로 이 학생들과 청년들
이, 그리고 그들의 친구들이 학교에서, 길거리에서, 집집을 돌며 파고
다 공원에서 '독립선언'이 있고 이어 시위가 있을 것이라는 운동 계획
을 알린, 이를테면 '현장 운동꾼들'이었다. 이들이 바로 고향 등 각지
로 가서 시위를 주도한 세력이다. 이들이 중앙 지도부와 대중 사이를
잇지 않았다면 3·1운동은 전국적 대중운동으로 나타나지 않았을 것
이다. 박희도 산하의 학생 그룹을 보기로 들었지만, 당시 각 교회의
청년, 학생들이 모두 이러한 현장 운동꾼들이었다.

짧게 말해서, 사회, 정치 조직과 활동이 금지된 암흑기에 교회, 교
회계통 학교, 교회 관련기관이라는 조직, 연락망이 없었더라면, 그리
고 사회, 정치적 지도자들이 없었던 당시에 종교적 지도자라도 없었
더라면, 3·1운동의 내용과 규모는 실제로 나타난 것과는 크게 달랐
을 것이다.[86] 이러한 상황에서 종교 지도자들이 민족의 지도자로 떠

---

84) 金良善, 윗글, 242~251쪽.
85) 金良善, 윗글, 242~245쪽.
86) 서울의 기독교 지도자들은 3·1운동을 위해 각지에 대표를 파견, 지방 운

오르게 되었고, 그들은 그 역할을 스스로 떠맡아 그들이 갖고 있는
조직망을 이 거사에 동원하였던 것이다. 기독교가 정치 집단은 아니
지만, 집회, 결사, 언론의 자유를 송두리째 빼앗긴 일제 초기를 살아
야 했던 조선사람들에게는 기독교를 비롯한 종교들이 유일한 조직
공동체였다. 그러니까 이들은 이 종교 공동체에, 그리고 그 지도자들
에게 심리적, 사회적, 정치적으로 기대하고 또한 기대고 있었던 것이
다. 이러한 상황에서 기독교 공동체와 민족 독립운동세력은 깊게 물
려 있을 수밖에 없었다.

2) 일제 후기―엇물림의 조짐

3·1운동은 조선민족이 열망하던 독립을 즉각 가져다주지 못했고
오히려 일제 식민통치세력으로부터 참혹한 탄압을 불러왔다. 그러니
까 3·1운동 후 조선사람들은 실망, 좌절, 낙담의 늪에 빠지게 되었
다. 『廢墟』의 시인 오상순은 3·1운동 후의 조선을 다음과 같이 그리
고 있다.

　　우리 조선은 황량한 폐허의 조선이요 우리 시대는 비통한 번민의
　시대이다.……폐허 속에는 우리들의 내적 외적, 심적 물적의 모든
　부족, 결핍, 공허, 불평불만, 울분 한숨, 걱정 슬픔, 눈물, 멸망과 사
　(死)의 제 악이 쌓여 있다. 이 폐허 위에 설 때에 암흑과 사망은 흉
　악한 입을 크게 벌리고 우리를 삼켜 버릴 듯한 감이 있다. 다시 폐
　허는 멸망과 죽음이 지배하는 것 같다.87)

　동 상황을 점검하고 지방 지도자들을 격려하기도 하였다. 김양선, 앞의 책,
　215쪽을 보면, 3·1운동 직전 81명이나 되는 대표를 파견하였다.
87) 오상순, 「時代苦와 그 희생」, 『廢墟』 1권 1호, 1920년 7월, 21~24쪽을 따
　옴.

독립을 갈망하여 피끓는 가슴으로 온 몸을 던졌던 3·1만세운동이 좌절되자 조선사람들은 조선을 암흑과 사망이 깃드는 '폐허'처럼 생각하였다. 모두들 민족이나 독립을 이야기하기를 꺼리고 안으로 움츠러들어 자기만을 생각하는 사람들이 되었다.[88]

그러나 이 좌절, 실망, 낙담으로 가득 찬 '폐허' 위에도 조선사람들은 희망의 씨를 뿌리고 소망의 나무를 심어 갔다. '폐허'를 함께 엮은 이들은 이렇게 노래하게 된다.

> 새 시대가 왔다. 새 사람의 부르짖음이 일어난다. 들어라 여기에 한 부르짖음이, 저기에 한 부르짖음이 일어나지 않았는가……우리의 부르짖음은 어떠한 것과 같은 소리임을 모른다. 또 알려고도 하지 않는다. 다만 어떠한 부르짖음이나 그 목숨이 오래고 먼 길이 튼튼한 힘을 빌어 다같이 손잡고 새 광경(光景)을 새 눈으로 보자 하는 것이다. 그리하여 우리의 기치는 폐허에 새싹을 심어서 새 꽃을 피우게 하고……우리들은 결단코 황혼 하늘 아래의 넘어가는 별만을 바라보며 가이 없는 추억의 심정을 가지고 무덤의 위에 서서 돌아오지 못할 옛날을 보라고 하여 애달파 할 것이 아니고 먼 지평 위에 보이는 새 기록을 지을 일을 생각하여야 한다.[89]

그렇다. 조선사람들은 좌절, 낙담, 실망의 늪을 빠져나와 '폐허'의 여기저기에서 '새싹을 심어서 새 꽃'을 피우려 나섰다. 이들은 어제를 애달파 하기보다 "먼 지평 위에 보이는 새 기록을 지을 일"을 위해 "다같이 손잡고" 나섰던 것이다.

---

88) 이광수, 『再生』, 146~193쪽을 볼 것. 이 소설은 1924년부터 1925년까지 『東亞日報』에 발표하여 널리 읽혀졌다.

89) 동인, 「상여」, 『廢墟』 1권 1호, 1920년 7월, 121~129쪽, 특히 122~123쪽을 볼 것.

그러나 3·1운동 이후의 조선민족 독립운동은 이전과는 판이한 성격을 지닌다. 3·1운동 후 일제 식민통치세력은 '문화정치'라는 깃대를 세우고 조선사람들에게 제한되나마 집회, 결사, 언론의 자유를 허용하는 '계산된 정책 전환'을 하게 되었다. 이렇게 되자 이전에 종교의 보호 벽이 필요하여 기독교를 비롯한 종교 공동체 안에 들어와 활동하던 독립운동세력들은 3·1운동 후 '문화정치'라는 식민통치정책을 이용하면서 종교 공동체 울타리 밖으로 나가 사회, 정치 단체를 만들어 활동하기 시작하였다. 무단통치기에 종교의 울타리 안에 갇혀 충분히 발산치 못한 사회, 정치활동의 욕구가 한꺼번에 터져 나오듯 1922년만하더라도 3,000개가 넘는 사회, 정치 단체가 생겨날 정도였다.90) 또한 『동아일보』, 『조선일보』가 세상에 나오고 『개벽』, 『폐허』, 『동광』, 『신생활』과 같은 잡지들이 발간되었다. 이러한 단체와 신문, 잡지를 통하여 사회주의를 포함한 여러 사상, 주의들이 소개되고 사회주의운동을 비롯한 여러 이념, 정치 운동이 펼쳐졌다. 그야말로 '새시대'가 온 것이다. 어떤 역사학자는 이때를 "민족운동의 르네상스"라고 하는가 하면,91) 다른 역사학자는 "민족운동의 여명기"라고 일컫기도 한다.92)

그러나 3·1운동 이후의 조선 독립운동은 이념적, 조직적으로 나누어져 있었다. 수많은 작은 집단들이 각기 다른 이념적 목소리를 내고 있어 운동의 다양화 현상을 보여주고 있으나 상해임시정부를 포함해서 어느 누구도, 어느 집단도 조직적, 이념적으로 소집단화된 독

---

90) 朝鮮總督府警務局, 『朝鮮治安狀況』, 1922, 76쪽.
91) Michael Robinson, *Cultural Nationalism in Colonial Korea*, Seattle and London : University of Washington Press, 1988, 48쪽.
92) 金俊燁·金昌順, 『韓國共産主義運動史』 2, 서울 : 청계연구소, 1986, 100쪽.

립운동의 여러 세력들을 조정하고 통합하지 못하였다. 곧 이념적으로 오른편에는 문화적 민족주의 그룹이 있는가 하면 왼편에는 공산주의 세력이 있었다. 전략적으로는 외교노선이 있는가 하면 무장투쟁노선도 있었다. 3·1운동 이후 해방까지 조선민족 독립운동은 이념적, 조직적, 그리고 전략적으로 분열되어 있었다. 이 역사는 해방 후 오늘에까지 이어지고 있는 것이다.

　　3·1운동 이전까지 개혁 정치와 독립운동전선의 맨 앞줄에 서 있던 기독교 공동체는 바로 이 시기에 어떠한 자리에서 어떠한 역할을 하고 있었는가. 3·1운동 이후의 역사를 한번 훑어보면 기독교는 ‘순수 종교화’ 작업에 열중하고 교회의 ‘비(非)정치화’에 몰두하면서 민족 공동체의 여러 문제를 외면하고 있었음을 쉽사리 읽게 된다. 물론, 기독교에 속한 인물들이 모두 민족문제에 등을 돌렸다는 말은 아니다. 전도사였던 여운형, YMCA 간사였던 박희도, YMCA의 이대위 등이 사회주의나 공산주의를 소개하며 새로운 민족운동의 이념이나 방략을 계속 찾고 있었으며, 김규식, 이승만, 안창호 등도 교육, 외교를 통하여 독립을 쟁취하고자 계속 노력하고 있었다. 1930년대 말에 전개된 신사참배 거부운동도 있었다. 심지어는 사회주의를 일찍 받아들이고 소개한 이들도 다 기독교 지성들이었고, 사회주의나 공산주의 운동을 먼저 펼친 이들도 다 기독교계 민족주의자들이었다. 이동휘, 여운형, 박용만, 한위건, 김원벽, 박희도, 이대위, 유경상 등이 고려공산당이나 조선공산당을 조직한 이들이거나 『신생활』, 『청년』이라는 잡지를 통해 사회주의를 소개한 이들이다.93) 좀 곁길로 들어가는 듯하나 기독교와 조선민족과의 관계를 이야기하는 이 글의 뜻에 조금도 어긋나지 않다고 믿고, 1920년대 기독교 지성들과 사회주의와의

93) 김흥수 엮음, 『일제하 한국기독교와 사회주의』, 서울 : 한국기독교역사연구소, 1992를 참고할 것.

관계를 『청년』이라는 YMCA 기관지를 중심으로 한번 살펴보기로 하
자.

YMCA 간사였던 박희도, 목사 김병조, 강매 등은 『신생활』이라는
잡지를 통해 사회주의를 국내에 소개하였다. 이 잡지의 허가 과정과
운영에 연희전문에 와 있던 선교사 언더우드(Horace G. Underwood)
와 벡크(Arthur L. Becker)가 깊이 관여하고 있었음도 흥미 있다.[94]
그러나 YMCA 기관지 『청년』을 통해 나온 이대위나 유경상, 김원벽
등의 글들은 사회주의사상이 인기를 더해 가던 당시, 기독교 지성들
이 지녔던 생각을 들여다 볼 수 있는 귀한 자료들이다. 이대위는 「사
회주의와 기독교의 귀착점이 어떠한가?」라는 글에서 다음과 같이 주
장한다.

> 기독교는 본래 일종의 사회운동이니 그것은 기독 자신부터 사회
> 증구자(社會拯救者)인 때문이다. 재언하면 압박을 받는 평민계급
> 의 증구자라 하겠고 맑스와 엥겔스 양씨가 공산당선언 당시에 중인
> 에게 분명히 공포한 것이 있으니 그것은 사회주의는 일종의 평민운
> 동(Proletarian movement)이라고 하였으니 역사상으로 보건대 이
> 양자는 다 평민 운동자임이 분명하다.[95]

「사회혁명의 예수」라는 글도 쓴 바 있는 이대위는 기독교와 사회
주의를 반대되는 종교나 주의로 여기지 않고 있었다.[96] 같은 잡지에

---

94) 윤춘병, 『한국기독교 신문·잡지백년사 1885~1985』, 서울 : 대한기독교서
　　회, 1984, 56~57쪽 및 69쪽을 볼 것. 또한 『신생활』 창간호, 69~70쪽에 실
　　렸던 '조직란'도 볼 것.

95) 李大偉, 「社會主義와 基督敎의 歸着点이 엇더한가」, 『靑年』 3권 8·9호,
　　1923년 8·9월에 나누어 실려 있다. 다음은 8호에 실린 첫 부분으로 읽기
　　쉽게 조금 수정하였다. 9쪽에서 따 왔다.

「사회주의자 예수」를 실은 유경상도 "예수는 상당한 사회주의자"라고 말하고 "건실한 사회주의자가 되려면 예수를 중심"하여야 한다고 주장한 바 있다.[97] 다시 이대위의 글, 「사회주의와 기독교 사상」을 따와 보자.

　　오인(吾人)이 이 불만, 불평한 세계를 부인하고 오인이 동경하는 무슨 신세계를 조성코저 함에는 기독교 사상과 사회주의가 상동하다고 사유한다.……이 양자는 현 사회 정서(程序)의 제반 폐회를 생각할 뿐만 아니라 또 이를 개조하기로 목적하는 자이기 때문이다. 양자가 아직도 그들의 정신을 전세계에 표현치 못하였으나 여하간 이들은 국제성을 가지고 자유, 박애, 평등의 이상을 실현코저 함이라.……오인이 이상히 여길 바는 이 양자가 안으로는 동일의 목적을 품고 있고 외형으로는 절대의 반목시하는 것은 참으로 가소할 일이다.[98]

이대위 등 당시 기독교 지성들은 몰려오는 사회주의 사상이나 운동을 적대시하지 않고 오히려 기독교와의 연계, 연대를 시도하고 있었다. 그래서 이대위는 "최대의 운동과 최고의 이상이 될 만한 것이 (조선에) 두 가지가 있다.……하나는 기독교 이상이요 또 하나는 사회주의의 실행이다. 그러나 한 가지 이상한 것은 금일의 기독교가 엇지하여 사회주의를 도외시하며, 사회주의자는 엇지하여 기독교를 비상시하는"고[99] 양쪽의 닫힌 가슴을 애타게 두드렸다. "사회주의는

---

96) 李大偉, 「사회혁명의 예수」, 『靑年』 8권 5호, 1928년 6월, 17~19쪽.
97) 劉敬相, 「사회주의자 예수」, 『청년』 3권 7호, 1923년 7~8월, 32~37쪽, 특히 32쪽을 볼 것.
98) 李大偉, 「사회주의와 基督敎思想」, 『靑年』 3권 5호, 1923년 5월, 9~15쪽, 특히 9쪽을 볼 것. 역시 읽기 쉽게 어귀를 조금 바꿨다.
99) 李大偉, 「社會主義와 基督敎의 歸着点이 엇더한가」, 첫 부분 8쪽.

기독화"를, "기독교는 사회화"하여 서로 "악수"하여 조선이 처한 여러 문제를 함께 풀어 나가야 한다고 역설하기도 했다.100) 1920년대 기독교 지성들은 사회주의 사상이나 그 운동에조차도 열린 가슴으로 다가가고 있었다.

그러나 3·1운동 이후의 기독교는 이전과는 달리 민족 공동체의 사회, 정치적 문제를 외면하기 시작했다. 교회는 이 세상 문제를 논의하는 곳이 아니라 '저 세상'을 바라다보는 곳이 되어 갔다.101) 비교적 진보적인 목사 송창근조차도 교회와 사회, 정치 문제를 떼어 놓고자 했다. 그의 글을 따와 본다.

> 교회는 결코 사회문제, 노동문제, 평화문제, 국제문제를 말하거나 혹은 사람들의 변변치 않은 지식이나 주서모은 사상을 논하는 곳이 아니외다. 복음, 즉 예수 그리스도의 복음, 중생의 복음이 우리 교회의 중심이외다. 교회가 초자연적인 단체일진대 교회는 초자연적 실재자와의 교통이 그 중에 큰 일이 될 것이외다.102)

이 따온 글의 내용이 문제가 아니다. 3·1운동 이전에는 교회 지도자들이 민족의 사회, 정치 문제에 앞서기를 꺼리지 않았고 또한 개혁과 독립운동을 위해 교회 조직과 활동을 활용하기를 주저하지 않았던 것과 너무나 다른 입장을 우리는 여기서 느낄 수 있다. 이른바 기독교와 독립운동세력 사이에 엇물림의 조짐이 나타나기 시작한 것이

---

100) 윗글, 둘째 부분 12쪽.
101) 사회주의세력의 기독교 배척 운동에 대해서는 金權汀, 「日帝下 社會主義者들의 反基督敎運動」, 숭실대학교 사학과 석사학위논문, 1995을 볼 것.
102) 송창근, 「오늘 朝鮮敎會의 使命」, 주태익 엮음, 『만우 송창근』, 서울 : 만우 송창근 선생 기념사업회, 1978, 153~160쪽에 실린 이 글은 1933년에 『神學指南』에 처음으로 실렸다. 따옴은 『만우 송창근』의 153쪽.

다. 『信印生活』을 내고 있던 김인서는 더 노골적이다.

> 조선의 교직자도 대답하라……민족사업을 위하여 예수를 따르
> 냐? 그러면 물러갈 날이 있을 것이다. 민족을 더 사랑하는 자도 예
> 수에게 합당치 아니하다. 사회개량을 위하여서 예수를 따르는가?
> 그러면 물러갈 날이 있으리라. 교회보다 사회를 더 사랑하는 자도
> 주에게 합당치 아니하다.103)

3·1운동 이전까지 기독교가 '여기, 그리고 지금'의 문제에 깊이 관
여한 역사를 우리는 앞에서 살폈다. 3·1운동 이후 기독교계 지성과
민족주의자들이 개인적으로 여러 사회, 정치 운동에 참여, 주도적 역
할을 하였지만 기독교는 더 이상 이들과 이념적, 조직적으로 이어지
지도 않았고 또한 잇고자 하지도 않았다. 그렇다면 기독교 공동체와
민족 독립운동과의 관계에 나타난 이러한 변화의 원인은 무엇인
가.104)

우리는 앞서 지적한 '변화된 환경'을 이야기할 수 있다. 3·1운동이
라는 조선민족의 거족적 대중시위가 일어나자 일제는 일단 무력으로
진압한 후 정책 전환을 하게 된다. 세계 강국으로 국제 사회에 실추
된 모습을 바꾸기 위하여, 또한 분노하는 조선민족을 달래려는 여러
목적의 '계산된 정책 전환'을 하게 된다. '문화정치'라는 이름으로 제
한적이지만 조선민족에게 집회, 결사, 언론의 자유를 허용하였다. 조

---

103) 김인서, 「너희도 또한 가고저 하느냐」, 『信印生活』 1권 7호, 1932년 7월, 7
~20쪽, 특히 9쪽 ; 「조선교회의 새 동향」, 『信印生活』 1권 10호, 1932년 10
월, 4~6쪽도 함께 볼 것.

104) 다음 논의는 나의 영문저서 *Protestantism and Politics in Korea* 5장과
나의 글, 「1920년대 改新敎 指導과 民族主義運動-그 만남과 결별의 사회
사-」에 터함.

선민족의 독립운동세력은 '변화된 환경'을 맞은 셈이다. 이전에는 종교의 보호 벽이 필요했고 그래서 기독교 등 종교 공동체에 기대어 독립운동을 펼치었으나, 이제는 종교의 울타리 밖에서도 사회, 정치 단체를 조직하고 신문, 잡지를 발행할 수 있게 되었다. 앞서 말했지만 1920년대 초기에 3,000여 개나 되는 사회, 정치 단체들이 조직되었고, 수많은 신문, 잡지들이 세상에 나오게 되었다. 이러한 단체들이 이전에 기독교 등 종교 공동체가 담당하였던 정치·사회적 사업과 역할을 하게 되었다. 따라서 기독교의 사회·정치적 역할은 그만큼 줄어들게 되었고 조선의 민족운동세력도 더 이상 이념적 조직적으로 기대지 않아도 되는 상황이 전개된 셈이다.

그러나 3·1운동 이후의 역사 환경이나 구조의 변화에만 오로지 기대어서 기독교가 민족 독립운동전선에서 뒷전으로 물러선 역사를 인식하지 말아야 한다. 개혁이다 독립이다 하는 사회적, 정치적 기대를 가지고 교회에 들어와 개혁운동을 하고 독립운동을 펼치던 이들이 왜 3·1운동 후에 기독교를 떠나 단체를 만들고 활동하였는가. 또한 이전에 개혁적 세력이나 독립운동가들을 껴안고 있던 기독교가 3·1운동 후에는 왜 이들을 저버렸는가를 우리는 따져야 한다. 3·1운동 후 기독교와 조선 민족운동세력 사이에 엇물림의 조짐이 있을 때 기독교가 이전과는 달리 혹독한 비판의 표적이 되고 있었다는 사실을 눈여겨볼 필요가 있다. 그리고 그 비판에 터하여 이 엇물림의 역사를 설명하여야 할 것이다.

이전에, 조선민족의 최대 조직 공동체로 떠오른 기독교가 "종교의 이름으로" 사회·정치적으로 큰 공헌을 해 왔고 또한 머지않아 "조선독립의 어머니"가 될 것이라고 치켜세웠던 김산은 3·1운동 후에는 이 종교를 날카롭게 비판하고 나섰다.

이 대사태(3·1운동 : 글쓴이 달음) 이후 내 신앙은 산산조각이 났다. 나는 하나님이 절대로 없다고 생각하게 되었으며, 그리스도의 가르침은 내가 태어난 투쟁의 땅에는 조금도 적용되지 않는다고 생각하게 되었다.105)

일제가 조선민족을 짓누르고 있는 식민지 상황에서 오른쪽 뺨을 때리면 왼쪽 뺨도 들이대라는 기독교의 비폭력 윤리에 대해 질문하고, 일제를 비판하기보다 조선민족의 죄만을 이야기하는 교회 지도자들의 가르침, 그리고 기도로 독립을 염원만 하는 교인들을 비판하였다. '나아가 싸우는 것만이 승리를 얻을 수 있다'고 확신하고 그가 몸담고 있던 교회를 버리고 좌파 게릴라전선으로 뛰어 들어갔다.106)

3·1운동 전에 종교 자체를 무척 싫어했던, 그러나 기독교만은 긍정적으로 보았던 신채호도 3·1운동 이후에는 이 종교를 비판하기 시작하였다. 1928년에 그가 쓴 소설의 한 구절을 따와 본다.

[기독은]……늘 '고통자가 복받는다'고 거짓말로 亡國민중과 무산민중을 거룩하게 속이어 적을 잊고 허망한 천국을 꿈꾸게 하여 모든 강권자와 지배자의 편의를 주셨으니……그러나 이번에는 너무 참혹하게 피살하였을 뿐만 아니라 오늘의 자각의 민중들과 비기독동맹의 청년들이 상응하여 붓과 칼로서 죽은 기독을 더 죽이니 今이후의 기독은 다시 부활할 수 없도록 아주 영영 참사한 기독이다.107)

---

105) Wales and Kim San, 윗글, 83쪽에서 따와 옮김.
106) 윗글, 83~88쪽을 볼 것.
107) 申采浩의 이 소설은 『申采浩全集』 '別卷'에 실려 있어 쉽게 읽을 수 있는 자료이다.

　신채호는 가진 자들의 종교가 기독교라고 꼬집고 그리스도를 저주까지 하고 있다. 기독교가 식민통치세력과 돈 가진 자들의 종교가 되어 식민통치 아래 신음하고 나라 잃은 이들을 현혹시키고 고통의 '오늘'을 잊고 다가올 '천국'만을 생각케 함으로 식민통치세력과 가진 자들을 도와주고 있다고 질타하였다.

　기독교에 대한 이러한 비판은 김산이나 신채호와 같은 좌파에 속한 이들만의 것이 아니었다. 3·1운동 이후에는 민족주의 우파에 속한 이들도 혹독한 비판과 질타를 기독교에 퍼부었다. 1920년대 한 신문 사설을 따와 본다.

　　諸君[기독교 지도자들 : 글쓴이 달음]아 觀하라.……世界는 不幸에 泣하며 饑饉에 泣하며 不義와 暴虐에 蹂躪하는 바 되는 도다.……諸君은 切實한 世界를 不知하는 도다.……慘憺한 實狀을 不知하는 도다.

　　諸君은 勞動者의 生活에 掩目하고 富者의 寄附를 心願하며……權力階級에 阿諂하는 도다.……諸君의 說하는 바 神의 光彩는 殺戮 剝奪 猜忌 謀陷하는 此世의 그 那邊에 在하며……神聖한 愛는 街道에서 餓死하고 樓上에서 凍死하고 鐵鞭下에 若死하는 此世의 그 那邊하며, 아! 人子의 權威는 그와 같은 세계 곳에서 發見하리오. 諸君은 言論을 能事로 知하며 形式을 生命으로 誤認하여 虛僞에 陷하였으며 辯論家로 化하였도다.

　　諸君아 世界를 動하라. 天地를 動하라. 社會를 根本으로부터 革新하고 人生의 모든 不義에 斧鉞을 加하라. 基督은 何를 言하였는고? "눈먼 者를 보게 하고 눈뜬 者를 멀게 하려 왔도다" 하지 아니하였는가. 比는 價値標準의 顚倒를 意味함이라. 在來에 貴하다 하던 것을 賤하다하고 在來에 賤하다 하던 것을 貴하다 하게 하려 왔다 하는 것이니, 朝鮮 宗敎家여, 諸君이 또한 朝鮮社會에 價値의 標準을 顚倒하며 顚倒된 標準에 依하여 社會를 更히 審判할

지어다.

　諸君의 價値의 標準이 무엇인가 在來의 權力階級이 그 무엇이
며 在來의 富豪階級이 그 무엇이며 權力과 富를 中心하여 成立
된……모든 道德과 因習과 尊貴가 다 무엇인가. '참 사람'의 威嚴
을 犯하고 '참 사람'의 發展을 妨害하고 '참 사람'의 幸福을 剝奪하
는 모든 制度와 傳習에 對하여 反抗聲을 大擧할 지어다.……基督
은 何를 言하였는가. "나는 칼을 대고 불을 던지러 왔다"하지 아니
하였는가.……諸君은 社會의 모든 傳說的 衣를 脫하고 赤裸裸의
民衆에 投하라.……모든 사람이 평등이요 따라 모든 사람이 價値
의 絕對主人公인 그 民衆의 光榮을 爲하여 하며 祝福하라.108)

　이 사설은 기독교 성직자들이 교회 울타리 안에 정착하여 찬송 부
르고 기도하며 설교만 할 뿐이지, 이들은 자신이 믿고 있다는 예수가
번민하고 투쟁한 일들을 외면하고 있다고 비판하였다. 바로 이 때문
에 기독교는 지배계급과 부자들의 종교가 되어 가난에 찌들고 권력
에 눌려 사는 민중의 삶과 유리되었다고 꼬집는다. 그리고 부자와 권
력 가진 이들이 만들어 낸 기존의 가치, 관습, 그리고 제도 안에 교회
지도자들이 안주함으로 참 그리스도의 가르침을 저버렸다고 질타하
였다.

　3·1운동 이후에 빗발친 기독교에 대한 혹독한 비판과 질타는 교
회 지도자들의 '비정치화' 작업과 이어져 있다. 앞서 말한 송창근, 김
인서와 같은 이들의 글에서 쉽게 볼 수 있었듯이 3·1운동 후 교회
지도자들은 독립운동과 같은 정치운동과 기독교 공동체 사이에 놓여
있는 이음새를 끊으려 했었다. 이전에 교회가 사회, 정치적 세력을 껴
안고 있었는데, 이제는 이들을 교회 울타리 밖으로 축출하고자 했다.

---

108) 『東亞日報』 1922년 1월 7일자. 사설, 「宗敎家여, 街道에 出하라」를 따옴.

1920년대에 치솟기 시작한 기독교에 대한 비판은 바로 교회 지도자들이 전개한 교회의 비(非)사회화, 비정치화 작업에 대한 한 반응이었다. 그렇다면, 그렇게도 민족문제에 앞장서서 열정을 쏟던 기독교 지도자들이 왜 3·1운동 이후 교회와 독립운동 등 사회·정치 운동 세력과 관계를 끊고자 했는가. 왜 이들은 교회와 사회 사이에 담을 높이 쌓아 그 속에 안주하려 했는가 하는 질문으로 이어진다.

1920년대부터 나타나기 시작한 기독교 지도자들의 이러한 정치적 입장 변화는 여러 시각과 수준에서 설명되어야 한다. 앞서 지적한 3·1운동 이후의 식민통치정책 전환, 이에 따른 역사 환경의 변화도 거론할 수 있을 것이다. 또한 종교적 지식인의 한계나 개개인의 허약한 성격조차 말할 수 있을 것이다. 이를 고려하면서도 나는 이 종교 지도자들도 종교적 지식계급으로서 이들이 갖고 있는 계급적 속성과 이어서 이들의 변화된 사회, 정치적 입장을 설명하려 한 적이 있다.[109]

1920년대에 이르면 기독교 공동체는 엄청난 수에 달하는 '봉급 받는 사람들'을 가지게 된다. 곧 1924년에 장로파와 감리파만 해도 1,266명의 성직자와 1,844명에 이르는 행정 요원들이 교회에 경제적으로 기대고 있었다.[110] 1919년에 1,517명이던 교회계통의 학교 선생과 행정 요원이 1926년에는 2,789명으로 늘어났다.[111] 바로 이들이 25만 명이 넘은 신도들과 수천의 교회와 수백의 학교를 운영하고 가르치는 지도자들이었다. 기독교 공동체에 경제적으로 기대고 있는 이들이 바로 이 종교를 운영하는 지도자들인 것이다. 교육자로서, 문화계급으로, 종교 지도자로서 사회적 지위와 명망을 얻고 있던 이들이

---

109) 달음 104)에 있는 나의 글들을 볼 것.
110) T. Stanley Soltau, 윗글, 114쪽.
111) 李能和, 『朝鮮基督敎及外交史』, 서울 : 학문각, 1968, 220·223쪽을 볼 것.

다. 옛 양반들처럼 이들도 교인과 일반 사람들에 대하여 지적, 문화
적, 사회적 우월감을 갖고 이들 위에 군림하려는 태도를 보이기 시작
한 것이다.112)

　기독교 공동체 안에서조차 지도자들이 '점점 상층계급'에만 관심
가지고 그들과 짝하여 간다는 비판이 나올 정도였다.113) 김원벽의 글
을 따와 본다.

　　기독의 주의와 복음을 선전하는 것을 사명으로 삼는 교역자 제군
　　아 언제 예수가 부자를 옹호하여 약자를 억압하라 하였더냐. 제군
　　이 교회 중대문제를 해결할 때에 언제나 부자의 이견을 꺾은 때 있
　　으며 빈자의 생각을 채용한 적이 있느냐.114)

　기독교 지도자들은 경제적으로 보아 자산가도 아니고 정치적으로
보아 지배세력은 아니었다. 그러나 이들은 종교적 지식이나 이 종교
덕에 얻은 지식을 '자본'으로 일자리를 얻고 사회적 지위를 확보한 종
교적 지식계급 또는 문화계급이다. 우리가 익히 보았듯이, 이들의 대
다수는 이른바 하층민 출신으로 기독교 공동체에 들어와 이 종교가
베푼 교육과 정치훈련을 받고 이 공동체 안에서 일자리를 얻은 사람
들이었다. 이들은 그들이 경제적, 사회적으로 기댄 기독교가 순수한
종교로 성장하기를 바라는 이들이다. 다시 말하면 자기들의 일자리,
사회적 지위를 보호하고 유지하려 한다. 이러한 계급적 속성이 이들
로 하여금 독립운동을 비롯한 사회, 정치적 문제에 등을 돌리게 하였

112) 李光洙, 「今日 朝鮮의 耶蘇敎會의 험점」, 『靑春』 11호, 77~81쪽, 특히 77
　　쪽을 볼 것.
113) 金昶濟, 「現下 基督敎運動의 方向」, 『基督申報』 1932년 1월 20일.
114) 金元壁, 「現代思想과 基督敎」, 『靑年』 3권 7호, 1923년 7~8월, 22~24쪽.
　　23쪽을 따와 읽기 쉽게 풀어 썼다.

다는 말이다. 3·1운동 이후 기독교 공동체 안팎에서 치솟기 시작한
이 종교에 대한 비판과 질타의 내용은 바로 교회 지도자들의 사회적
지위 향상, 이에 따른 현실 안주, 그리고 그들이 경제적으로 기댄 교
회를 사회·정치 운동과 격리시켜 안전하게 보호하려 했음을 직접,
간접으로 우리에게 알려주고 있다. 1920년대 이후에 나타나기 시작한
기독교와 조선 민족운동세력과의 엇물림은 바로 이런 맥락에서 읽고
설명되어져야 할 것이다.

꼬리글

한 세기 전, 안팎의 도전으로 옛 질서에 생기기 시작한 틈을 비집
고 들어선 기독교가 조선사람들, 특히 개혁적 세력과 만나게 되었다.
그들의 옛 질서에 대한 비판, 개혁의 뜻과 초월적 존재에 대한 믿음
에 터한 기독교의 변혁적 이념과 보편주의적 가치지향성이 각별히
어우러지게 되는 역사를 낳았다. 구한말 기독교는 진보적 사회·정치
세력의 이념적, 조직적 토대로 성장하게 되었다. 그러니까 이때의 기
독교 성장은 단순한 개혁세력이 아니라 종교적 신념을 지닌 개혁세
력의 조직적 확대를 뜻했다. 독립협회운동을 비롯한 이 시기의 개혁
적 사회·정치 운동은 자연히 이 종교 공동체에 이념적, 조직적으로
기대어 펼쳐졌다.

일제 초기 기독교는 나라를 잃고 허탈해 하는 조선사람들을 끌어
들여 계속 성장하여 갔다. 기독교는 식민지민들이 타는 목마름으로
기다렸을 출애굽의 이야기를 비롯한 소망, 해방, 위로의 성서적 상징
과 언어를 가지고 있었다. 또한 집회, 결사, 언어의 자유를 박탈당한
식민지들이 만나서 서로를 위로하며 소속감을 느낄 '만남의 터'도 기

독교는 가지고 있었다. 바로 이 때문에 조선사람들은 줄지어 이 종교 공동체로 들어왔다. 그러니까 이 시기 기독교의 성장은 조선사람들의 조직 공동체의 확대이고 자연히 반일 독립운동세력의 심리적, 조직적 토대의 확장을 의미하였다. 신민회운동, 3·1운동과 같은 일제 초기의 반일독립운동이 자연히 기독교 공동체 안팎에서 이 종교의 지도자들과 조직망에 기대어 펼쳐지게 되었다.

일제 후기에는 기독교와 이념의 오른쪽이나 왼쪽에 관계없이 거의 모든 반일 독립운동세력과의 사이에 엇물림의 조짐이 나타나기 시작하였다. '문화정치'라는 식민통치세력의 정책 전환이 몰고 온 변화된 역사 환경이 이 엇물림에 한 몫을 했을 것이다. 이를테면, '문화정치'로 제한 되나마 집회, 결사, 언론의 자유를 갖게 된 조선의 여러 사회·정치 세력은 이전과는 달리 종교 공동체 울타리 밖으로 나가 수많은 단체를 조직, 활동하게 되었다. 이들이 이전에 종교 공동체들이 해오던 여러 사회·정치활동과 역할을 떠맡음으로 종교 공동체의 활동과 역할을 축소시켜 결국에는 기독교를 비롯한 종교 공동체가 조선사람들의 사회·정치 운동전선의 뒷전으로 물러나게 했을 가능성을 이 글을 부인하지 않았다.

그러나 이 글은 이에 더하여, 아니 이보다도 일제 후기 기독교와 반일 독립운동을 비롯한 여러 사회·정치 세력 사이에 나타나기 시작한 엇물림은 사회적 조직체로서의 기독교와 사회계급으로서의 기독교 지도자들의 변화된 성격 및 자리와 이어서 이해되어야 할 역사현상임을 강조하였다. 구한말에 들어와 개혁적 사회세력과 만나고 일제 초기 독립운동세력과 깊게 물려 있었던 기독교는 조선사람들의 기대를 한 몸에 받으며 거대한 종교집단으로 성장하였다. 기독교 성장이란 단순히 신도수와 교회당 수의 증가만을 뜻하지 않는다. 이는 이 종교에 사회적, 경제적으로 기댄 지식, 문화, 종교 계급의 수적 증가를 의미하는데 바로 이들이 기독교를 이끌고 운영하는 지도자들이다. 바로 이들이 3·1운동이라는 대사태 이후 기독교를 사회, 정치로부터 격리시켜 보호·육성하려 했다. 이들은 사회적·경제적으로 기대고 있는 기독교가 사회·정치 운동에 휘말려 박해나 탄압을 받게 되는 상황을 지극히 염려하는 '지식 봉급쟁이들'이었던 것이다. 바로 이들이 3·1운동 후 기독교를 이끌면서 '순수종교화'라는 깃발을 들고 교회 안에 있는 사회, 정치적 세력을 뽑아내는 작업을 벌리었고, 이는 또한 교회 안팎의 여러 사회, 정치 세력으로부터 혹독한 비판과 질타를 불러 일으켰다. 기독교와 독립운동을 비롯한 여러 사회·정치 세력 사이에 엇물림이 시작된 것이다.

사회이론가로 널리 알려진 박영신은 이를 성장이 몰고 온 기독교의 "평범화 과정"이라고 하였다. "기독교의 사회발전 운동이 낳은 열매"를 따먹으며 기독교 지도자들은 "사회적 상승이동"을 하게 되었다. 기독교가 베푼 교육과 새 정치 훈련을 받고 그 안팎에서 자리를 얻어 "사회적 사다리"를 재빨리 올라 "권위적이고 위계적"인 지도자 그룹을 형성했고, 이들이 이끄는 기독교 공동체는 사회변혁 에너지를 잃어 "별난 예수쟁이"의 것이 아니라 "보통 사람"의 것이 되어 가는 과정이 바로 그의 기독교 "평범화 과정"이다.115)

기독교의 "평범화 과정"은 요즈음 젊은이들이 말하듯이 해방 후 미군정 때나 이승만 정권 때 시작된 것이 아니다. 이 "평범화 과정"은 오래 전, 바로 3·1운동 이후 기독교와 개혁적 사회세력이나 독립운동을 비롯한 여러 정치 세력 사이에 나타나기 시작한 엇물림의 역

) 박영신, 「기독교와 사회발전」, 『기독교 100년과 한국』(팜플렛), 제20회 교직원 수양회, 연세대학교 교목실, 1984년 2월, 21~36쪽. 특히 31~32쪽을 볼 것. 이 글은 그의 『역사와 사회변동』, 서울 : 민영사/한국사회학연구소, 1987, 10장에도 실려 있다.

사와 함께, 이미 시작된 것이다.

'기독교와 한국역사', 어느 누가, 어느 자리에서, 어떤 생각을 가지고 보든지 그 관계를 한번 보지 않고는 한국 근·현대사의 구조와 변동을 인식할 수 없다. 긍정적이든 부정적이든 그만큼 이 둘은 특수한 역사에서 각별하게 만나 깊게 물리고 엇물리는 역사를 연출하였기 때문이다. 그렇기에 한국 근·현대사 서술(연구)에서 기독교의 '온당한 자리'를 찾아 주어야 한다. 격동의 한국 근·현대사의 굽이굽이마다 뚜렷이 각인되어 있는 이 만남, 물림 그리고 엇물림을, 손바닥으로 하늘을 가리듯 누가, 왜, 아직도 가리고 있는가.

6 · 25전쟁과 한국 기독교
─기독교공동체의 동향과 변화를 중심으로

머리글

6 · 25전쟁은 1950년 6월 25일 새벽에 일어나 오늘날까지 계속되고 있는 전쟁이다. 1953년 7월 27일 휴전협정이 체결되어 총성은 멈추었지만 휴전이라는 말이 일컫듯 한반도는 현재도 전쟁 상태다. 그럼에도 지난 2000년 6월 25일은 북한공산정권을 괴뢰정권이라 성토하던 여느 때와는 사뭇 다른 분위기로 맞이했다. 김대중 대통령과 김정일 국방위원장이 만나 이른바 '6 · 15선언'을 한 이후 남북화해시대 또는 남북협력시대를 내다보게 된 까닭이다. 그래서 6 · 25 전쟁에 대한 학문적 논의는 이러한 새 시대의 도래라는 역사적 컨텍스트에 어울리는 것이어야 한다고 조심스레 생각하게 된다.

그러나 우리 학계나 언론의 시사문제에 대한 논의가 항상 그래왔듯이 '6 · 15선언' 이후의 논의도 여느 때와 별로 다를 바 없이 정치, 경제문제에만 오로지 얽매어 있다는 생각이다. 화해, 협력, 통합 등을 전제로 한 남북문제는 정치나 경제적 논의도 중요하지만 사회적, 문화적 나아가 종교적 논의가 빠져서는 안 된다는 생각을 가지게 된다. 다시 말해서 분단과 갈등이 지속된 55년 동안 남과 북은 달라진 언

어, 풍습, 습관, 사고방식 등을 가지게 되었고, 이것은 정치적, 경제적
틀의 차이보다 더 심각한 문제가 될 수 있기 때문이다.

이 글은 남북협력시대라는 새로운 역사적 흐름을 중요하게 여기면
서 남북문제 논의에서 항상 지나쳐온 종교문제를 다루고자 한다. 특
히 이 글에서 다루려 하는 기독교는 현재 남한 인구의 25%, 여기에
천주교를 보태면 30%에 달하는 신도를 가지고 있다.[1] 남한에서 거대
한 사회세력으로 떠오른 이 종교 공동체의 특성이 남북협력시대의
도래에 걸맞기보다는 오히려 걸림돌이 될 수 있다는 역사적 관심에
서 이 글은 시작된다. 이를테면, 남한 기독교에 깊이 뿌리내린 천박한
물량주의, 현세적이고 이기적인 기복신앙, 그리고 전투적 반공주의는
남한의 기독교가 심각하게 논의해야 할 문제이며 나아가 남북화해시
대에 반드시 짚고 넘어가야 할 종교적 문제이자 사회적 문제이며, 문
화적 문제이자 정치적 문제이다.

남한 기독교의 이러한 세 가지 특성은 한 세기의 역사를 거치면서
서서히 나타난 것이지만, 6·25전쟁을 겪으면서 이 특성들은 더욱 고
착화되어 전혀 바뀔 가능성이 없다는 점에 문제의 심각성이 있다.

첫째, 기독교의 천박한 물량주의는 6·25전쟁과 그 이후 막대한 구
호물자가 기독교회를 통해 들어오면서 야기되었다. '빵과 텐트'가 필
요한 이들이 줄지어 교회에 들어옴으로써 교회가 대형화하기 시작했
으며, 성직자들에게는 '구호물자'를 처리하고 다루는 계기를 주게 되
어 성직자들과 교회를 세속화하도록 만들었다. 6·25전쟁으로 나타

---

1) 기독교 성장에 대한 통계와 역사학적 논의를 나의 글, 「한국 개신교 성장
   에 대한 역사학적 설명」에서 볼 수 있다. 이 글은 나의 논문집, 『근대한국
   과 기독교』, 민영사, 1997, 7~31쪽에 실려있고 더 상세한 논의를 보기 위
   해서는 Chung-shin Park, *Protestantism and Politics in Korea*, Seattle
   and London : University of Washington Press, 2003, 첫째 가름을 읽을
   것.

난 이러한 천박한 물량주의는 개발독재시대의 산업화, 도시화 그리고
그 시대의 '정신'이라고 할 경제제일주의와 이어져 한국 기독교의 심
각한 문제로 떠올랐다.2)

둘째, 오늘날 한국 기독교에 만연되어 있는 현세적이고 이기적인
기복신앙은 우리의 전통 민간신앙과 서양에서 수입된 신앙요법
(faith-healing)과 연결되어 나타났으며, 이는 6·25전쟁을 통해 더욱
가속화했다.3)

셋째, 전투적 반공주의는 일제 후반기에 뿌리 내린 반사회주의적
기독교가 6·25전쟁을 거치면서 '공산주의=반기독교 이념, 기독교=
반공산주의 종교'라는 등식이 불변의 진리로 고정되면서 나타난 것이
다.4)

천박한 물량주의는 자기과시 및 타자멸시와 이어져 타자를 단순한
동정 또는 구원(정복)의 대상으로 생각하기 쉽고, 이기적이고 현세적
기복신앙은 좁다란 자기(교회) 울타리 안에 안주, 울타리 밖 이웃에
대한 무관심으로 나타날 수 있다. 그리고 전투적반공주의는 남북화해

---

2) 자세한 논의는 뒤에 하겠지만, 나의 생각은 다음 글에서 큰 영향을 받았다.
  박영신, 「한국 기독교와 사회의식」, 한국기독교문화연구소 엮음, 『천년대를
  바라보는 한국기독교』, 숭실대학교 출판부, 1991, 233~256쪽. 이 글은 최
  근 기독교역사문화연구소 엮음, 『11명의 전문가가 본 한국의 기독교』, 도
  서출판 겹보기, 2001, 111~134쪽에도 실려 있다.
3) 이에 대한 대표적인 연구는 김흥수, 『한국전쟁과 기복신앙 확산연구』, 한
  국기독교역사연구소, 1999 참조. 이것은 그의 박사학위논문, 『한국전쟁의
  충격과 기독교회의 기복신앙 확산에 관한 연구』, 서울대학교 대학원, 1998
  에 터한 것이다.
4) 다음 글들을 볼 것. Chung-shin Park, *Protestantism and Politics in
  Korea*, 여섯째와 일곱째 가름과 강인철 「해방 후 한국 개신교와 국가, 시
  민사회, 1945~1960」, 한국사회사연구회 편, 『현대 한국의 종교와 사회』, 문
  학과지성사, 1992, 98~141쪽, 특히 104~117쪽.

나 협력의 정신과 방법에 대치적 개념이라고 할 수 있다. 이 모두 남
북화해 또는 남북협력의 역사적 흐름을 더디게 하거나 그르치게 하
는 장애물로 작용할 수 있다고 여겨진다. 6·25전쟁을 겪으면서 더욱
단단하게 형질화한 한국교회의 이러한 세 가지 특성은 남북화해시대
나 남북협력시대의 도래를 내다보며, 다양한 수준과 시각에서 심도있
게 그리고 심각하게 논의되어야 한다.

그래서 이 글은 기독교와 우리의 근·현대 역사변동과의 물림과
엇물림의 흐름을 배경에 깔고 새 시대를 전망하면서 6·25전쟁 전후
한국 기독교의 역할과 동향, 그리고 전쟁을 겪으면서 나타난 기독교
의 변화에 주목할 것이다.

1. 기독교와 한국의 역사변동

기독교는 19세기 말 서양 제국주의의 물결을 타고 유교적 조선에
다가왔다. 익히 아는 대로 당시 조선은 안팎의 여러 도전으로 뿌리째
흔들리고 있었고, 그 흔들림 가운데 개혁이다 개화다 하는 소리와 운
동이 나타나게 되었다. 새 종교인 기독교는 이 특수한 역사적 상황에
서 개방적 개혁세력인 개화 엘리트와 개인적, 사회적으로 변화를 바
라는 평민과 젊은이들에게 수용되거나 그들과 친화적 관계를 맺으며
유교적 조선에 뿌리내리기 시작하였다.

당시 기독교가 가르치고 실천하는 평등사상과 민주주의 사상은 개
혁을 바라는 당시 조선사람들에게 큰 매력으로 다가왔다. 특히 1894
년 청일전쟁을 겪으며 기독교는 가파른 상승곡선을 그리며 빠른 성
장을 하게 되는데, 이는 단순히 신도 수의 증가만을 뜻하지 않고 교
회와 교회가 세운 학교가 나라 전지역에 두루 세워졌다는 조직망의

확대를 말한다. 다시 말해서, 전국적 조직망을 가진 기독교 공동체는 개혁세력의, 그들을 위한, 그들이 활용할 수 있는 조직적 토대가 확대되었다는 말이다.5) 이 시기는 조선사람들이 기독교를 전한 서양, 특히 미국에 대해 '짝사랑'에 빠졌던 때이다.6)

일제식민시대에도 기독교는 지속적으로 성장하였다. 특히 언론, 집회, 결사의 자유와 같은 기본권을 송두리째 빼앗긴 일제 초기에 전국적 조직 공동체로 떠오른 기독교는 조선사람들만이 모이는 곳, 모여서 나라를 걱정할 수 있는 곳, 실제 독립운동을 모의하고 펼치는 조직거점 등으로 기능하게 되었다.7) 그래서 당시 조선을 방문한 한 서양사람이 증언하고 있듯이, 일본 경찰이 조선교회의 엄청난 조직이 '반일혁명의 온상'(hotbed of revolutionary opportunities)이라고 생각하고 항시 감시하고 있었던 것이다.8)

신구약에 담긴 해방의 언어와 상징, 당시 기독교인들이 즐겨 부른 전투적 찬송가, 그리고 일주일에 열 차례나 모이는 종교적 집회와 전국적 조직망은 조선사람들에게 각별한 의미를 주었다. 신민회사건과 3·1운동과 같은 민족독립운동이 교회 안팎에서 논의되고 조직되며 실제 발발하였다는 사실은 우연이 아니다. 이 과정에서 자연히 이 종교지도자들이 민족 지도자로 떠오르게 되었다.

---

5) 박정신, 「한국개신교 성장에 대한 역사학적 설명」과 *Protestantism and Politics in Korea*, 첫째 가름을 볼 것.

6) 당시 조선사람들의 미국관에 대하여 유영익, 「개화기의 대미인식」, 『한국인의 대미인식—역사적으로 본 형성과정』, 민음사, 1994, 55~141쪽. '짝사랑'은 유영익의 표현이다. 같은 책, 81쪽을 볼 것.

7) 일제시대 기독교와 조선 민족운동과의 관계는 박정신, *Protestantism and Politics in Korea*, 넷째 가름을 볼 것.

8) Arthur J. Brown, *The Mastery of the Far East*, New York : Charles Scribner's Sons, 1919, 568~570쪽에서 따옴.

186

일제식민시대 최대 규모의 대중시위인 3·1운동 이후에도 기독교
공동체와 민족운동세력과의 관계에 큰 변화가 나타나게 된다.9) 우리
가 익히 아는 대로 이 무렵에 일제 식민통치세력의 계산된 식민통치
정책의 변화, 즉 무단통치에서 이른바 문화정치에로 전환이 이루어졌
다. 무단적 강압통치로는 조선사람들을 다스릴 수 없음을 깨닫고 제
한적이나마 집회, 결사, 언론의 자유를 허용하게 된다.

이렇게 되자 3·1운동까지 종교의 보호벽이 필요해 기독교를 비롯
한 여러 종교공동체 안에서 활동하던 민족독립운동세력 등이 일제의
계산된 정책 전환을 이용하듯 종교의 울타리 밖으로 나가 이런저런
단체를 만들고, 이런저런 잡지와 신문을 발간하며 여기저기서 독립쟁
취를 위한 활동을 전개하게 되었다. 이른바 '민족운동의 르네상스'10)
혹은 '민족운동의 여명기'라고11) 역사학자들이 일컬을 만큼 다양하고
활발한 민족독립운동이 펼쳐졌다. 이 시기가 바로 우리 민족사에 큰
분기점이 되는데, 그것은 사회주의를 비롯한 좌파의 사상 내지 운동
이 폭발적 인기를 얻으며 파도처럼 밀려들어왔기 때문이다. 반일 민
족운동도 다양화, 더 구체적으로 말하면, 문화적 민족주의운동 계열
과 사회주의운동 계열, 이른바 좌우로 나뉘어 독립과 해방을 쟁취하
고자 하였다.

구한말과 일제 초기에 개혁과 독립을 위한 민족운동전선의 맨 앞
줄에 서 왔던 기독교 공동체는 깊은 고민에 빠지게 되었다. 임시정부
를 포함해서 어느 누구도, 어느 단체도 조직적, 이념적으로 소집단화
된 독립운동의 여러 세력을 통합·통괄하지 못하고 있는 형세였다.

9) 나의 글, *Protestantism and Politics in Korea*, 다섯째 가름을 볼 것.
10) Michael Robinson, *Cultural Nationalism in Colonial Korea*, Seattle and
    London : University of Washington Press, 1988, 76쪽.
11) 김준엽·김창순,『韓國共産主義運動史』2, 청계연구소, 1986, 100쪽.

제도권 교회로 자리잡은 종교 공동체의 속성상 문화적 민족주의 노
선과 친화적일 수 있었겠지만, 고려공산당이나 한인사회당 창건을 주
도했던 여운형이나 이동휘가 기독교가 배출한 인물이고 실제 교회
안 젊은 지식인들은 좌파 사상에 매료되어 있어 교회가 선뜻 나서 어
느 한쪽의 손을 들어줄 수가 없었다. 이러한 기독교 공동체의 고민은
1920, 30년대의 기독교계 신문과 잡지에 그대로 나타나 있다. 이 시기
에 나타난 이념의 좌우, 방법의 강온에 속하는 여러 단체와 운동에
기독교인들이 흩어져 두루 참여하고 있었던 것도 기독교계 지성과
운동가들이 가지고 있었던 고민의 한 보기이기도 하다.

　사회주의를 국내에 적극적으로 소개했던 잡지『신생활』은 YMCA
간사로서 3 · 1운동에 '민족대표'로 활동했던 박희도, 목사 김병조 등
이　연희전문학교　교수로　있던　선교사　언더우드(Horace　G.
Underwood)와 벡크(Arthur L. Becker)의 도움 내지 참여로 발간되
었다는 사실은 매우 흥미롭다.12) YMCA 기관지『청년』에 실린 이대
위, 김원벽, 유경상의 글들에서 좌파의 사상과 운동에 대한 당시 기독
교 지성들의 열려진 태도를 읽을 수 있다. 이대위의「사회주의와 기
독교의 귀착점이 엇더한가」라는 글 가운데 다음 글귀를 보자.

　　기독교는 본래 일종의 사회운동이니 그것은 기독 자신부터 사회
　증구자(社會拯救者)인 때문이다. 재언하면 압박을 받는 평민계급
　의 증구자라 하겠고 맑스와 엥겔스 양씨가 공산당선언 당시에 중
　인에게 분명히 공포한 것이 있으니 그것은 사회주의는 일종의 평민
　운동 (Proletarian movement)이라고 하였으니 역사상으로 보건대
　이 양자는 다 평민운동자임이 분명하다.13)

---

12) 윤춘병,『한국기독교 신문잡지 백년사, 1885~1985』, 대한기독교서회, 1984,
　　56~57쪽 및 69쪽을 볼 것. 또한『신생활』창간호, 69~70쪽을 볼 것.

사회주의와 기독교를 서로 대칭되는 종교나 주의로 여기지 않았던 이대위의 동료 유경상은 아예 "예수는 상당한 사회주의자"로 규정하고 "건실한 사회주의자가 되려면 예수를 중심"하여야 한다고 까지 주장하였던 것이다.14) 이대위는 그의 글 「사회주의와 기독교 사상」에서 "기독교사상과 사회주의가 상동"하다고 주장하면서 "동일의 목적"을 가진 이 둘이 "반목시하는 것"을 개탄하였다.15)

이처럼 기독교 공동체에 속한 일단의 지식인들은 3·1운동 후 인기를 더해 가는 사회주의 사상이나 운동에 대해 적대적 자리에 서지 않고 오히려 열려진 마음가짐으로 연계나 연대를 시도하였다. 이들은 "사회주의는 기독교화"를, 그리고 "기독교는 사회화"하여 서로 "악수"하여야 한다고 강조하였다.16)

그러나 3·1운동 이후의 기독교 공동체의 전체적 흐름은 사회주의 사상이나 운동과는 일정한 거리를 두면서 점차 온건한 문화적 민족주의운동으로 기울게 되었다. 비교적 진보적인 목사라는 송창근 조차도 교회는 사회적, 정치적 관심에서 벗어나야 한다고 역설하였다. 그는 교회란 "사회문제, 노동문제, 평화문제, 국제문제"에 관심을 가지고 논의하는 곳이 아니고 오직 '예수 그리스도의 복음'에 바탕을 둔 "초자연적 단체"로서 "초자연적 실재자와의 교통"에 힘써야 한다고 말한다.17) 민족의 사회적, 정치적 논의나 활동의 주 무대였던 교회에

---

13) 이대위, 「社會主義와 基督敎의 歸着点이 엇더한가」, 『靑年』 3권 8호와 9호, 1923년 8·9월에 나누어 실려 있다. 따옴은 8호에 실린 것을 따와 읽기 쉽게 조금 수정하였다. 9쪽을 볼 것.

14) 유경상, 「사회혁명의 예수」, 『靑年』 3권 7호, 1923년 7·8월, 32~37쪽, 특히 32쪽을 볼 것.

15) 이대위, 「사회주의와 基督敎思想」, 『靑年』 3권 5호, 1923년 5월, 9~15쪽, 특히 9쪽을 볼 것. 역시 읽기 쉽게 어귀를 조금 수정하였다.

16) 이대위, 「社會主義와 基督敎의 歸着点이 엇더한가」, 둘째부분, 12쪽.

서 사회적, 정치적 논의를 하지 말아야 한다는 주장이 나온 것이다.[18]

이처럼 교회를 사회로부터 격리하려는 노력이 3 · 1운동 이후 기독교 공동체 안에서 거세게 일어나고 있었다. 1920년대에 나타나는 교회 지도자들의 이러한 '교회의 비(非)사회화' 또는 '교회의 순수화' 노력의 배경 내지 원인은 여러 수준과 시각에서 논의될 수 있다.[19] 민족독립이나 해방을 위한 사회, 정치운동세력이 종교의 보호벽이 필요했던 3 · 1운동 이전과는 달리 3 · 1운동 이후 일제 식민통치세력이 '문화정치'로 계산된 통치정책 전환을 함으로 새로운 운동환경을 맞게 되었다. 이들은 이전에 종교의 울타리 안에서 분출하지 못하고 움츠려왔던 독립쟁취를 위한 이념과 방략을 마음껏 펼치기 위해 교회 울타리 밖으로 나아가 운동을 전개하였다. 그만큼 교회 공동체의 중요성과 위상이 낮아지게 되었다.

이 새로운 환경에서 독립쟁취를 위한 이념과 방략이 다양화되어 제도권 종교 공동체인 기독교는 무장투쟁과 같은 과격한 사상이나 운동과 이념적, 조직적으로 연대하기가 어려웠을 것이다. 3 · 1운동 후 좌파 게릴라운동에 뛰어든 기독교계 학교를 다녔던 김산(金山)의 이야기에 이 점이 밝히 나타나 있다.

이 대사태(3 · 1운동) 이후 내 신앙은 산산조각이 났다. 나는 하나님이 절대 없다고 생각하게 되었으며, 그리스도의 가르침은 내가

---

17) 송창근, 「오늘 朝鮮基督敎의 使命」, 주태익 엮음, 『만우 송창근』, 만우송창근선생기념사업회, 1978, 153~160쪽, 특히 153쪽을 볼 것. 이 글은 1933년에 『神學指南』에 처음 실렸다.
18) 김인서, 「너희도 또한 가고저 하느냐」, 『信仰生活』 1권 7호, 1932년 7월, 7~19쪽, 특히 9쪽을 볼 것.
19) 박정신, *Protestantism and Politics in Korea*, 다섯째 가름을 볼 것.

190

태어난 투쟁의 땅에는 조금도 적용되지 않는다고 생각하게 되었다.[20]

독립쟁취를 위해 전투적 투쟁에 나서야 하는 상황에서 오른쪽 뺨을 때리면 왼쪽 뺨도 들이대라는 예수의 비폭력의 가르침은 설득력을 가지기가 어려웠던 것이다.[21]

그러나 이러한 것에 더하여 우리는 3·1운동 후 기독교가 사회·정치운동과 거리를 두게된 원인을 이 종교 공동체, 특히 그 지도자들의 변화된 사회적 지위와 이어서 논의하여야 한다. 당시 교회와 그 지도자들에 대한 전례 없는 준엄한 비판이 우리 민족공동체에서 비등하게 되는데 우리는 이 비판 속에서 교회의 변화, 특히 그 지도자들의 사회적 지위의 변화를 읽게 된다, 바로 여기에서 3·1운동을 거치면서 심각하게 물리적, 정신적인 타격을 받고 고통을 겪었던 교회 지도자들의 비정치적 행보의 원인을 찾자는 말이다.[22]

독립운동에 앞섰던 기독교인 김원벽은 교회 지도자들이 예수처럼 '약자'나 '빈자'의 편에 서지 않고 힘있는 자와 '부자'의 편에 서 있어서 교회가 본래의 정신을 상실했다고 질타한 적이 있다.[23] 1920년대에 이르면 사회·정치문제를 외면하고 교회 울타리 안에 안주하는 교회와 성직자를 향하여 권력 있고 부유한 이들과 짝하여 힘없고 가

20) Nym Wales and Kim San, *Song of Arirang*, San Francisco : Rampart Press, 1941, 83쪽에서 따와 옮김.
21) 윗글, 83~88쪽을 볼 것.
22) 이 주장에 대해서는 박정신, *Protestantism and Politics in Korea*, 다섯째 가름 ;「1920년대 개신교 지도층과 민족주의운동－그 만남과 결별의 사회사」,『歷史學報』134·135합집, 1992, 143~163쪽을 참조할 것. 뒷 글은 박정신,『근대한국과 기독교』, 61~84쪽에도 실려 있다.
23) 김원벽,「現代思想과 基督敎」,『靑年』3권 7호, 1923년 7~8월, 22~24쪽. 23쪽을 따와 읽기 쉽게 고침.

난한 이들을 외면하거나 짓밟고 있다는 질타가 여기 저기서 쏟아져 나왔다.[24] 다시 말해서 당시 교회가 '가진 자들의, 가진 자들을 위한, 가진 자들에 의한' 종교 공동체가 되어 제도권 안에 안주하게 되었다는 말이다. '검'을 들고 세상을 갈라 고치러 온 예수 그리스도의 정신을 저버렸다고 교회를 비판하는가 하면, 성직자들이 옛날 양반들처럼 교인과 일반 사람들에 대하여 지적, 사회적 우월감을 갖고 그들 위에 군림하려 한다고 질타하였다.

다른 글에서 필자는 교회 지도자들의 사회정치적 태도의 변화를 그들의 계급적 속성과 연결시켜 설명한 적이 있다.[25] 그 글의 주장은 다음과 같다. 1920년대에 이르면 기독교 공동체 안에는 엄청난 수에 이르는 '봉급 받는 사람들'이 나타나게 된다. 1924년에 장로교와 감리교만 해도 1,266명에 달하는 성직자와 1,844명에 이르는 행정 요원이 교회에 경제적으로 기대고 있었다. 1919년에 1,517명이던 교회계통 학교의 선생과 직원이 1926년에는 2,789명으로 늘어났다. 바로 이들이 25만 명이 넘는 신도들과 수천의 교회 및 수백의 교회계통 학교들을 운영하고 가르치는 성직자들과 평신도 지도자들이었다.[26]

이들의 대다수는 하층민 출신으로 기독교로 개종하여 교회계통 학교에서 교육받고 이 종교 공동체 안에서 일자리를 얻은 사람들이었다. 다시 말하면, 이들은 교회 때문에 교육자로서, 종교지도자로서 사회적 지위와 명망을 얻었을 뿐만 아니라 교회 때문에 일자리를 얻은 지식계급 또는 문화계급이었다. 이들은 경제적으로 보아 자산가도 아니고 정치적으로 보아 지배세력은 아니었다. 그러나 그들의 특수한

24) 보기로 『東亞日報』 1922년 1월 7일자. 사설, 「宗敎家여, 街道에 出하라」를 들 수 있다.
25) 박정신, 「1920년대 개신교 지도층과 민족주의운동」을 볼 것.
26) 윗글, 230~232쪽.

192

계급적 속성이 자기들이 경제적, 사회적으로 기댄 기독교가 3·1운동
과 같은 정치적 사건에 휘말려 식민통치세력으로부터 물리적, 정신적
박해를 받기보다 사회·정치 운동과 격리시켜 순수한 종교로 성장하
기를 바라게 만들었다.

　사회학자 박영신은 이러한 현상을 성장이 몰고 온 교회의 "평범화
과정"이라고 한다. "기독교의 사회발전 운동이 낳은 열매"를 따먹으
며 교회 지도자들은 "사회적 상승이동"을 하게 되었다. 교회가 베푼
교육을 받고 그 안팎에서 일자리를 얻어 "사회적 사다리"를 재빨리
올라 "권위적이고 위계적인" 지도자 그룹을 형성하게 되었다. 이들이
이끄는 교회 공동체는 사회변혁 에너지를 상실하여 "별난 예수쟁이"
의 것이 아니라 "보통 사람"의 것이 되어 가는 과정이 그가 말하는
기독교의 "평범화 과정"이다.[27]

　그렇다고 하여 기독교인들이 독립을 위한 사회·정치 운동을 외면
하면서 일제 후반기를 지나온 것은 아니다. 우리가 익히 알고 있듯이,
이승만, 여운형, 이상재, 이동휘, 안창호, 조만식, 김원벽, 이대위와 같
은 기독교 지도자들이 이념의 좌우에서 외교로, 교육으로, 무장투쟁
이다 문화운동이다 하며 계속 민족독립과 해방을 위해 활동하였다.
신간회에서도 활동하고, 임시정부에서도 활약하였으며, 농촌운동도
다양하게 펼치었는가 하면 다른 사람들이 다 신사참배 할 때 분연히
나서 반대투쟁을 하다 죽어가기도 하였다. 다시 말해서 기독교가 제
도권 종교 공동체로서 사회·정치 운동에 조직적으로 가담하지 않았
지만, 그리고 과격한 이념과 운동에는 일정 거리를 두고 있었지만,[28]

27) 박영신, 「기독교와 사회발전」, 『역사와 사회변동』, 서울 : 민영사·한국사
　　회학연구소, 1987, 제10장.
28) 보기로 1932년 조선예수교연합공의회가 채택한 '사회신조'를 들 수 있다.
　　전문에 "일체의 유물교육, 유물사상, 계급적 투쟁, 혁명수단에 의한 사회개

강신명이 회고하였듯이, 일제시대 후반기에도 기독교 지도자들은 교육, 문화, 출판, 농촌 운동을 펼치며 지속적으로 민족과 함께 하였다.29)

일제 식민통치기에 제도권 안에서 교회를 지키며 교회 안팎에서 수많은 비판을 받으면서도 대다수 교회 지도자들은 묵묵히 종교, 교육, 문화, 사회의 지도자로서 조선사람들과 함께 삶을 꾸려 왔기 때문에 존경을 받으며 해방을 맞게 되었다. 그것은 해방 이후사가 분명히 증거하고 있다.

2. 6·25전쟁 전후의 남북 기독교

해방 이후의 역사를 여기서 다시 정리할 필요가 없다. 1945년 8월 15일 연합국의 승리, 일본의 항복으로 우리는 해방을 맞게 되었다. 그러나 기뻐해야 할 해방은 남북분단이 뒤따라 우리에게 눈물과 고통, 그리고 동족상잔의 피의 역사를 갖게 하였다. 제2차 세계대전의 종식과 더불어 이른바 '냉전체제'가 잉태되었고 동서 양 진영을 대표하는 소련과 미국이 각기 남북으로 진주한 외세의 책동과 1920년대부터 좌우로 나뉘어 연합하지 못하고 서로 쟁투하며, 독립이다 해방이다

조와 반동적 탄압에 반대" 한다고 천명하였다. 당시 일제의 반공캠페인과 물려 있어 흥미로운 이 자료는 당시 조선교회가 우경화하고 있다는 증표가 된다. 자세한 것은 전택부, 『한국에큐메니칼운동사』, 서울 : 한국기독교교회협의회, 1979, 140쪽.

29) Kang Sinmyong, "The Dignity of Korean Pastors," Ro Bong-Rin and Martin L. Nelson (eds.), *Korean Church Growth : Explosion*, Taichung, Taiwan : Word of Life Press, 1983, 301~308쪽, 304~306쪽에서 따와 옮김.

하여 '도적같이 온' 해방을 우리가 준비하지 못한 까닭에 우리는 동족
사이에 긴장과 갈등의 역사를 연출하게 되었던 것이다.

그러나 이 해방을 내다보면서 우리 민족 지도자들이 전혀 준비를
하지 않은 것은 아니다. 해방 전후에 자기 마을과 지방의 치안을 위
해 자치회(自治會), 인민위원회(人民委員會)와 같은 조직이 그 지방
지도자들에 의해 결성되어 해방을 준비하였다.30) 특히 이러한 여러
조직을 흡수하고, 이념의 좌우세력을 아우르며 남북에 걸친 전국적
조직으로 등장한 조선건국준비위원회(朝鮮建國準備委員會)와 이북
오도인민정치위원회(以北五道人民政治委員會)는 우리에게 너무나
잘 알려져 있다.

그러나 남쪽에서 여운형이 조직한 건국준비위원회(건준)와, 북쪽에
서 조만식이 주도한 이북오도인민정치위원회는 실패하게 된다. 좌우
세력을 다 포용하고 있었으나 남쪽에 주둔한 미국의 눈에는 건준이
이념적으로 너무나 왼쪽으로 기울어 북쪽에 진주한 소련과 친화적일
수 있어 인정할 수가 없었고, 북쪽에 진주한 소련의 시각에서는 위원
장 조만식이 이념적으로 너무나 오른쪽으로 기울어 남쪽에 주둔한
미국과 연대한 세력으로 간주되어 와해되었다. 제2차 세계대전의 종
식과 함께 잉태된 동서 냉전체제에서 한치의 양보도 할 수 없는 미국
과 소련이 각기 남북으로 진주한 이 해방정국은 구조적으로 남북에
서 그들과 친화적인 세력이 득세할 수밖에 없었다. 이러한 해방정국
에서 건준과 이북오도인민정치위원회와 같은 중요한 단체를 조직하
고 이끈 인물들이 거의 기독교계 지도자들이었다는 점을 우리는 주

---

30) 해방 이후 펼쳐진 기독교와 남북의 정치세력과의 관계를 자세히 보려면
　　다음 글들을 볼 것. Chung-shin Park, *Protestantism and Politics in*
　　Korea, 여섯째 가름 ; 한국기독교역사연구소 편, 『북한교회사』, 서울 : 한국
　　기독교역사연구소, 1996, 340~401쪽.

목하고자 한다.31)

1) 북한의 기독교와 김일성 세력32)

평양을 중심으로 북쪽에서 이북오도인민정치위원회를 이끈 조만식
은 '조선의 간디'로 알려진 교회 장로였다. 그는 좌파의 현준혁과 더
불어 기독교세가 유독 강한 '동양의 예루살렘' 평양을 근거지로 삼고
이북 각지의 교회 조직과 기독교 지도자를 중심으로 이 인민정치위
원회를 조직, 소련군이 주둔할 북쪽에서 새 나라를 우리의 힘으로 세
우고자 하였다.

소련군과 함께 귀국, 주둔군의 지원을 받고 있는 김일성 세력에게
밀려난 조만식은 공산주의자 최용건 및 김책과 함께 1945년 말 조선
민주당(朝鮮民主黨)을 창당하여 김일성 세력과 맞서고자 하였다. 이
북 전역의 기독교 조직과 교회 지도자들이 이 당의 근간조직이었고
당원이었다. 조만식이 이끈 조선민주당과 더불어 이북에 등장한 기독
교사회민주당(基督敎社會民主黨)도 지방 인민위원회를 주도하고 있
던 목사 한경직과 장로 이유필이 창당하였고, 기독교자유당(基督敎
自由黨)도 목사 김화식, 목사 신석우, 목사 송정근 등이 결성하였다.
이처럼 기독교세가 선교 초기부터 강했던 이북에서 소련을 등에 업
은 김일성 세력이 득세하기 전에는 교회지도자들이 해방정국을 주도
했던 것이다.

기독교 지도자들이 사회·정치 지도자로 떠오르자 이북 교회도 조
직을 재정비하고 신자들의 정신적 또는 신앙적 연대를 강화하고자

31) 박정신, *Protestantism and Politics in Korea*, 여섯째 가름을 볼 것.
32) 이 부분은 한국기독교역사연구소가 펴낸 『북한교회사』, 376~401쪽에 기
    대었다.

하였다. 1945년 10월 이북오도연합회(以北五道聯合會)를 결성하여 종교적 문제와 사회정치적 문제에 집합적 행동에 대비하였다. 이 연합회 관장 아래 각 지방을 순회하며 부흥회를 개최한 후 그 열기를 몰아 평양에서 독립기념전도대회를 개최, 안으로 신도들을 단합하고 밖으로 기독교의 세를 과시하였다.

이북 전역에 조직을 가지고 하나의 신앙체계로 뭉친 신도들, 그리고 높은 교육을 받은 지도자들을 가진 기독교 공동체는 주둔군 소련의 지원을 받으며 친소정권을 수립하려는 김일성 세력에게는 위협적 집단이었다. 이를테면 1946년 초, 창당 3개월만에 약 500,000명의 당원을 확보한 조만식의 조선민주당이 『평북민보』, 『황해민보』, 『강원민보』를 발간할 정도로 당세가 재빨리 뿌리내려 가지쳐 간 것은 바로 활성화 된 기독교의 조직과 단합된 신도들 때문이다. 당시 4,530명의 당원을 가진, 그러나 주둔군 소련의 전폭적 지원을 받고 있던 김일성 세력과 약 300,000명의 신도 및 약 2,000여 개의 교회를 가진 거대한 조직으로 정치세력화 해 가는 기독교세력이 갈등의 길을 걷게 되었다.

1946년 기독교 지도자들이 평양에서 개최한 3·1운동 기념행사 때, 기독교사회당 용암포 지부 결성 때, 반공을 부르짖는 신의주 학생데모 때를 비롯, 교회 안팎에서 펼쳐진 크고 작은 기독교 행사와 기독교인들의 활동에 김일성 세력은 민감하게 반응, 물리적으로 탄압하였다. 물리적 탄압과 더불어 김일성 세력은 1946년 목사 강양욱, 목사 홍기주, 목사 김응순, 목사 김익두 등을 내세워 조선기독교도연맹(朝鮮基督敎徒聯盟)을 결성하여 지원하고 그를 반대하는 이북오도연합회와 소속 교회와 성직자들을 탄압하였다. 이북오도연합회를 중심으로 한 기독교세력은 김일성의 더해만 가는 탄압에 강렬하게 저항하였다. 그러나 주둔군의 전폭적 지원과 물리적 힘을 가진 김일성 세력과 싸운다는 것은 순교적 저항이었지 승리를 담보한 싸움은 아니었다.

김일성 세력과 종교적, 정치적으로 맞서 싸운 기독교 신자들은 길게 논의할 필요도 없이 전투적 반공주의자들이었거나 아니면 대항하는 과정에서 반공주의자들이 되었다. 친소정권을 창출하려는 김일성 세력의 끊임없는 감시와 탄압을 받게 된 이들은 기독교를 전해준 미국이 주둔하고 이승만, 김규식, 김구, 여운형 등 기독교 지도자들이 정국을 주도하고 있는 남한으로 탈출하게 된다. 이른바 '종교의 자유'를 누리기 위한 종교적 이주였다. 1948년 북한정권이 수립된 이후에도 이러한 이주는 계속되었고, 이북에 남아있던 기독교인들은 6 · 25전쟁 때 떼 지어 남쪽으로 이주하게 되었다. 미국의 역사학자 클락은 이를 '장관의 대탈출'(spectacular exodus)이라고 부른다.33) 이후 이북에는 '가정교회'와 '지하교회'만 있을 뿐, 미세한 집단으로 남게 된 제도권 교회는 여기서 논의하지 않겠다.34)

2) 남한의 기독교와 이승만 정권35)

남쪽에 조선건국준비위원회가 해방 직전에 결성되어 인민위원회, 자치회 등을 흡수하며 전국적인 조직으로 건국을 준비하며 해방정국을 주도하게 되었다. 우리 학계에 잘 알려지지 않았지만, 그리고 누구도 강조하기를 꺼리지만, 이 건준도 전국에 퍼져 있는 교회에 기대고, 또한 교육 · 사회 · 정치 지도자로 이미 떠올라 있던 성직자와 평신도

---

33) Donald N. Clark, *Christianity in Modern Korea*, Lanham and New York : The Asia Society/University Press of America, 1986, 18쪽.
34) 상세한 것은 한국기독교역사연구소, 『북한교회사』, 6장을 볼 것.
35) 이 부분은 박정신, *Protrstantism and Politics in Korea*, 여섯째 가름 후반부에 기대었다.

지도자들의 적극적인 참여에 힘입어 급속히 조직화되었다. 이 건준의 지도자로 맹활약한 여운형은 신학을 공부하고 한때 서울 승동교회의 전도사로 시무하다가 민족독립운동전선에 뛰었고, 「공산당선언」을 우리말로 번역하고 고려공산당을 만든 기독교계 인물이었다. 1919년 독립선언서에 서명한 목사 김창준을 비롯하여 목사 이규갑, 목사 이만규, 기독교 지성인 이동화, 가나안농군학교로 유명한 장로 김용기 등 수많은 기독교계 지도자들이 건준의 중앙 지도부에 참여하였다.

건준의 지방 조직도 마찬가지다. 이를테면, 강원도 평창군 건준위원장이 목사 황회수, 수원시 위원장이 목사 이하영, 가평군 위원장이 목사 김광노였다. 1946년 대구를 중심한 10월 사건으로 유명한 목사 최문식과 목사 이재복도 지도자로 건준에 참여하였다. 1946년 목사 조향록이 강연을 위해 경상남도를 방문하였을 때 어디서나 인민위원회나 건준이 조직되지 않은 곳이 없었는데, "위원장이란 자는 거의 모두가 목사 아니면 장로인 데서 깜짝 놀랐다"고 회고하고 있다.[36]

그러나 북한교회가 조만식이 이끈 이북오도인민정치위원회와 조만식이 만든 조선민주당을 거(擧)교회적으로 지지한 것과는 달리, 남한교회는 여운형의 건준을 전폭적으로 지지한 것은 아니었다. 여운형은 남쪽에서 해방정국을 주도하는 이승만, 김구, 김규식, 신흥우 등 여러 기독교계 정치 지도자 가운데 하나에 지나지 않았다. 남한에 주둔한 미국이 북에 진주한 소련과 이념적으로 친화적인 건준을 지원할 리 없었고, 또한 이승만이 반공을 천명한 후 미국의 지원을 받게 되자 남한에서 좌파가 설 자리가 점점 좁아지게 되었다. 우리의 관심은 이 시기 기독교의 동향이다.

우선 1948년 1월 미국장로교의 한 회의에서 한 이승만의 연설을

---

36) 장병욱, 『6·25共産南侵과 敎會』, 서울 : 한국교육공사, 1983, 155쪽.

보자. 그는 그의 정부와 한국의 기독교는 "남쪽을 공산화"하고 "기독교를 말살"하려는 "소련이 훈련시킨 붉은 군대"를 막아야 하는 중차대한 과업을 수행하여야 한다고 연설하였다. 그는 이어서 미국 기독교가 한국에서 이룬 지적, 정신적 개화를 파괴하려는 공산집단에 함께 맞선 "그의 정부와 한국 기독교인들"을 지원해 달라고 호소하였다.37) 우리가 익히 아는 대로 당시 미국은 '맥카시주의'라 불리는 좌파 숙청의 광기에 휩싸였다. 그렇기에 이승만의 반공투사적 연설은 큰 반응을 일으켰다. 특히 "그의 정부와 한국의 기독교인들"이 함께 손잡고 반공전선에 나섰다는 연설은 한국에 기독교를 전파한 미국 기독교회의 적극적인 지원을 유도하였다. 이 연설은 기독교회와 이승만 세력과의 사이에 이념적, 정치적 연대가 이즈음 이미 이루어졌다는 증거이기도 하다. 서북청년단을 비롯한 북쪽에서 남하한 기독교인들이 이승만 세력에 합세한 것은 두말할 필요도 없다.

3. 6·25전쟁과 남한 기독교의 변화

6·25전쟁 중 남북 기독교가 펼친 전쟁지원 활동을 짧게나마 살펴보자.

앞서 본 바와 같이 해방공간에서 남북한 교회와 교인들이 새 국가 건설 과정에 적극적으로 참여하였다. 이 과정에서 기독교는 정치적 상황과 이해에 따라 분열되었고, 나라의 분단으로 남북교회의 정치적

---

37) 이 회의는 1948년 1월 4일부터 7일까지 오하이오주 콜롬버스에서 개최되었다. 연설 내용을 다음 자료에서 읽을 수 있다. The Foreign Missionary Boards and Committees, *Conference Report*, New York : E.O. Jenkin's Printing House, 1949, 61쪽.

입장도 달리 취하게 되었다. 북한체제에 반대하는 기독교인들이 대거 남한으로 내려온 이후 북한교회는 기독교도연맹을 중심으로 재구성 되었고, 소수이지만 남한체제에 반대하는 기독교인들이 북한으로 간 이후 남한교회는 친기독교적인 남한에서 친체제적 경향을 가지게 되 었다.

6·25전쟁이 일어나자 북한의 교회는 김일성 세력을, 남한의 교회 는 이승만 세력을 적극적으로 지원하였다.[38] 북한교회는 "미제국주 의자들의 지배로부터 조국을 해방"시키려 한다는 북한정권의 주장에 적극적으로 동조하였다. 장로교 총회장이었던 목사 김익두가 군기기 금으로 10만원을 헌금하였는가 하면, 1950년 8월 5일에는 장로교, 감 리교, 성공회, 성결교 등 각 교파의 성직자들이 성문밖교회에 모여 전 쟁승리를 호소하는 궐기대회도 열었다. 북한 인민군이 서울에 입성하 자 북한 교회는 월북한 기독교 지도자들과 그들에 동조하는 일부 남 한 기독교지도자들을 묶어 기독교민주동맹(基督敎民主同盟)을 재건 하여 인민군환영대회, 국방헌금모금, 노동력동원, 신도궐기대회 등을 통해 북한의 전쟁을 지원하였다.

전쟁시 남한교회도 마찬가지다. 1950년 7월 3일 피난지 대전에서 한경직, 김병섭, 황금천, 손두환, 임병덕 등 교회 지도자들은 대한기 독교구국회(大韓基督敎救國會)를 결성, 전선을 따라 다니며 남한 국 군을 선무하고 기독청년을 모집, 전선으로 내 보내었다. 1950년 9월 28일 서울을 수복한 다음 날에는 수복기념대회가 중앙청 광장에서 있었는데, "하나님 은혜"로 싸웠고, "하나님의 도우심"으로 수복하게 되었다고 믿는 기독교 지도자들과 신도들이 대거 참석하였음은 물론 이다. 이와 함께 남한 교회는 대중집회를 열어 미국 대통령, 유엔 사

---

38) 이 부분은 김홍수, 『한국전쟁과 기복신앙확산연구』, 제3장에 기대었다.

무총장 등에게 지원을 요청하는 메시지를 채택, 전달하였는가 하면, 빈번한 부흥회를 열어 전쟁승리를 열렬히 기도하였다.

나는 여기에서 남북 교회의 전쟁지원에 대한 논의를 계속하기 보다, 전쟁과정과 그 이후에 나타난 남한교회의 세 특성을 지적하고자 한다. 머리글에서 말했듯이 이 세 특성은 그 자체가 심각한 문제이지만 남북협력시대의 도래를 내다보는 시각에서는 더욱 그러하기 때문이다.

1) 천박한 물량주의

사회학자 박영신은 1960년대부터 경제제일주의에 오로지 파묻혀 온 우리 사회에 영향받은 한국교회를 다음과 같이 비판적으로 인식한 적이 있다.

교회는 어떠한가?……경제주의의 추세를 교회가 철저히 반영하고 그 원리를 차라리 후원하고 있다. 교회마다 물질적 풍요와 여유를 찾기에 급급하고, 기독교의 부흥과 영향력을 교회(인) 수와 헌금액 등에 비추어 모든 것을 물량적으로 측정하며, 교회원의 가정마다 물질적 축복을 비는 신앙(?)으로 넘치게 되었다.……한 마디로 교회생활을 해 보라. 교회의 물질 지향성은 단숨에 잡힐 것이다.…
도시의 교회가 바야흐로 합리적 '행정'이다, 시스템의 '경영'이라고 알듯 모를 듯 입으로 토해 내면서 목회를 이 방식으로 규정짓는 시대의 늪 속으로 깊숙이 빠져든 것이다. 그리하여 교인의 믿음 생활을 수량화하여 수치로 등급화 하는 데에 미치고 있는 것이다.…
기독교의 가르침에 의해 형성되어 온 세계인식의 틀이 세속적 경제주의에 침몰되어, 교회가 마치 기업적 이해관계로 엮어진 조직으로 화석되어 그 관리와 운영의 성격이 재화 획득과 축적이라는 경제적 욕구를 만족시켜 가는 기업체의 그것과 매우 흡사해지고 있다

고 말할 수 있게 되었다.[39]

그렇다. 천박한 경제주의 늪에 빠진 교회는 질보다 양을 추구하고 모든 교회가 '큰 교회'가 되고자 한다. 이러한 현상은 분명 조국 근대화다 민족중흥이다 외치며 동양의, 세계 최대의 공장을 세우겠다는 시대정신과 이어져 있다.

그러나 이러한 세속적 경제주의나 천박한 물량주의에 교회가 빠진 것은 1960년대부터가 아니고 6·25전쟁으로 비롯되었다고 우리는 생각한다. 우리나라 최초의 대형교회인 영락교회의 역사를 보기로 삼아 보자.

영락교회는 1945년 12월 2일 이북에서 기독교사회당 활동을 하다가 공산세력을 피해 남한으로 온 한경직 목사가 북에서 탈출한 성도 30여 명과 함께 만든 베다니 전도교회로 세상에 태어났다. 영락교회 교회사는 창립시기의 상황을 다음과 같이 기술하고 있다.

> 베다니 전도교회는 한경직 목사를 중심으로 하여 탈출 성도들이 세운 교회라는 소식을 들은 피난성도들은 베다니로 모이기 시작하였다. 불신동포들도 모여들었다. 당시 베다니야말로 탈출 성도들의 만남의 장소, 피난민들의 상호 위로의 집, 신앙의 자유를 얻은 감사의 기도의 제단, 혈육이산의 아픔을 달래는 몸부림의 안방, 조국분단의 분함을 호소하는 눈물의 밀실, 무너진 제단을 기필코 되찾아 수축하리라는 다락방이 되었다.[40]

기독교 신자든 아니든 1946년에 영락교회로 이름이 바뀐 베다니

---

39) 박영신, 「한국 기독교와 사회의식」, 234~235쪽에서 따옴.
40) 영락교회, 『永樂敎會 三十五年史』, 서울 : 영락교회 홍보출판부, 1983, 63쪽.

전도교회는 북에서 이주해 온 이들이 종교행사라 하여 정기적으로
모여 예배보고 서로 위로하며 생활정보를 교환하는 곳이 되었다. 이
북에서 이주하는 이들이 급증하자 교회는 급속도로 성장하기 시작하
였다. 30여 명이 모여 창립한 이 교회는 1년 후인 1946년에 이미 장
년교인이 962명, 유년 476명, 총 교인 1,438명에 이르는 대형교회가
되었으며,41) 1947년 1월부터 2부로 예배를 드리어야 했다.42) 이도 부
족하여 600여 명이 들어갈 천막을 설치해야 하였고 1947년에는 신자
2,000명이 넘는 교회가 되었다.43) 고아원을 비롯하여 모자원, 경로원,
중고등학교 등도 이어서 설립되었다.44) 한국 최초의 대형교회는 이
처럼 남북분단, 6 · 25전쟁을 겪으며 나타났던 것이다.45) 그래서 교회
사학자 쉬어러(Roy E. Shearer)는 이들을 "피난민들의 교회"(re-
fugees' churches)라고 부른다. 영락교회가 내놓은 교회사에도 암시
하고 있지만, 쉬어러는 이 피난민들의 입교 동기를 위로와 소속감의
필요라고 했다. 그렇다. 전쟁 전후에 고향을 떠나 피난지에서 살아야
하는 이들은 같은 고향(이북)을 가진 이들이 함께 모이는 곳을 찾기
마련이다.46)

다른 글에서 나는 이들의 입교 동기가 단순히 정신적 위로와 종교
적 펠로우쉽만이 아니라는 점을 지적한 적이 있다. 6 · 25전쟁 전후에

---

41) 윗글, 73쪽.
42) 윗글, 74쪽.
43) 윗글, 82~83쪽.
44) 자세한 것은 윗글, 84~86쪽, 197~205쪽을 볼 것.
45) 대형교회 가운데 하나인 충현교회도 이북에서 온 성직자 김창인이 서울
  장충교회에서 설립하였고 부산 피난시절을 거쳐 서울 수복 후 인현동에서
  피난민들이 세운 교회다. 자세한 것은 충현25년사편찬위원회, 『충현25년
  사』, 서울 : 충현교회, 1979, 47~52쪽을 볼 것.
46) Roy E. Shearer, *Wildfire: Church Growth in Korea,* Grand Rapids, Mich.
  : William B. Eerdmans Publishing Co., 1966, 제10장을 볼 것.

기독교는 달러, 식량, 의약품, 의복, 텐트를 비롯한 엄청난 양의 구호
물자를 미국을 비롯한 서방교회로부터 받았다. 당시 기독교세계봉사
회, 기독교아동복리회, 상이군인신생회와 같은 기독교자선기관의 구
호 활동이 활발하였다. 예를 들어 감리교는 1951년 말 120,000불과
143,850,000원을 받았고,[47] 1952년도에도 1.538,505,500원을 받았다.[48]
이 구호금에 더하여 감리교는 엄청난 양의 구호물자를 받았음은 물
론이다. 최대 교파인 장로교를 비롯한 다른 교파가 받은 구호기금과
물자를 합하면 그 금액과 양은 이의 몇 배가 넘을 것이다. 한국 기독
교사학을 개척한 김양선이 남긴 기독교경영자선단체에 관한 통계를
여기 따와 보자.

교회경영 자선사업 단체[49]

고아원	560
노인관	25
모자원	49
영아관	14
나병환자원	25
폐병요원	4
전쟁미망인직업보도소	17
총계	694

우리는 여기에서 영락교회를 비롯한 교회들과 세계기독교봉사회를
비롯한 기독교 자선단체들이 6·25전쟁 전후에 펼친 피난민 구호사
업과 위로 활동을 아무리 높이 치켜 찬사를 하여도 부족하다. 다만

---

47) 『監理會報』 1952년 1월 1일자.
48) 『監理會報』 1953년 1월 1일자.
49) 김양선, 『韓國基督敎解放十年史』, 서울 : 대한예수교장로회총회종교교육
부, 1956, 130쪽.

나는 6 · 25전쟁을 전후해서 나타나기 시작한 '피난민교회'에 몰려든 이들이 종교적 펠로우쉽과 정신적 위로를 찾아 들어온 입교 동기에 더하여, '빵과 천막'이 필요해서 교회로 들어온, 다시 말하면 물질적 입교 동기도 있다는 점도 주목하여야 한다고 주장하는 것이다. 이들의 이러한 입교와 이에 힘입은 교회 성장은 천박한 물질주의가 교회 안에서 암처럼 퍼져 자라남을 뜻하기도 한다.

특히 구호기금과 물자는 성직자들 우대하고, 성직자들에 의해 지급되었다. 전국 각지의 성직자들은 구호금과 물자를 받기 위해 이를 통괄하는 서울의 교회 지도자들을 찾아다니는 진풍경도 이때에 나타났다. 성직자들이 고아원이나 모자원 또는 양로원의 경영권을 따내 운영하는 등 사업가로 변신, 부자가 된 이들이 많았다. 바로 이 구호금과 구호물자 때문에 성직자들은 '세속화'하게 되었고 교회는 더욱 천박한 이들의 집단이 되었다.[50] 영어 몇 마디 하는 성직자들은 약삭빠르게 미국교회에 선을 대고 구호기금과 구호물자를 통괄하게 되고, 이들은 이것을 자기 교회를 위해 먼저 사용하기도 하고 한국교회 안에서 자기의 영향력을 확대하는 데 이용하기도 하였다. 이처럼 세속적 물량주의에 물들기 시작한 성직자들과 물질적 이유로 교회에 들어온 평신도들이 함께 하는 교회가 1960년대에 시작된 경제제일주의 시대에 질보다 수량으로 신앙을 계산하는 조직으로 자리잡게 된 것이다.

6 · 25전쟁 전후에 한국교회에 쏟아지는 구호금과 구호물자는 한국교회에서 자립과 독립정신을 빼앗아가고 "거지근성"을 깊게 심었다. 남을 도우려는 마음보다 받으려는 생각이 교회에 만연되었다. 당시

---

50) 장병욱, 『6 · 25 共産南侵과 敎會』, 330~331쪽, 346~351쪽. 그리고 박명수, 「죽어야 산다」, 안재정 편, 『원로목사 목회행전』, 서울 : 도서출판 목양, 1997, 63~93쪽, 특히 76쪽을 볼 것.

교회를 가까이에서 관찰한 장병욱의 글을 보자.

> 교인들은 사랑보다 무언가 떨어지는 축복을 줄기차게 구하는 신
> 앙심을 길러왔다. 기도도 어떻게 하면 도울까라는 것보다 무엇을
> 꼭 주십사로 변질되고 말았다. 그리하여 교인들은 무의식중에 기도
> 란 무엇이든지 얻는 것이다. 그러니 떼를 써서라도 얻는다는 강박
> 관념이 지배하여 처음부터 기도는 아예 아집과 울고불고 설치는 것
> 으로 불야성을 이룬다. 그걸 누구보다도 많이 하고 응답 받는 자만
> 이 능력자로 통하니 말이다.……많은 교회들이 좀더 내 교회, 큰 교
> 회, 좀더 많은 예산, 좀더 풍요한 교회를 구하는 풍토가 생겼다. 말
> 하자면 모든 것을 물량적으로만 보는 풍토 말이다. 이것도, 6·25의
> 거지근성이 가져다 준 결과이다.[51]

6·25전쟁으로 한국교회에 스며든 이 천박한 물량주의는 세속적
이익과 행복을 추구하게 되고 가진 물질 때문에 교회와 교인들이 자
기만족과 자기과시로 나아가게 하였다. 물질적으로 좀 낮다고 하여
교회 울타리 밖 가난한 이들을 '이웃'으로 보지 않고 불쌍한 동정의
대상으로 보는 우월감과 이어질 수 있기 때문이다. 남북화해나 남북
협력의 시대에 바람직하지 못한 현상이다.

2) 이기적 기복신앙

이기적이고 현세적인 기복신앙은 천박한 물량주의와 함께 한국교
회에 깊이 자리하고 있다. 이기적이고 현세적인 기복신앙의 뿌리를
우리의 무속신앙에서만 찾는 학자들과는 달리 종교학자 김흥수는 기
복적 요소는 기독교를 포함한 여러 종교에서도 찾을 수 있는 것이라

---

51) 장병욱, 『6·25 共産南侵과 敎會』, 347쪽에서 따옴.

고 주장하며 다음과 같이 한국 기독교를 진단하고 있다.

  오늘날 한국 기독교의 과다한 기복적 성격은 1950년대 초의 한국
전쟁과 그 후의 사회 위기의 환경 속에서 독특하게 형성된, 전통적
기독교의 두드러진 변형으로 볼 필요가 있다.……전쟁은 자연 재해
보다도 더 무서운 재난을 가져다 주는 경우가 많았다. 전쟁은 인간
의 물질적 성취뿐만 아니라 정신을 파괴하며 그로 인한 후유증이
장기간 지속된다. 잔혹한 전쟁은 인명과 재산은 물론 사회질서와
전통적인 규범, 퍼스넬리티 등 모든 것을 변형시키거나 붕괴시킴으
로서 한국사회를 총체적 파국상태로 빠뜨렸으며……이러한 전쟁의
충격 속에서 살아가야 하는 신도들은 국가나 가정 등 그들이 속한
공동체가 경제생활을 보장해 주지 못하는 상황에서 그들 자신의 생
존문제에 매달려야 했으며, 그 과정에서 삶의 기본적이고도 복잡한
문제들을 해결하도록 도와주는 새로운 형태의 의례와 신앙체계를
찾을 수밖에 없었을 것이다. 요컨대, 전쟁체험은 전후에도 오랫동
안 한국인들로 하여금 생존을 그들의 사유와 행동의 가장 기본적인
근거로 삼도록 했으며 전후의 교회에서는 그러한 생존동기를 충족
시켜 주는 위로 및 현세 복락적인 요소가 강조되었다고 할 수 있
다.[52]

  다시 말해서 그레이슨(James Huntley Grayson)을 비롯한 여러 학
자들이 한국 기독교의 기복 신앙을 우리의 전통 무속종교의 영향이
라고 주장하고 있지만,[53] 김홍수는 이와 견해를 달리 한다. 우리의

52) 김홍수, 『한국전쟁과 기복신앙확산연구』, 서울 : 한국기독교역사연구소,
    1999, 9~10쪽.
53) James Huntley Grayson, *Korea : A Religious History*, Oxford :
    Clarendon Press, 1989, 205쪽. 이에 대한 비판을 보기 위해서는 나의 서평
    을 볼 것.『歷史學報』137집, 1993년 3월, 269~273쪽.

전통의 샤머니즘의 영향을 부정치 않지만 그보다는 6·25전쟁이 기독교의 가르침 안에 스며있는 위로와 생존을 도울 현세적 기복의 요소를 한국 신자들이 찾게 되고 교회가 이를 강조하게 되었다고 그는 주장하는 것이다.

기복신앙이라는 것은 병을 고치고 부귀를 추구하며 아이(남자)를 낳는 것 등 세속적 복을 축복으로 여기는 종교적 의식과 행위이다. 특히 6·25전쟁으로 가정이 파괴되고 수많은 이들이 죽어 갔으며 엄청난 물질적 손실을 가져 왔다. 깊은 상처와 아픔으로 삶 자체를 무상히 여기는 때에 예수의 이름으로 병도 고치고 물질적 축복도 받으며 정신적 위로를 주는 기복신앙의 단순한 가르침은 전쟁 직후 맹위를 떨치게 된다. 이때 문선명의 통일교, 박태선의 신앙촌 운동을 비롯한 크고 작은 신비주의 운동이 이 땅을 뒤덮었다.[54] 종말론적 도피주의든, 치병을 내세우든, 삼박자 축복을 가르치든, 안수를 주된 의례로 삼든 한국교회에 만연한 현세적이고 이기적인 기복신앙은 분명 6·25전쟁이 야기한 정치적, 경제적, 사회적 변화에서 잉태되고 확산된 것이다.

이러한 기복신앙은 한국교회사에는 흔히 '성령운동'으로 나타나고 빈번히 열리는 부흥회에서 강조된다.[55] 이를테면 1903년 8월 선교사 하디(R. Hardie) 목사를 비롯한 일곱 선교사가 원산에 모여 함께 성경을 연구하고 기도하는 모임을 가졌다. 이를 계기로 하디는 조선 선교를 하면서 교만한 태도로 지식만을 전하였을 뿐 조선사람 누구도 감화시켜 회개와 중생의 체험을 하게 하지 못한 점을 스스로, 그리고

54) 장병욱, 앞의 책, 355~357쪽 ; 김홍수, 『한국전쟁과 기복신앙확산연구』, 126~132쪽.
55) 이에 대한 짧은 논의는 윤성범, 『기독교와 한국사상』, 서울 : 대한기독교서회, 1964, 185~198쪽을 볼 것.

공중 앞에서 자복하고 회개하기 시작했는데, 이것이 1907년 선교사 블레어(W. N. Blair), 리(Graham Lee) 그리고 조선교회 지도자인 길선주 목사가 주도하는 대부흥운동으로 번져 나가게 되었다. 그후 1909년과 1910년에도 이른바 '백만구령운동'(The Million Souls Movement)이 있었는데, 선교사와 조선 기독교인들이 각 곳에서 부흥회를 하면서 전도에 힘썼는가 하면, 목사 김익두와 이용도의 부흥운동도 있게 되었다. 이전의 부흥운동이 회개, 기도 그리고 전도를 강조했다면 김익두와 이용도의 운동은 신비적 카리스마적 부흥사가 중심이 되어 기도와 안수로 병을 치유하는 것이 특징적이었다. 이것이 이른바 선교 초기에 있었던 회개운동, 성령운동이다.

김익두와 이용도의 신비운동과 치병운동이 전국교회를 휩쓸게 되는 1930년대와 1940년대에 조선교회의 신앙적 방향이 변화하고 있음을 우리는 감지하게 된다. 윤리적 자각, 전도, 사랑의 사회의식, 성경공부 중심의 사경회 성격을 띤 이전의 부흥운동과는 달리 예수를 믿으면 병도 고치고 세상에서도 축복 받는다는 현세적 기복신앙이 서서히 뿌리 내리기 시작한 것이다. 예수의 삶처럼 스스로 고난에 동참하고 희생과 봉사를 통한 이웃과 더불어 하는 삶을 강조하며, 죽은 자를, 억압받는 자를, 연약한 자를 먼저 보살피던 교회는 십자가보다는 오늘, 이 세상의 나의 축복을 갈망하는 현세적, 물질적, 이기적 기복신앙의 집단이 되고 있었다. 앞서 말했듯이 6 · 25전쟁으로 이러한 이기적 기복신앙이 성령운동이란 옷을 입고 한국교회를 헤집고 다니게 되었다.

한국 기독교는 세속적 경제주의에 식민지화되었다고 박영신이 지적했듯이,56) 오늘의 한국교회는 목사를 세속적 축복의 중재자로 간

---

56) 경제주의에 식민화된 교회의 모습을 보기 위해서 박영신, 윗글을 꼼꼼히 읽을 것.

주하고 목사는 신자들에게 물질적 복을 빌어줄 수 있다는 것을 강조하고 있다. 이러한 현상에 대하여 김홍수는 이렇게 말하고 있다.

> 위로 및 기복적 신앙은 (전쟁 이후에 확연히 나타났지만 : 글쓴이) 1970년대 이후에는 한국 기독교의 지배적인 종교현상으로 등장하였다. 전쟁의 여파와 산업사회 속에서 살고 있는 사람들은 생활요구와 정신적 요구를 충족시키고 싶어했으며 교역자들은 그들의 요구를 충족시켜 줌으로써 그들을 교회 안으로 끌어들여 교역자 자신들의 요구인 교회성장 동기를 성취하려고 노력하였다.……신도들과 교역자들의 요구가 충족되는 과정에서 자연스럽게 현세적 복락에 몰두하는 기복신앙이 형성되었으며, 그것은 기독교인들에게 개인주의적 규범과 부흥회 스타일의 종교의식 그리고 좋으신 하나님의 교리를 제공했다. 그리고 이 세 요소들이 서로 연결되어 하나의 기복적 종교체계를 형성했다.[57]

그렇다. 앞에서 논의한 천박한 물량주의와 기복신앙이 교묘하게 혼합된 모습이 대다수의 기독교 신자들에게 나타나 있다. 모든 것을 물량위주로 평가한다. 교회성장도 정신 또는 신앙의 질보다도 교인수와 헌금의 액수로 측정한다. 영적인 기쁨보다도 사업번창이나 병고침이 더 큰 축복으로 간주된다. 이러한 모습은 성경의 가르침에 따라 민족의 삶을 변혁시키려 한 구한말과 일제식민시대의 기독교인의 모습과는 너무나 다르다. 자기 (교회) 울타리 밖의 이웃에게 관심이 없다. 이웃과 사회 그리고 역사를 위한 사랑, 희생 그리고 봉사의 가르침은 쇠퇴해 가고 이웃 사랑은 자기 가족, 자기 교회 안의 이웃 사랑으로 좁혀져 가고 있다. 기복신앙이 갖고 있는 이러한 현세적이고

---

57) 김홍수, 『한국전쟁의 충격과 기독교회의 기복신앙 확산에 관한 연구』, 서울대 종교학과 박사학위논문, 1998, 158~159쪽에서 따옴.

이기적 요소는 북한동포들을 이웃으로 보아야 하는 남북협력시대의 도래를 더디게 할 수 있다.

3) 전투적 반공주의

기독교 윤리학자 정하은은 일찍이 다음과 같이 말한 적이 있다.

> 6 · 25동란으로 우리의 마음속에 반공세력은 정치적 전통세력으로 받아들이게 되었고, 반공, 그것이 바로 국민의 정치의식과 가치관에 부합되는 정통적 사고방식임과 동시에 행동방식이라고 믿게 되었다.……그리하여 반공이라는 것이 민주주의를 수호하기 위한 방편이라기 보다도 민주주의의 상위에 놓여지게 되었다.……민주주의를 반사적 요건으로 하고 반공을 본질적 요건으로 하여 한국 정치사상의 정통성이 구축되어 간 것은 6 · 25를 기점으로 해서 였다.[58]

앞서 논의한 것처럼, 일제시대 후반에 사회주의를 비롯한 좌파 사상과 운동에 거리를 두기 시작한 기독교였지만 해방정국에서 보듯 기독교 지도자와 신자 가운데 수많은 좌파 인사들이 많았다. 그러나 미국이 주둔한 남쪽에서는 이승만을 비롯한 기독교계 인물들이 득세하고 친기독교적 사회분위기로 되면서 기독교 안의 좌경세력은 약화되어 갔다. 특히 김일성 세력에게 감시와 탄압을 받던 이북의 기독교인들이 대거 남하하게 되자 기독교는 반공의 종교 공동체로 변화되었다. 정하은이 말한 것처럼, 6 · 25전쟁으로 북쪽에서 엄청난 사람들이 남으로 피난하였는데 이들이 반공의 맨 앞줄에 서게 되고 반공의

---

58) 정하은, 「6 · 25에서 본 한국정치의 정통성」, 『新像』 4권 제2호, 1971년 여름, 9~14쪽, 특히 10~12쪽을 볼 것.

212

깃발을 높이 쳐든 이승만 정권과 이념적으로, 정치적으로 연대하게
되었다. 이때 교회에는 '공산주의=반기독교,' '기독교=반공'의 등식이
깊이 뿌리 내리게 되었다.

특히 6·25전쟁 중 임시수도 부산에서 있었던 이른바 '기독교와 용
공정책 팜프렛사건'을 살펴보자. 기독교와 이승만 정부와의 유착을
보여주는 사건이기도 하지만 어떻게 반공주의가 교회 안에 깊게 뿌
리내리었는지를 보여주는 사건이다. 1951년 피난지 부산에서 이승만
은 목사 송상석, 목사이자 국회의원인 이규갑, 평신도 지도자이자 국
회의원인 황성수를 그의 임시관저로 불렀다. 그는 한국교회협의회
(Korean National Council of Churches : KNCC)와 연대하고 있는 세
계교회협의회(World Council of Churches : WCC)의 용공정책에 관
한 팜프렛을 이들에게 주면서 한국교회도 세계교회의 용공적 움직임
에 주목하고 대처하여야 한다고 주문하였다. 이들은 이를 번역하여
22명의 국회의원의 서명을 받아 교계와 정계에 배포하였다.59) 우리
가 이 사건을 주목하고자 하는 것은 집권세력과 기독교 지도자들이
연합하여 반공운동을 펼쳤다는 점이다. 이미 교회는 6·25전쟁을 "악
마와 천사간의 대결"로 인식하였고 공산당 퇴치전쟁은 십자군 전쟁
과 비유하였다. 그래서 이승만의 북진통일을 교회가 지지하게 된 것
이다.60) 종교학자 강인철은 6·25전쟁을 거치면서 한국 기독교가 "우
익의 탁월한 상징"으로 떠오르게 되었다고 주장할 정도이다.61)

보수적 한국 기독교의 보수신학의 대부 박형룡은 교회에 "붉은 세

---

59) 자세한 논의는 Chung-shin Park, *Protestantism and Politics in Korea*,
   Seattle and London : University of Washington Press, 2001, 일곱째 가름
   을 볼 것.
60) 강인철, 『한국기독교회와 국가·시민사회, 1945~1960』, 서울 : 한국기독교
   역사연구소, 1996, 270~272쪽을 볼 것.
61) 윗글, 272쪽.

력"이 침투하고 있다고 세계교회협의회(WCC)를 겨냥하면서 기독교와 공산주의와는 함께 자리할 수 없다고 설파하였다.62) 미국의 민권운동가 마틴 루터 킹(Martin Luther King Jr.) 목사를 공산주의자들과 결탁하여 방화와 폭동을 일으켰다 하고, 월남전을 반대한 이른바 반전가수 죠안 바에즈(Joan Baez)를 "유명한 공산주의자"로 취급한 미국의 극우 반공단체나 잡지들을 박형룡은 즐겨 읽고 또 이러한 미국의 극우 반공주의의 흐름을 한국 기독교, 특히 보수적 교회에 줄기차게 소개하였다.63) 그는 고려신학교, 장로회신학교 그리고 총회신학교의 신학적 토대를 닦고 수많은 목회자들을 배출하였다. 그의 제자들이 한국의 최대 교파인 장로회 교회에 다니는 이들에게 이러한 전투적 반공주의를 주입시켜 온 것이다. 그의 제자들은 전국 방방곡곡에 있는 교회에서 공산주의자들은 적그리스도라고 가르치게 되었다.64)

보수적이고 반공적인 한국 기독교는 반공을 '국시'로 삼은 남한 정부와 친화적 관계를 가지게 된다. 이승만의 권위주의적 정권, 박정희·전두환·노태우로 이어지는 군사정권은 반공적이고 친정권적인 보수파들의 활동을 적극적으로 돕고, 이에 보답이라도 하듯이 보수파 교회들은 공산주의자들이 그리스도의 진정한 적이고 공산주의와 싸우는 정권은 하나님의 뜻에 따라 세워졌다고 적극적으로 지지하고

---

62) 박형룡,『朴亨龍博士著作全集』제9권, 서울 : 한국기독교교육연구원, 1981, 87~90쪽을 볼 것.

63) 특히 윗글, 107쪽, 117쪽을 볼 것. 박형룡을 비롯한 한국기독교 보수파 지도자들과 미국의 극우파 기독교 지도자인 칼 맥킨타이(Carl McIntire)와의 관계에 대해서는 장동민,『박형룡의 신학연구』, 서울 : 한국기독교역사연구소, 1998, 383~388쪽을 볼 것.

64) 그의 제자이자 크리스천 저널리스트인 채기은이 이의 좋은 보기이다. 채기은,『한국교회사』, 서울 : 예수교문서선교회, 1977, 225쪽을 볼 것.

214

나섰다. '연례국가조찬기도회'와 같이 정치지도자들과 기독교지도자들이 고급호텔에 모여 독재정권을 위해 기도하고 설교한 것은 너무도 잘 알려진 행사이다.[65]

짧게 말해서, 반공문제에 이렇게도 이데올로기적이었던 교회는 그 외에는 반이데올로기적이었다. 그들에게 반공은 체험에서 나와 그들의 종교 신념의 중요한 부분이 되었기 때문에 종교적인 것이지 이데올로기가 아니었다. 반공문제를 제외하고는 한국 기독교, 특히 절대다수를 차지하는 보수적 교회들은 사회, 정치문제에 무관심하다. 이러한 전투적 반공주의 또한 남북협력시대에 교회 안팎에서 심각하게 논의하여야 할 문제다.

꼬리글

한국교회의 세 특성, 즉, 천박한 물량주의, 이기적 기복신앙 그리고 전투적 반공주의는 한국 기독교인들이 이 땅에서 여러 종교적, 문화적, 사회적, 그리고 정치적 경험을 겪으면서 잉태된 것이다. 그러나 이러한 특성은 분명 6·25전쟁을 겪으면서 더욱 형질화 되었다. 세속 사회의 개발과 성장의 경제주의에 영향을 받아 믿음의 질을 생각하기보다 모든 것을 수량화하여 성장도 수치로 믿음도 수치로 종교생활 모두를 수치로 환산하는 종교집단이 되었다. 천박스런 물량주의는 자기만을, 자기 교회만을 생각하고 그 안에 안주하여 자만에 빠지기 쉽다. 특히 이 물량주의와 6·25전쟁을 겪으며 확산된 이기적 기복신

65) 나의 글, *Protestantism and Politics in Korea*의 둘째 가름, 특히 "Late Fundamentalism in South Korea"와 여섯째 가름, 특히 "The Church in the South"를 볼 것.

앙과 이어져 사회의 여러 문제를 외면하고 자기의 생존과 행복만을 추구하는 편협한 종교가 된다. 보편의 가치를 추구한다 하여 탈이데올로기로 치장된 비사회화로 이어져 사회와 고립된 교회가 되기 쉽다. 그럼에도 불구하고 한국의 기독교는 전투적이라 할만큼 철저한 반공주의를 내세운다. 분단과 6 · 25전쟁을 겪으며 깊게 뿌리내린 반공주의는 교회의 교리 이상의 자리에 앉아 있다.

6 · 25전쟁이 벌어졌던 6월, 그래서 해마다 그 전쟁을 회상하는 기념식을 올리며 '공산집단'의 만행을 온 국민과 함께 규탄해 왔다. 교회는 6 · 25기념주일을 두어 공산주의자들을 사탄의 세력으로 정죄하며 기념하여 왔는데, 이번 6월은 화해와 협력을 이야기하며 지났다. 6 · 25전쟁기념일 전에 김대중 대통령과 김정일 국방위원장이 만나 이른바 '6 · 15선언'을 하였기 때문이다. '원수'가, '사탄의 세력'이 이제 우리와 함께 앉아 평화를 이야기하고 공존을 논의하며 통일을 함께 전망하기에 이르렀다. 우리는 당혹하였고 아직도 혼란스럽다. 전투적 반공주의를 최고의 '교리'로 여기어 온 한국교회는 더욱 당황하였을 것이다.

그러나 한국교회는 그렇게 당황하지 않았다. 일반사회의 신문, 잡지들처럼 남북화해와 협력의 시대를 떠들썩하게 보도하였지만, 정작 교회가 이 협력과 화해의 시대를 어떻게 맞이해야 할지 누구도 심각하게, 그리고 심도있게 논의하지 않았다. 다시 이야기 하지만, 이를 위해 교회 안팎에서 이 글이 지적한 세 가지 특성을 성찰적으로 논의하여야 할 것이다. 기독교는 자기성찰을 통하여 발전해 왔고 또 그렇게 해야 하기 때문이다.

큰 꼬리글

19세기 말 서양 제국주의의 파도를 타고 기독교는 이 땅에 들어왔다. 당연히 이 종교와 우리 민족은 '도전'과 '응전'의 구조 속으로 들어서게 되었을 것이다. 아무리 유교적 체제가 몰락해 가는 상황이라고 할지라도 기독교와 우리 민족 사이에 이러한 대립구조는 형성될 수밖에 없었을 터이다. 그러나 둘 사이에 잉태될 수 있었던 이 대립구조는 기독교가 이 땅에 들어올 때부터 '친화적인 구조'로 바뀌게 되었다. 그것은 우리 역사의 특수성 때문이다.

서양제국들이 위압적으로 동양세계로 들어왔기 때문에 동양의 거의 모든 나라에서는 반서양의 민족주의가 발흥하였던 것이다. 중국에서도, 인도에서도 그리고 일본에서도 그랬다. 그렇기 때문에 서양 제국주의와 함께 들어온 기독교에 대해서 토착민들은 거부감 정도가 아니라 강한 적대감을 가지게 되었다. 그러나 19세기 말 기독교가 이 땅에 들어왔을 때는 비(非)서양, 비기독교 국가인 이웃 일본이 우리의 주된 '적'으로 등장함으로 기독교와 우리 민족 사이에는 친화적 관계를 가지게 되었다.

침략의 야욕을 드러내며 일본제국이 조선으로 다가오자 나라의 독립을 지키기 위해서라도 앞선 문물을 받아들여 총체적 개혁을 이루어 나가야 하는 것이 당시 우리 민족의 과제였던 것이다. 이를 위해서는 한편으로는 이른바 기득권 세력 또는 수구세력과 싸워야하고

다른 한편으로는 민족공동체 구성원들을 계몽하고 설득해 나가야했
다. 이러한 일을 담당한 세력을 우리는 개화 지식인이라고 부른다.
이들은 그들이 안고 있는 과제가 민족의 앞날에 절박하다고 믿는 만
큼 이들의 행동 또한 성급한 감이 있었다. 재빨리 문호를 개방하고
선진 문물을 받아들여 강력하고 부유한 근대국가를 세워보겠다는 이
들은, 앞서 나라의 문을 열어 선진문물을 적극적으로 받아들여 이른
바 근대화를 이룩한 메이지 일본의 발자취를 따라 그리고 일본의 도
움을 받아 개혁을 시도하였으나 실패하였다. 일본을 배경 삼아 개혁
을 하려한 이들의 행동은 반일의 정서를 가진 민족공동체를 교묘하
게 이용한 개혁반대세력에게 빌미를 제공함으로 오히려 개혁세력을
위축시켰다. 반일의 정서는 깊어만 갔고 반개혁세력이 준동하게 만들
었다. 1884년의 갑신정변이 그 보기다.

친일 개혁의 실패는 친청 보수 기득권세력이 다시 정권을 잡는 계
기를 마련했지만 이는 또한 반일정서가 민족구성원 사이에 더욱 깊
이 그리고 널리 퍼지는 계기가 되었다. 특히 1894년 동학농민혁명운
동으로 청국과 일본이 이 땅에서 펼친 이른바 청일전쟁에서 일본이
승리하게 되자 반일정서는 더욱 높아만 갔다. 보수 기득권세력이 기
대어 온 청국이 무릎을 꿇고 일본제국이 침략의 속내를 뻔뻔히 드러
내며 다가오는 사태가 벌어졌던 것이다. 우리 민족공동체는 일본의
침략 야욕에 맞서 개혁을 이루어내야 하는 절박한 상황을 맞은 것이
다.

이 절박한 역사전개는 밖에서 온 종교인 기독교가 이 땅에 와 뿌리
내리고 재빨리 가지 쳐 뻗어나가 거대한 종교공동체로 성장하는 환
경이 되었다. 우리 민족공동체의 허탈감을 기독교가 풀어주고 우리
민족의 절박한 개혁욕구를 기독교가 들어주었다. 물론 이 종교의 목
적은 우리 민족문제를 해결하는 것이 아니고 선교이지만, 기독교 선

교 초기에 벌어진 반일감정의 폭발과 개혁욕구의 고조는 우리 민족 공동체로 하여금 이 종교공동체를 적대적으로 바라다보는 시각을 저 버리게 하였다. 특히 청일전쟁 이후로 접어들면 우리 민족공동체 안 에서는 기독교에 친화적 시각을 갖는 이들이 늘어나게 되고 선교사 들의 대다수를 파송하고 있는 미국에 대하여 우호적인 태도를 가지 는 이들도 급증하게 되었다. 서로가 필요하게 되는 역사적 상황이 전 개된 것이다. 우리 민족공동체와 기독교공동체 사이에 이러한 '친화 적인 구조'가 이루어지자 기독교는 이 땅에서 쉽게 뿌리내리고 재빨 리 성장하게 된 것이다.

그렇기에 기독교의 놀라운 성장의 역사는 반일감정이 팽배하고 개 혁의 요구가 치솟은 당시의 우리 역사와 이어서 새겨야 한다고 나는 여러 글에서 주장한 바가 있다. 우리 민족과 기독교의 만남 그리고 물림의 역사의 시작은 우리 민족의 '적'은 서양제국이 아니라 이웃 일 본이었다는 우리 민족사의 특수한 전개에서 매끄럽게 이루어졌다. 그 래서 기독교의 교육활동, 의료사업 그리고 여러 사회봉사활동은 우리 민족의 개화와 개혁 그리고 자강의 욕구를 충족시키면서 확대되어 갔고 그래서 기독교는 성장해 간 것이다. 그렇기 때문에 기독교의 성 장은 반일 개화, 개혁세력의 확대를 의미한다. 한일합방 전후의 새 정 치, 새 사회, 새 문화운동이 교회공동체 안팎에서 일어난 것은 바로 기독교와 개화, 개혁세력이 깊게 맞물려 있음을 말해주는 것이다.

기독교가 이 땅에 온 초기의 역사를 보기로 말하였다. 그 밖에 일 제 식민통치시대에는 기독교와 우리 민족의 독립이나 해방운동과 어 떻게 이어져 있거나 엇물려 있는지, 해방전후, 그리고 분단시대에는 기독교 공동체가 어떠한 모습으로 나타나 있는지, 그리고 분단극복 또는 민족화해의 시대에는 기독교는 어떠한 종교 공동체로 자리하고 있는지 등은 우리 민족사에 관심을 가진 학인이라면 지나칠 수 없는 질문들이다. 기독교가 우리 민족의 근·현대사에서 긍정적인 모습으로만 각인되어 있다고 나는 말하지 않는다. 특수한 역사전개에서 우리 민족과 만난 기독교는 때로는 긍정적인 모습으로 때로는 부정적인 모습으로 나타나고 있다고 주장하는 것이다. 내가 주장하는 것은 기독교가 부정적이든 긍정적이든 우리 민족의 역사와 이어져 있다면 역사학도는 이 이음새를, 또는 엇물림을 살피어야 하는 것이다. 무슨 이유에서든 이를 보지 않는다면 좁게는 우리 기독교사, 나아가서는 우리 민족사를 포괄적으로 보지 못하게 되는 것이다. 이것이 바로 내가 말해온 우리 민족사의 '총체적 인식'이다.

기독교와 우리 민족의 역사를 이어보려는 인식은 오래전 김양선, 백낙준과 같은 출중한 학자들이 시작하였다. 그 후 민경배와 이만열과 같은 이들이 이에 관심을 가지고 있었고 오늘에는 이에 관심가지는 학자들의 수도 늘어나고 있다. 그럼에도 불구하고 기독교와 우리 민족사의 이음새를 보려는 우리 학계의 시각이나 방법은 김양선과 백낙준의 수준을 넘어서지 못하고 있다고 생각된다. 일반 학계의 연구수준처럼 새로운 자료의 발굴과 이의 짜깁기 수준의 글들이 태반이다.

이를 넘어서기 위하여 우리의 기독교사 인식의 현황을 살펴보고자 하였다. 김양선과 백락준과 같은 기독교사를 개척한 선학들의 시각을 논의도 하였고, 그레이슨이나 웰즈와 같은 바깥 학자들의 시각도 살피었다. 그러나 무엇보다도 기독교와 우리 민족사와의 물림과 엇물림을 어떻게 보아야 하는지, 그리고 어떻게 연구하여야 하는지를 고민한 나의 글들을 여기에 함께 실었다. 「실력양성론」, 「구한말 '기독교 민족주의' 논의」, 「기독교와 한국역사변동」 그리고 「6·25전쟁과 한국기독교」가 그것이다. 「김양선의 '민족교회' 논의」가 완성되지 않아 함께 실지 못한 것이 못내 아쉽다.

　나는 이제 '기독교지성들'이 우리 민족의 역사변동에 어떠한 모습으로, 왜 그러한 모습으로 있었는지를 살필 계획이다. 오래 전에 보았던 윤치호도 다시 보고 싶고, 독립운동을 하고 남한의 초대 대통령이 된 이승만, 기독교 민족주의자라고 해야 할 이상재, 이승훈과 안창호, 좌우를 안으려 했던 여운형, 특이한 기독교 지성 김교신과 함석헌, 민주화운동과 통일운동에 앞장선 김재준, 문익환, 임창영, 김성락, 홍동근과 같은 기독교 지성들이 그가 살던 시대에 우리 민족이 안고 있던 과제를 어떠한 모습으로 해결하고자 했는지를 논의해 볼 생각이다. 이러한 포부를 여기 적어둔다.

찾아보기

226